职业院校汽车类专业人才培养改革创新示范教材

车载网络与车身电控系统

主　编　蔡志乾

電子工業出版社
Publishing House of Electronics Industry
北京 • BEIJING

内 容 简 介

目前汽车已进入了智能化、网络化的时代。本书围绕车载网络与车身电控系统，系统地介绍车辆车载网络、车辆发动机控制系统、车辆底盘电控系统、SRS 辅助安全系统，针对各种常见故障进行较全面的分析，给出了合理的诊断检查步骤。

全书内容详尽，讲解清晰、简练，配有大量的图文，直观明了，具有较强的实用性和可操作性。本书可作为职业院校汽车类专业教材，也可作为社会培训机构或汽车维修从业人员的参考用书。

图书在版编目（CIP）数据

车载网络与车身电控系统 / 蔡志乾主编. —北京：电子工业出版社，2017.8
ISBN 978-7-121-32338-6

Ⅰ. ①车…　Ⅱ. ①蔡…　Ⅲ. ①汽车－计算机网络－职业教育－教材②汽车－车体－电子系统－控制系统－职业教育－教材　Ⅳ. ①U463.67②U472.41

中国版本图书馆 CIP 数据核字（2017）第 182920 号

策划编辑：白　楠
责任编辑：裴　杰
印　　刷：三河市华成印务有限公司
装　　订：三河市华成印务有限公司
出版发行：电子工业出版社
　　　　　北京市海淀区万寿路 173 信箱　邮编 100036
开　　本：787×1 092　1/16　印张：11.5　字数：295 千字
版　　次：2017 年 8 月第 1 版
印　　次：2017 年 8 月第 1 次印刷
定　　价：28.50 元

凡所购买电子工业出版社图书有缺损问题，请向购买书店调换。若书店售缺，请与本社发行部联系，联系及邮购电话：（010）88254888，88258888。

质量投诉请发邮件至 zlts@phei.com.cn，盗版侵权举报请发邮件至 dbqq@phei.com.cn。

本书咨询联系方式：（010）88254592，bain@phei.com.cn

FOREWORD 前言

随着我国科学技术和汽车工业的发展，汽车技术日新月异，特别是大量新技术的应用促使汽车的结构和性能发生了根本性的变化，新的结构原理和电子控制装置不断出现。它们在大幅度提高汽车综合性能的同时，也使得汽车的故障诊断与维修问题日益突出。为提高职业院校汽车类专业学生及本行业技术人员的维修及故障诊断水平，提高汽车维修行业的整体工作效率，特编写本书。

为了适应新形势的发展需要，为汽车服务企业培养可用之才，本书力求贴近企业实际作业情况，融合作者多年教学与实践经验，力图体现学习与工作的完美结合。本着突出实践技能、理论知识够用的原则，在内容的编排上突出重点、新颖实用，力求构建具有职业教育特色的精品教材。

“车载网络与车身电控系统”是一门理论与实践性都很强的专业综合课程。本书以目前市场常见的轿车为研究对象，面向职业院校汽车各专业，系统介绍了车辆车载网络、车辆发动机控制系统、车辆底盘电控系统、SRS 辅助安全系统。通过本课程的学习，使学生具备从事汽车车载网络与车身电控系统维修的技能，同时培养学生具有一定的分析问题和解决问题的能力。

此外，本书在内容阐述上，力求简明扼要、层次清楚、图文并茂；在内容安排上，深入浅出、循序渐进；在内容设计上，强调典型性、实用性和可操作性。

由于编者水平有限，书中难免存在不妥与疏漏之处，恳请读者批评指正。

编　者

CONTENTS 目录

情境一 车辆车载网络

任务 1 车辆车载网络概述

1．车载网络系统的发展

1980 年，在汽车上第一次引入了电控系统。最早得到应用的是发动机电控系统和防抱死制动系统（ABS），这些系统之间和系统对外进行数据交换时，早期采取点对点连接形式，通过模拟信号或简单的电信号来实现。此后不久，汽车制造商们一致认为必须制订一套统一的数据通信解决方案，BOSCH 公司作为欧洲汽车电控系统制造商之一，带头承担了这个任务。

1983 年，丰田公司在世纪牌汽车上最早采用了应用光缆的车门电控系统。实现了多个控制单元的连接通信。该系统采用了集中控制的方法，车门控制单元（ECU）可对各个车门的门锁、玻璃升降进行控制，这是早期在汽车上采用的光缆系统，可被看作是最早的车载网络系统。

1986—1989 年，汽车的车身电气系统中应用了以铜线作为网线连接的车载网系统。

例如，日产公司的车门多路传输控制系统、通用公司的车灯多路传输控制系统等，均投入了批量生产。在此期间，一些车载网络系统的标准也纷纷推出。

1986 年 2 月，BOSCH 公司在美国汽车工程师协会（SAE）大会上介绍了一种新型的串行总线——控制器局域网（Controller Area Network，简称 CAN）。随后，美国汽车工程师协会提出了 SAE-J1850。此后，日本也提出了各种各样的网络方案，而且丰田、日产、三菱和马自达等汽车制造商也都将车载网络系统投入批量生产，但没有统一为以车身电气系统为主的控制方法。而在其他国家，特别是欧洲的汽车制造商则大量采用了 CAN，由于其控制系统上都可以采用 CAN，从而充分证明了 CAN 在车载网络系统领域的先进性。而在美国，通过采用 SAE-J1850 普及了车载网络系统，在 SAE 中也通过了 CAN 的标准，明确表示将转向 CAN 协议。

随着汽车技术的发展，欧洲提出了与 CAN 协议不同思路的控制系统的新协议 TTP

（Time Triggered Protocol），并在 x-by-Wire 系统上开始应用。对飞机的控制系统来说，有 Fly-by-Wire 系统，直译为靠电线飞行的系统，实际上，它表示飞机的控制方式，即将飞行员的操纵、操作命令转换成电信号，利用计算机控制飞行的工作方式。将这种操作方式引入到汽车上，则出现了 Drive-by-Wire 系统，直译为靠电线行驶的系统，在汽车上类似的系统还有 Steering-by-Wire 系统、Brake-by-Wire 系统，将这些系统统称为 x-by-Wire 系统。

与这些网络采用不同思路开发的有信息系统，在开关及显示功能控制用的信号系统的信息设备之间建立网络，下一步是利用显示数据自身用光缆进行数据传送。

为了实现音响系统的数字化，建立了将音频数据与信号系统综合在一起的 AV 网络，因为这种网络需要将大容量的数据连续地输出，所以，在这种网络上将采用光缆。主要车载网络的基本情况如表 1-1 所示。

表 1-1　主要车载网络的基本情况

车载网络的名称	概　　要	通 信 速 度	组织/推动单位
CAN（Controller Area Network）	车身/动力传动系统控制用 LAN 协议，最有可能成为世界标准的车用 LAN 协议	1Mb/s	Robert Bosch 公司（开发），ISO
VAN（Vehicle Area Network）	车身系统控制用 LAN 协议，以法国为中心	1Mb/s	ISO
J1850	车身系统控制用 LAN 协议，以美国为中心	10.4Kb/s 41.6Kb/s	Ford Motor 公司
LIN（Local Interconnect Network）	车身系统控制用 LAN 协议，液压组件专用	20Kb/s	LIN 联合体
IDB-C（ITS Data Bus on CAN）	以 CAN 为基础的控制用 LAN 协议	250Kb/s	IDM 论坛
TTP/C（Time Triggered Protocol by CAN）	重视安全、按用途分类的控制用 LAN 协议时分多路复用（TDMA）	2Mb/s 25Kb/s	TIT 计算机技术公司
TTCAN（Time Triggered CAN）	重视安全、按用途分类的控制用 LAN 协议时间同步的 CAN	1Mb/s	Robert Bosch 公司 CIA
Byteflight	重视安全、按用途分类的控制用 LAN 协议通用时分多路复用（FTDMA）	10Mb/s	BMW 公司
FlexRay	重视安全、按用途分类的控制用 LAN 协议	5Mb/s	BMW 公司 Daimler Chrysler 公司
DDB/Optical（Domestic Digital Bus/Optical）	音频系统通信协议 将 DDB 作为音频系统总线采用光通信	5.6Mb/s	C&C
MOST（Modia Oriednted System Transport）	信息系统通信协议 以欧洲为中心，由克莱斯勒与 BMW 公司推动	22.5Mb/s	MOST 合作组织
IEEE1394	信息系统通信协议 有转化成 IDB1394 的动向	100Mb/s	1394 工业协会

2. 汽车传输总线简介

数据传输总线是指在一条数据线上传递的信号可以被多个系统共享，从而最大限度地提高系统整体效率，充分利用有限的资源。例如，常见的计算机键盘有 104 个键，可以发出一百多个不同的指令，但键盘与主机之间的数据连接线却只有 7 根，键盘正是依靠这 7 根数据连接线上不同的数字电压信号组合（编码信号）来传递按键信息的。如果把这种方式应用在汽车电气系统上，就可以大大简化汽车电路。可以通过不同的编码信号来表示不同的开关动作，信号解码后，根据指令接通或断开对应的用电设备。这样，就能将过去一线一用的专线制改为一线多用制，大大减少了汽车上电线的数目，缩小了线束的直径。同时，加速了汽车智能化的发展。

在汽车上传统的信息传递方式采用并行数据传输方式，每项信息须独立的数据线完成，即有几个信号就要有几条信号传输线。而采用车载网络作为信号传输系统后可有效地减少汽车通信线路的数量，无论计算机之间有多少信号需要互相传送，都只需要一根或两根总线就可完成，而且实现更好地在各控制系统之间高速通信、交流信息、协调控制、共享资源，完成对汽车性能的精确控制，如图 1-1、图 1-2 所示。

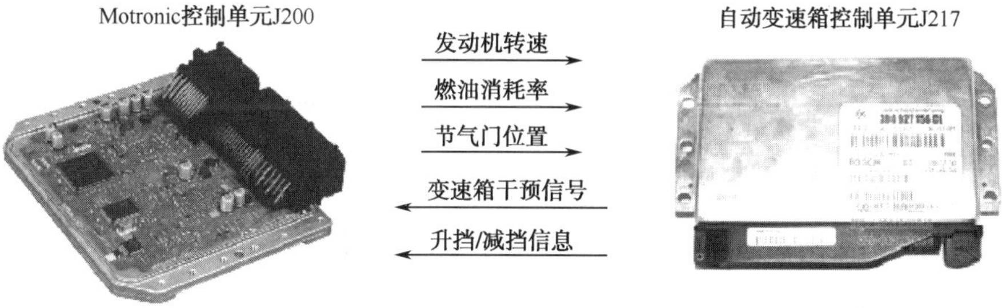

图 1-1　传统信号传递

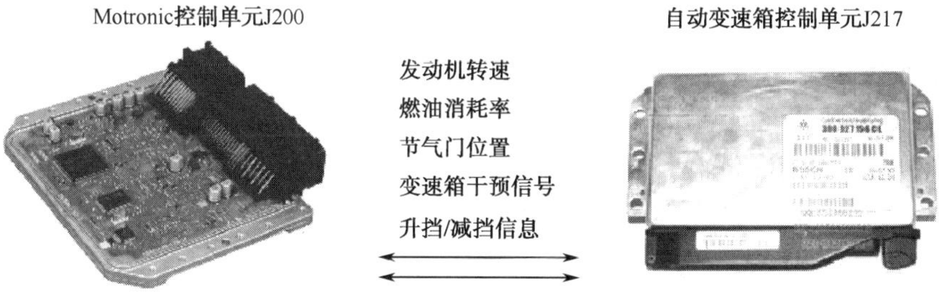

图 1-2　车载网络信号传递

在传统控制电路中，各种控制信号都属于平行关系，互相之间并没有关联，每个信号都有专属的信号线，因此，如果需要传输多个信号的话，就需要多根线进行。而在车载网络系统中采取基于串行数据总线体系结构，能将各种信号按照内部程序转换为各种数据后，通过一条线或两条线，每个比特的信息一个一个地被传输进行串行通信，在其通信线上传送的是“0”“1”数字信号。如图 1-3 所示，A 计算机读取 4 个开关信号状态，将其转换为“0110”的数据传送给 B 计算机，B 计算机收到后将其解出，即知现在 1，4 开关断开，2，3 开关接通。

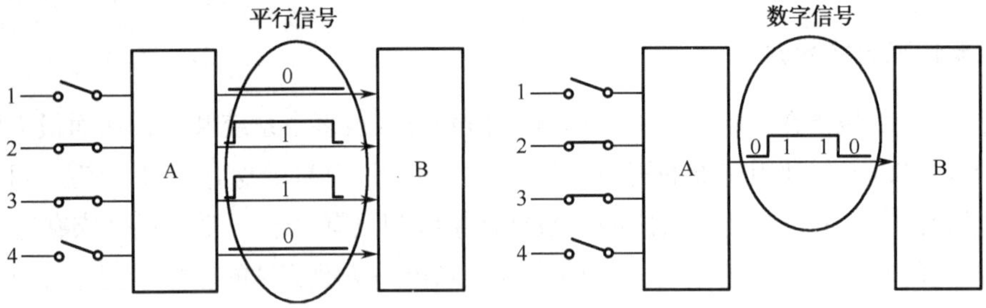

图 1-3　两种不同信号

当数据中的字节有多位时，就能表达很多含义，在进行通信时就能通过多位数的不同“0”“1”组合变化来传送信息。如表 1-2 所示，用 2 位数就可以表达 4 种意义，以此类推，有 n 位二进制即可以有 2 的 n 次方种数据类型。

表 1-2　2 位二进制数字代表的含义

第一位数电压/V	第二位数电压/V	数　据	水温/℃
0	0	00	20
0	5	01	40
5	5	10	60
5	0	11	80

采用车载网络进行信号传输的优点是：

（1）简化线束，减轻重量，减少成本，减少尺寸，减少连接器的数量。

（2）可以进行设备之间的通信，丰富了功能。

（3）通过信息共享，减少传感器型号的重复数量。

3. 车载网络系统常用术语

1）数据总线

数据总线是模块间运行数据的通道，即所谓的信息高速公路，如图 1-4 所示。数据总线可以实现在一条数据线上传递的信号可以被多个系统（控制单元）共享，从而最大限度地提高系统整体效率，充分利用有限的资源。如果系统可以发送和接收数据，则这样的数据总线就被称为双向数据总线。数据总线实际是一条导线或者是两条导线。两线式的其中一条导线常用作额外的通道，它的作用有点像公路的路肩，上面立有交通标志和信号灯。一旦数据通道出了故障，该“路肩”在有些数据总线中被用来承载“交通”，或者令数据换向通过一条或两条数据总线中未发生故障的部分。为了抗电子干扰，双线制数据总线的两条线是绞在一起的。

各汽车制造商一直在设计各自的数据总线，如果不兼容，就称为专用数据总线。如果是按照某种国际标准设计的，就是非专用的。为使不同厂家生产的零部件能在同一辆汽车上协调工作，必须制定标准。按照 ISO 有关标准，CAN 的拓扑结构为总线式，因此也称为 CAN 总线（CAN-BUS）。

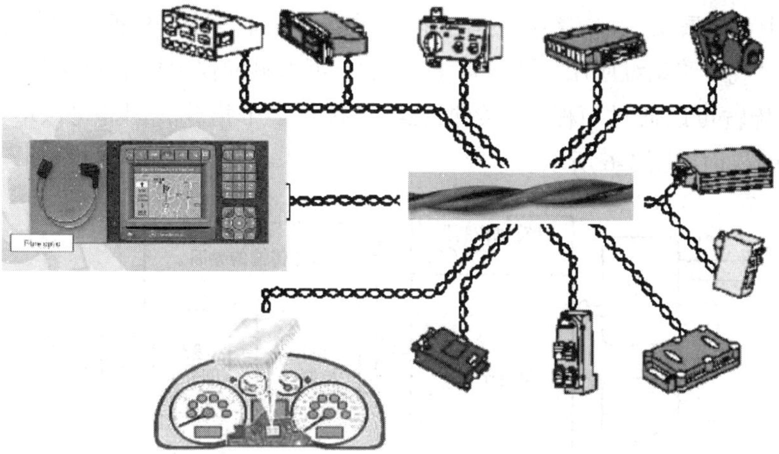

图 1-4　数据总线示意图

2）局域网

局域网（Local Area Network，简称 LAN）是在一个有限区域内连接的计算机网络，简称局域网。一般这个区域具有特定的职能，通过网络实现这个系统内的资源共享和信息通信。

连接到网络上的节点可以是计算机、基于微处理器的应用系统或控制装置。局域网一般的数据传输速度在 105Mb/s ~ 1Gb/s 之间，传输距离在 250m 内，误码率低。汽车上的总线传输系统（车载网络）是一种局域网。

3）多路传输

多路传输是指在同一通道或线路上同时传输多条信息，如图 1-5（b）所示。事实上，数据信息是依次传输的，但速度非常快，给人的感觉就是同时传输的。对一个人来说，1/10s 算是非常快了，但对一台运算速度即使相对慢的计算机来说，1/10s 却是很长的时间。如果将 1/10s 分成若干段，许多单个的数据都能被传输——每一段传输一段，这就称为分时多路传输。

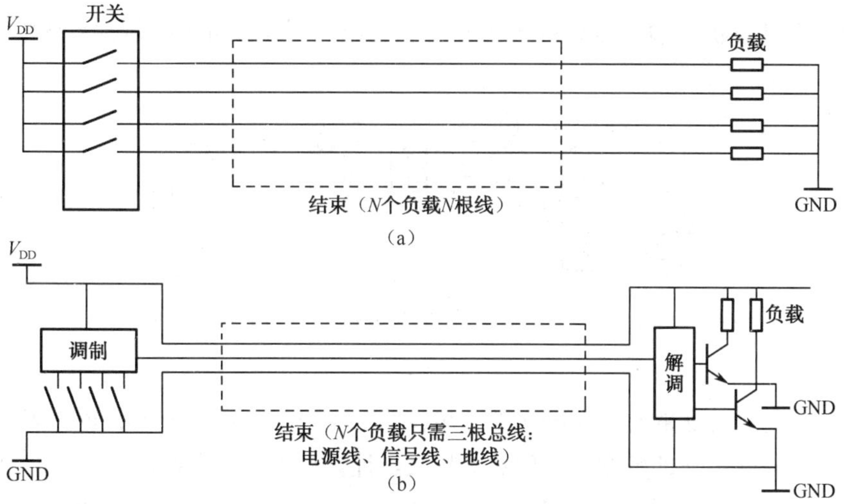

图 1-5　常规线路与多路传输线路简单对比

从图 1-5 中可以看出，常规线路要比多路传输线路简单得多，然而多路传输系统 ECU 之间所用导线比常规线路系统所用导线少得多。ECU 可以触发仪表板上的警告灯或故障指示灯等，由于多路传输可以通过一根线（数据总线）执行多个指令，因此可以增加许多功能装置。多路传输的界面如图 1-6 所示。

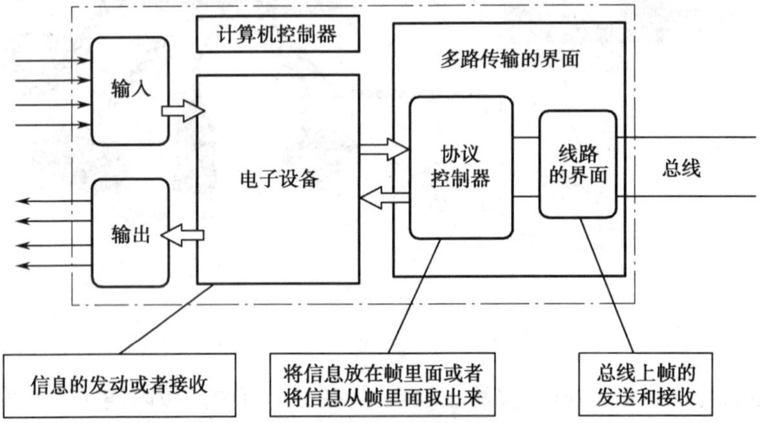

图 1-6　多路传输的界面

正如可把无线电广播和移动电话的电波分为不同的频率，人们也可以同时传输不同的数据流。随着现在和未来的汽车装备无线多路传输装置的增加，基于频率、幅值或其他方法的同时数据传输也成为可能。汽车上用的是单线或双线分时多路传输系统。

多路传输的优点：简化线束，减小质量，减少成本，减少尺寸，减少插接器的数量，可以进行设备之间的通信，丰富了功能，通过信息共享减少传感器的数量。

4）模块/节点

模块就是一种电子装置。简单一点的如温度和压力传感器，复杂的如计算机（微处理器），如图 1-7 所示。传感器是一个模块装置，根据温度和压力的不同产生不同的电压信号，这些电压信号在计算机的输入接口被转变成数字信号。在计算机多路传输系统中一些简单的模块被称为节点。

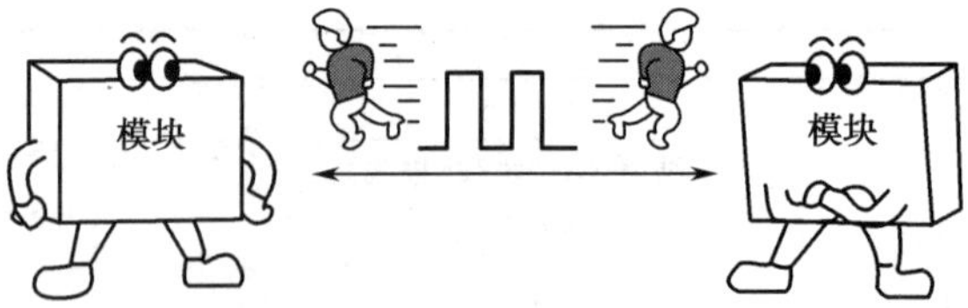

图 1-7　模块/节点示意图

5）比特率

比特率是指每秒传送的比特（bit）数，单位为 bps（bit per second），也可表示为 b/s，比特率越高，单位时间传送的数据量（位数）越大。计算机中的信息都用二进制的 0 和 1 来表示，其中每一个 0 或 1 被称作一个位，用小写 b 表示，即 bit（位）。大写 B 表示 byte，即字节，1 个字节=8 个位，即 1B=8b。表示文件的大小单位，一般都使用千字节（KB）来表示文件的大小。

Kbps：首先要了解的是，ps 指的是/s，即每秒。Kbps 指的是网络速度，也就是每秒传送多少个千位的信息（K 表示千位，Kb 表示的是多少千个位），为了在直观上显得网络的传输速度较快，一般公司都使用 Kb（千位）来表示，如果是 KBps（或表示为 KB/s），则表示每秒传送多少千字节。

6）数据帧

为了可靠地传输数据，通常将原始数据分割成一定长度的数据单元，数据单元即称为数据帧。一帧内应包括同步信号（如帧的开始与终止）、错误控制（各类检错码或纠错码，大多数采用检错重发的控制方式）、流量控制（协调发送方与协调方的速率）、控制信息、数据信息、寻址（在信道共享的情况下，保证每一帧都能正确地到达目的站，收方也能知道信息来自何站）等。数据帧结构如图 1-8 所示。

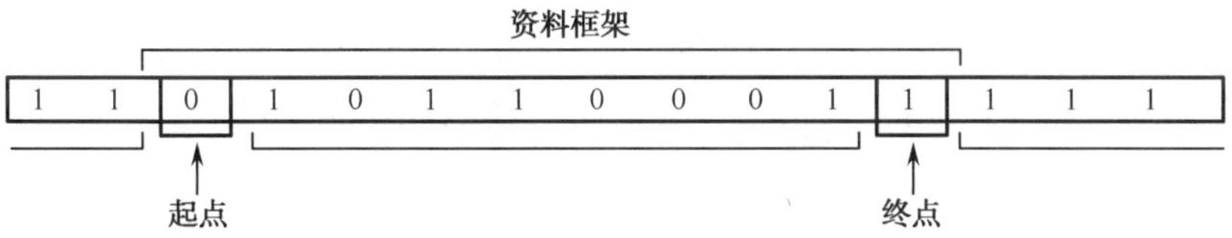

图 1-8 通信信息的格式（帧）示意图

7）网关

因为车上用很多总线和网络，所以必须用一种方法实现信息共享且不产生协议间的冲突。例如，车门打开时发动机控制模块也许需要被唤醒。为了使采用不同协议及速度的数据总线间实现无差错数据传输，必须用一种特殊功能的计算机，这种计算机就称为网关。网关实际上就是一种模块，它工作得好坏决定了不同的总线、模块和网络相互间通信的好坏。网关可以单独由一个模块充当（如奥迪 A8 轿车就有一个网关模块），也可以由别的模块兼顾（如帕萨特轿车就由仪表电脑充当网关）。有些车可能安装有两个以上的网关。

网关是汽车车载通信网络的核心，通过它可以实现各条总线上信息的共享，以及实现汽车内部的网络管理和故障诊断功能。网关连接示意图如图 1-9 所示。

网关有如下功能：

（1）网关可以把局域网上的数据转变成可以识别的 OBD-Ⅱ诊断数据语言，方便诊断。

（2）网关可以实现低速网络和高速网络的信息共享。

（3）与计算机中的网关的作用是一样的，负责接收和发送信息。

（4）激活和监控局域网络工作状态。

（5）实现车辆数据的同步性。

（6）对信息标识符作翻译。

8）传输协议

传输协议也称为通信协议，是控制通信实体间有效完成信息交换的一组约定和规则。换句话说，要想交流成功，通信双方必须“说同样的语言”（如相同的语法规则和语速等）。

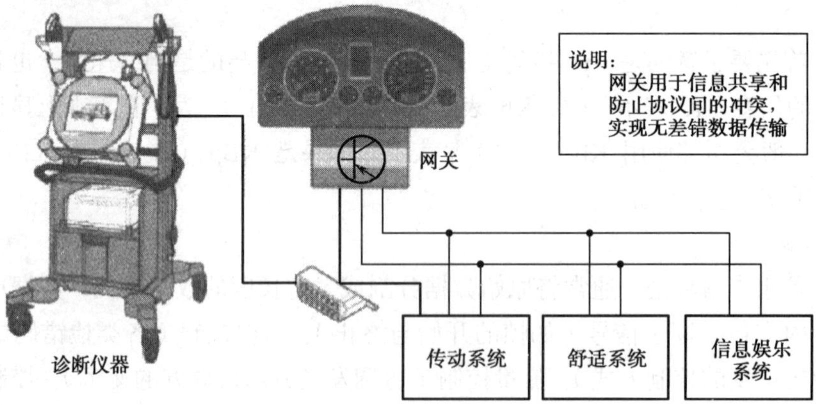

图 1-9　网关与其他系统的连接示意图

9）传输仲裁

当出现数个使用者同时申请利用总线发送信息时，会发生数据传输冲突，好比同时有两个或者多个人想要过独木桥一样，如图 1-10 所示。传输仲裁就是用于避免数据传输冲突，保证信息按其重要程度来发送。

图 1-10　过独木桥

任务 2　CAN-BUS 总线

1. CAN 总线的简介

CAN 是 Controller Area Network（控制器局域网）的缩写，是国际标准化的串行通信协议。目前，CAN 总线是汽车网络系统中应用最多，也最为普遍的一种总线技术。

1）CAN 总线的优点

对于汽车上的整个系统来说，CAN 总线控制单元间的数据交换都在同一平台上进行。这个平台称为协议，CAN 总线起到数据交换“高速公路”的作用；CAN 总线系统可以很方便地实现用控制单元来对系统进行控制，如发动机控制、变速器控制、ESP 控制等；还可以很方便地加装选装装置，为技术进步创造了条件，为新装备的使用打下了基础。CAN 总线是一个开放系统，可以与各种传输介质进行适配，如铜线和光导纤维（光纤）；对控制单元的诊断可通过 K 线来进行，车内的诊断有时通过 CAN 总线来完成（如安全气囊和车门控制单元），称为“虚拟 K 线”。随着技术的进步，今后有逐步取消 K 线的趋势。CAN 总线可同时通过多个控制单元进行系统诊断。

2）CAN 总线的结构特点

CAN 总线上并联有多个控制单元，其特点如表 1-3 所示。

表 1-3 CAN 总线的特点

项 目	特 点
可靠性高	系统能将数据传输故障（无论是由内部还是外部引起的）准确地识别出来
使用方便	如果某一控制单元出现故障，其他控制单元还可以保持原有功能，以便进行信息交换
数据密度大	所有控制单元在任一瞬时的信息状态均相同，这样就使得两控制单元之间不会有数据偏差。如果系统的某一处有故障，那么总线上所有连接的元件都会得到通知
数据传输快	连成网络的各控制单元之间的数据交换速率必须很快，这样才能满足实时需求
采用双线传输	采用双线传输，抗干扰能力强，数据传输的可靠性高

3）CAN 总线系统的分类

目前，CAN 总线系统中的信号是采用数字方式经铜导线传输的，其最大稳定传输速率可达 1000Kb/s（1Mb/s）。大众和奥迪公司将最大标准传输速率规定为 500Kb/s。考虑到信号的重复率及产生出的数据量，CAN 总线系统分为 3 个专门的系统，如表 1-4 所示。

表 1-4 CAN 总线系统的分类

总 线 类 型	速 度	应 用 场 合
驱动 CAN 总线，亦称动力 CAN 总线	高速，500Kb/s	可基本满足实时要求，主要用于发动机、变速器、ABS、转向助力等汽车动力系统的数据传输
特适 CAN 总线	低速，100Kb/s	主要用于空调系统、中央门锁（车门）系统、座椅调节系统的数据传输
信息 CAN 总线	低速，100Kb/s	主要用于对时间要求不高的领域，如导航系统、组合音响系统、CD 转换控制等

4）CAN 总线的诊断功能

CAN 总线是车内电子装置中的一个独立系统，从本质上讲，CAN 总线就是数据传输线路，用于在控制单元之间进行信息交换。由于自身的布置和结构特点，CAN 总线工作时的性能很高。如果 CAN 总线系统出现故障，故障就会存入相应的控制单元故障存储器内，可以用诊断仪读出这些故障。

控制单元具有自诊断功能，通过自诊断功能还可识别出与 CAN 总线相关的故障。当用诊断仪读出 CAN 总线故障记录之后，即可按这些提示信息顺藤摸瓜，快速、准确地查寻并排除故障。控制单元内的故障记录用于初步确定故障，还可用于读出排除故障后的无故障说明，即确认故障已经被排除。如果想要更新故障显示内容，必须重新启动发动机。CAN 总线正常工作的前提条件是车辆在任何工况均不应有 CAN 总线故障记录。

2. CAN 总线的组成

CAN 由每个电控单元内部的 CAN 控制器和收发器、每个电控单元外部连接的两条 CAN 总线和整个系统中的两个终端组成，如图 1-11 所示。

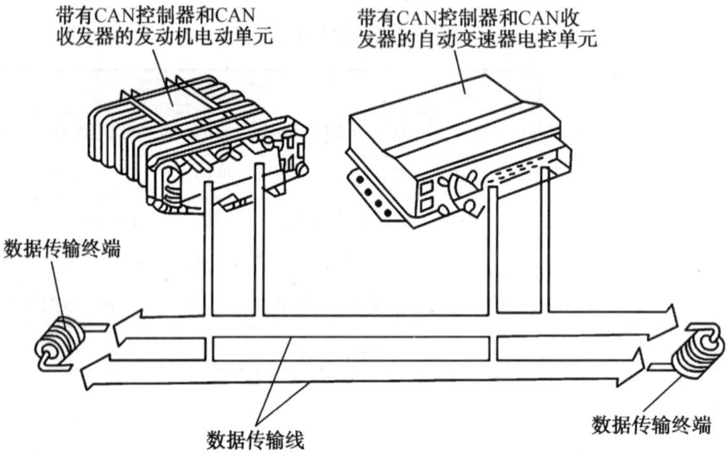

图 1-11 CAN 的基本组成

CAN 的接线如图 1-12 所示，中央电控单元的 CAN 控制器具有双通道（CRX0、CTX0/CRX1、CTX1）的 CAN 接口，接到两个不同的 CAN 总线（CAN-H 和 CAN-L）上。各电控单元通过收发器与 CAN 总线相连，相互交换数据。CAN 控制器根据两根线的电位差判断其总线的电平。总线的电平分显性电平与隐性电平两种，二者必居其一。发送节点通过改变总线电平，将报文发送到接收节点。与总线相连的所有节点都可以发送报文，在两个以上的节点同时开始发送报文的情况下，具有优先级报文的节点获得发送权，其他所有节点转为接收状态。

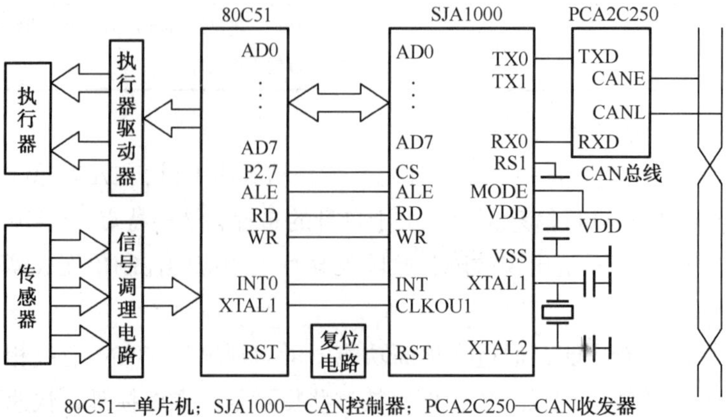

80C51—单片机；SJA1000—CAN控制器；PCA2C250—CAN收发器

图 1-12 CAN 接线

1）电控单元

CAN 控制器接收来自传感器的信号，将其处理后再控制执行元件工作，同时根据需要将传感器信息通过 CAN 总线发送给其他电控单元，如图 1-13 所示。电控单元的主要构件有 CPU、CAN 控制器和 CAN 收发器，另外还有输入/输出存储器和程序存储器。

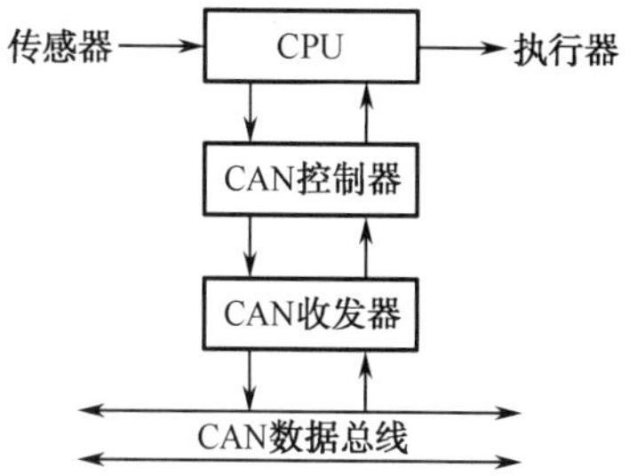

图 1-13　CAN 网络框架

带有 CAN 收发功能的电控单元内部结构如图 1-14 所示。电控单元接收到的传感器信号（如发动机温度或转速）被定期按顺序存入输入存储器。电控单元按存储的程序处理输入值，处理结果存入相应的输出存储器，然后控制各执行元件工作。为了能够处理数据传输总线信息，各电控单元内还有一个数据传输总线存储区，用于容纳接收和发送的信息。

由于电控单元通过 CAN 控制器实现网络传输，因此，CAN 网络成为电控单元的输入信息来源，同时也是电控单元的信息输出对象。

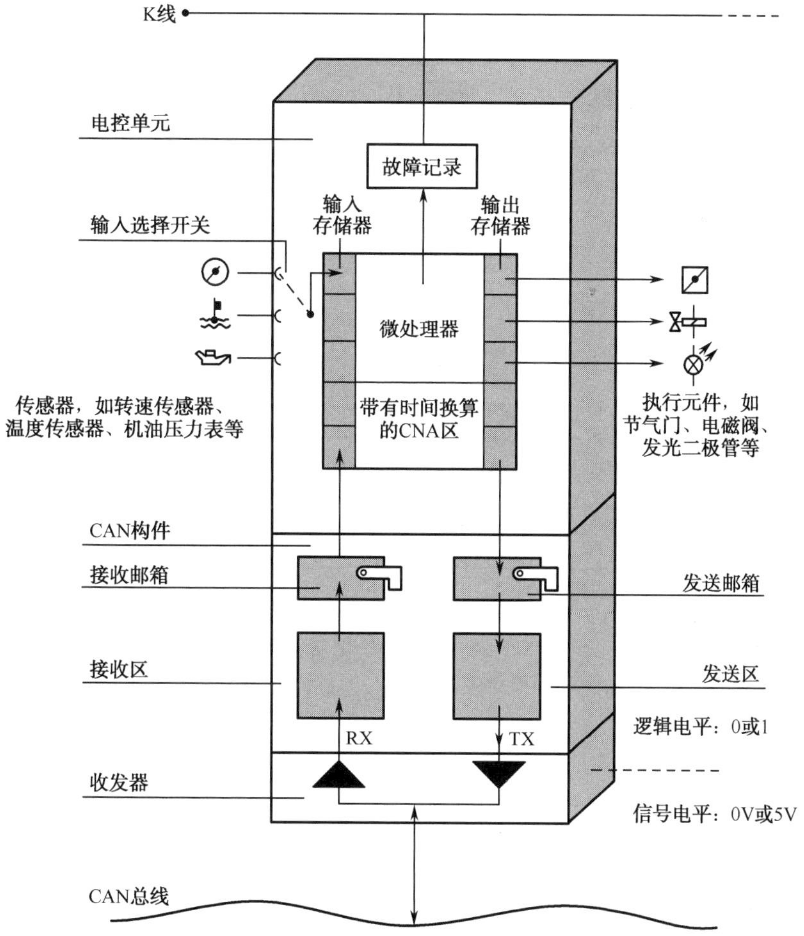

图 1-14　带有 CAN 收发功能的电控单元内部结构

2）CAN 控制器

CAN 控制器由一块可编程芯片上的逻辑电路组成，实现通信模型中物理层和数据链路层的功能，并对外提供与电控单元的物理接口。通过对 CAN 控制器编程，可设置其工作方式，控制其工作状态，进行数据发送和接收，以它为基础建立应用层。

目前，CAN 控制器可分为 CAN 独立控制器和 CAN 集成电控单元两种。CAN 独立控制器使用灵活，可与多种类型的单片机、微型计算机的各类标准总线进行接口组合。CAN 集成电控单元在许多特定情况下，使电路设计简化和紧凑，可靠性提高。

3）CAN 收发器

CAN 收发器提供了 CAN 控制器与物理总线之间的接口，是一个发送/接收放大器。其中，发送器将数据传输总线构件连续的比特流（逻辑电平）转换成电压值（线路传输电平），以适合铜导线上的数据传输；接收器将电压信号转换成连续的比特流，以适合 CPU 处理。

收发器通过 TX 线（发送导线）或 RX 线（接收导线）与数据传输总线构件相连，如图 1-15 所示。RX 线通过一个放大器直接与数据传输总线相连。

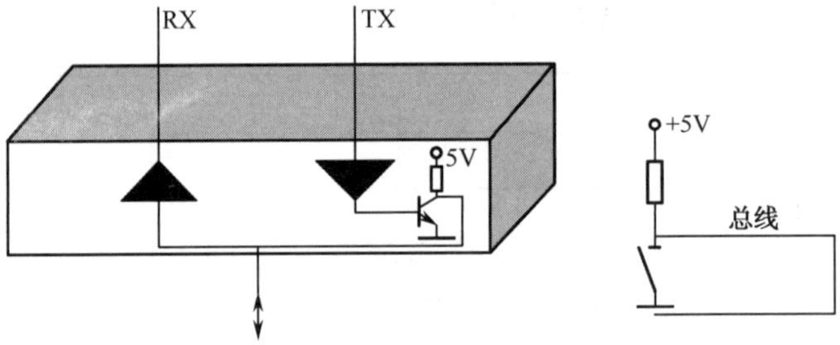

图 1-15　与 TX 线耦合的收发器

收发器是 TX 线与总线的耦合，耦合过程通过一个断路式集流电路实现，总线出现两种工作状态，如表 1-5 所示。

表 1-5　收发器的特点

状态	晶 体 管	是 否 有 源	电 阻 状 态	总 线 电 平
1	截止状态（开关未接合）	无源	高	1
0	接通状态（开关接合）	有源	低	0

假设有 3 个收发器耦合在一根总线导线上，如图 1-16 所示，开关未接合表示 1（无源）；开关已接合表示 0（有源），则收发器 C 有源，收发器 A 和 B 无源。工作过程介绍如下。

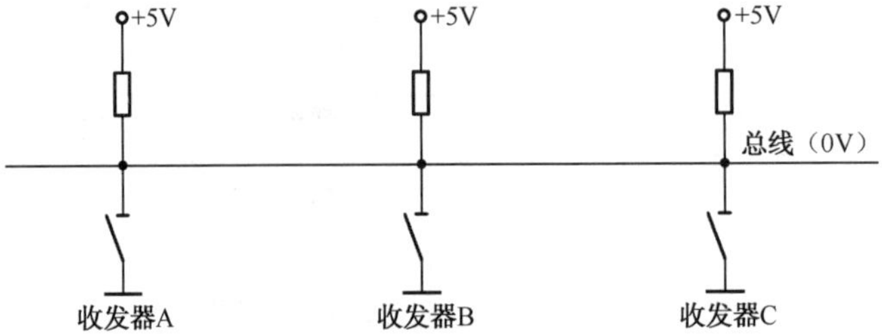

图 1-16　3 个收发器耦合于一根总线

（1）若某一开关已接合，则电阻上有电流流过，总线电压为 0V。

（2）若所有开关均未接合，则没有电流流过，电阻上没有电压降，总线电压为 5V。

上述 3 个收发器连接在 CAN 总线上的工作状态如表 1-6 所示。

表 1-6 收发器状态与总线电压

收发器 A	收发器 B	收发器 C	总线电压
1	1	1	1（5V）
1	1	0	0（0V）
1	0	1	0（0V）
1	0	0	0（0V）
0	1	1	0（0V）
0	1	0	0（0V）
0	0	1	0（0V）
0	0	0	0（0V）

若总线处于状态 1（无源），可由某一个电控单元使用状态 0（有源）改写。将无源的总线电平称为隐性，有源的总线电平称为显性。

4）数据传递终端

数据传递终端是一个电阻器，可避免数据传输终了反射回来，产生反射波而使数据遭到破坏。CAN 总线终端接法以及网络拓扑结构主要有以下 4 种。

（1）分离终端。分离终端不改变终端电缆 DC 特性，而能增强中央电控单元的性能，如图 1-17 所示。将单个终端电阻分成两个阻值相等的电阻，例如，将一个 124Ω的电阻由两个 62Ω的电阻替换。可在两个分离终端的中间插头上得到共模信号（理想情况下共模信号为 DC 电压信号），并可通过一个 10nF 或 100nF 的电容将中间插头搭铁。

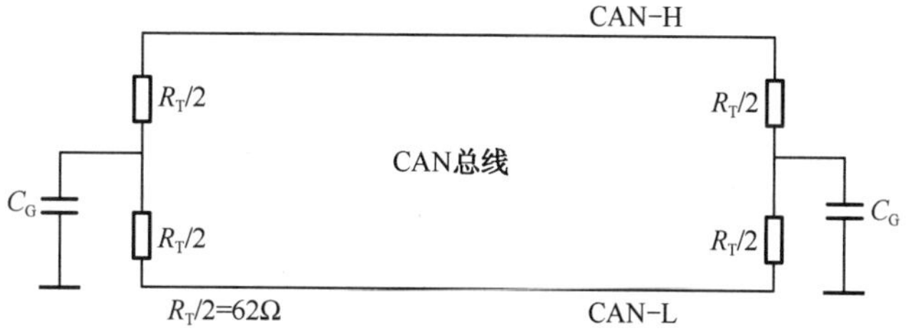

图 1-17 分离终端连接方式

分离终端的连接方法有两种，一种是将两个终端均采用分离形式单独搭铁，可优化高频性能，但两个终端电阻搭铁后，可能会通过搭铁电流形成干扰性电流；另一种是将一个终端电阻搭铁，在中频到低频的范围内，其特性更好，这种接法没有改变终端电缆的特性。

（2）多终端。多终端与分离终端接法组合使用，形成的网络拓扑不同于总线结构。为了适应这种拓扑结构，可采用多终端接法。要求总的终端电阻（60Ω）被分成两个以上的电阻，但总的等效终端电阻不变。以具有 3 个分支的星形拓扑结构为例，将每个分支都视为一个终端。其终端电阻为总的终端电阻的 3 倍（180Ω）。采用这种接法，总的等效终端电阻（所有电阻并联在一起）必须与总线驱动器的输出驱动能力相匹配。

（3）单终端。在某些情况下，仅仅只有一个终端电阻（124Ω或 62Ω）位于主节点中。从 CAN 位定时要求方面考虑，系统配置应确保安全。采用单终端接法的网络总线长度将小于正常终端接法总线长度的 50%。

（4）非匹配终端。该接法使终端电阻与线路的特性阻抗不匹配，以减少对线路双绞的要求，在同等配置下可增加驱动能力或降低功耗。其终端电阻阻值高于电缆的特性阻抗值，要求系统配置能确保安全。与采用标准终端接法相比，当终端电阻增大时，相应的总线延时会急剧增加，位速率急剧降低。

无论何种情况，不同终端的等效电阻应小于 500Ω。例如，2 × 1kΩ，被认为是终端电阻的上限，与采用的位速率无关。双向总线的传输延迟时间与总线的时间常数有关，时间常数等于整个网络的电容值与等效放电电阻的乘积。

5）CAN 总线

数据没有指定接收器，数据通过数据总线发送给各电控单元，各电控单元接收后进行计算。为了防止外界电磁波干扰和向外辐射，CAN 总线采用两条线缠绕在一起，两条线上的电位相反，若一条线的电压为 5V，另一条线则为 0V，两条线的电压总和等于常值，如图 1-18 所示。通过此办法，CAN 总线免受外界电磁场干扰，同时 CAN 总线的向外辐射也保持中性，即无辐射。

图 1-18　CAN 数据传输线

大众汽车采用的 CAN 是一条现成的诊断通路，不必依靠 ISO 9141 中定义的 K 线，而仅依靠系统中的某一个电控单元作为诊断接口（或称诊断界面）对电控单元进行故障诊断。

3. 数据传输原理

以转速接收、传递和在仪表上显示过程为例，从接收到在转速表上显示的一个完整信息交换过程，可以看到数据传递的时间顺序以及 CAN 构件与电控单元之间的配合关系。

1）信息格式转换与请求发送信息

发动机电子控制系统的曲轴位置传感器检测到转速信号，该信号以固定的周期（循环往复地）到达电控单元的输入存储器（送到发动机）。由于瞬时转速信号还用于其他电控单元，如组合仪表等，因此该信号应通过 CAN 总线传递。于是转速信号被复制到发动机电控单元的发送存储器内，然后从发送存储器进入 CAN 构件的发送邮箱内。若发送邮箱内有一个实时值，则该值由发送特征位（举起的小旗）显示出来，将发送任务委托给 CAN 构件。

发动机信息按协议被转换成 CAN 的特殊格式。CAN 特殊格式含有：“标识”为 11 位，“信息内容”为 0～8 位，“CRC”为 16 位，“应答场”为 2 位。

标识=发动机-1（转速），信号内容=转速值。发动机信息也可包括其他值，如怠速、转矩等，如图 1-19 所示。

2）发送开始（总线空闲判断）

当发送邮箱内有一个实时值，表明发动机准备向外发送信息，CAN 构件通过 RX 线检查总线是否有源（是否正在交换其他信息），必要时会等待，直至总线空闲为止。某一时间段内的总线电平一直为 1（无源），表示总线空闲，如图 1-20 所示。

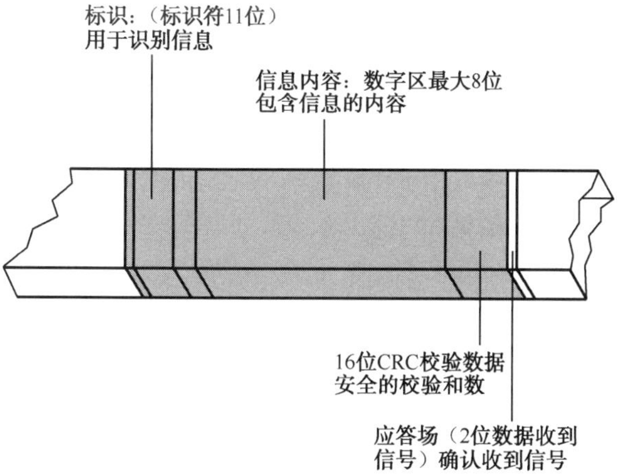

图 1-19　CAN 数据格式

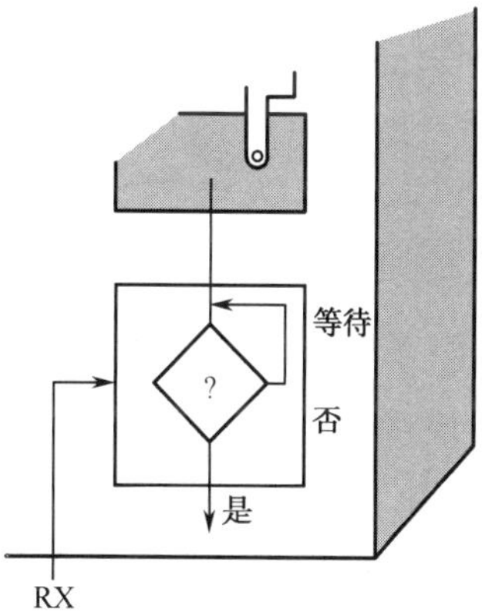

图 1-20　总线空闲判断

3）发送信息

若总线空闲，则预先存在发送存储器中的“发动机转速信息”被发送出去，如图 1-21 所示。

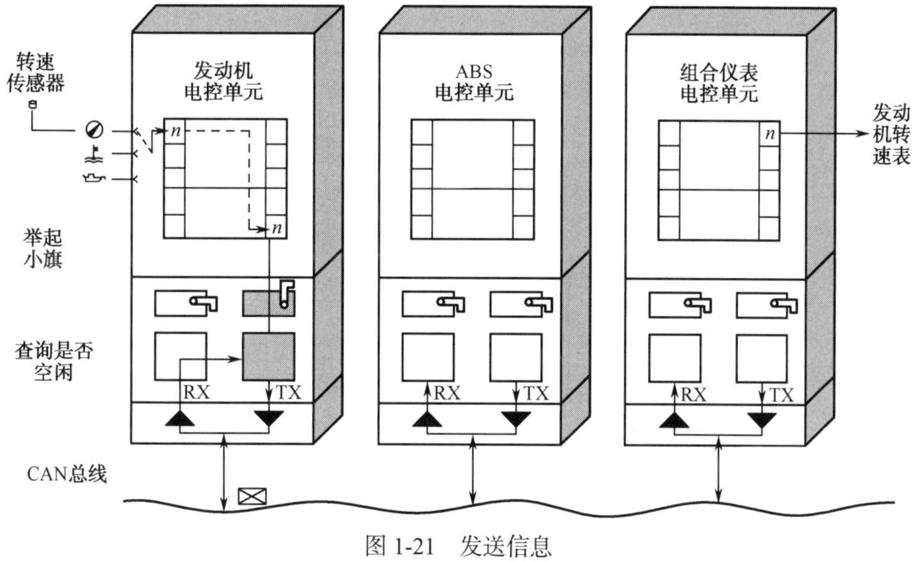

图 1-21　发送信息

4）接收过程

接收过程分两步，如图 1-22 所示。

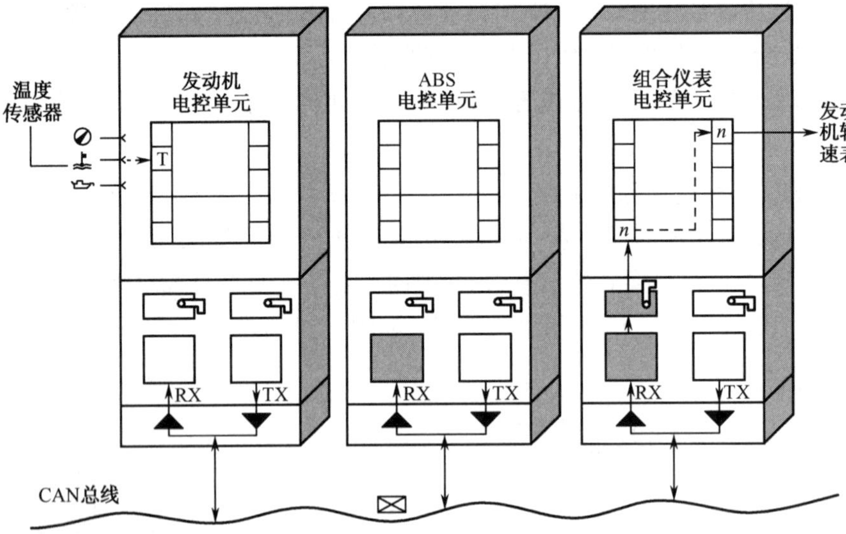

图 1-22　信息接收

（1）第一步：检查信息是否正确（监控层）。

连接的所有电控单元都可以接收发动机电控单元发送的信息，该信息通过 RX 线到达 CAN 构件各自的接收区。

接收器接收发动机电控单元发送的信息（广播），并在相应的监控层通过 CRC 校验和数，确定是否有传递错误。发送每个信息时，所有数据位产生并传递一个 16 位的校验和数。接收器按同样的规则，从所有已经接收到的数据位中计算出校验和数。随后将接收到的校验和数与计算出的校验和数进行比较。

若确定无传递错误，则连接的所有电控单元给发射器一个确认回答，即“信息收到符号”（ACK），其位于校验和数之后，如图 1-23 所示。经监控层确认后的正确数据到达 CAN 构件的接收层，如图 1-24 所示。

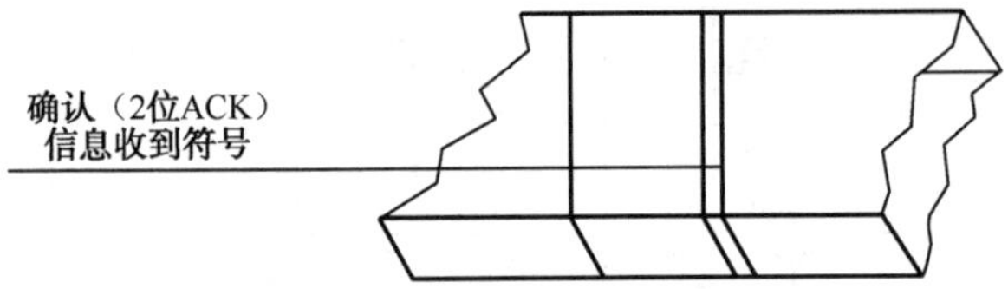

图 1-23　确认位（应答场）

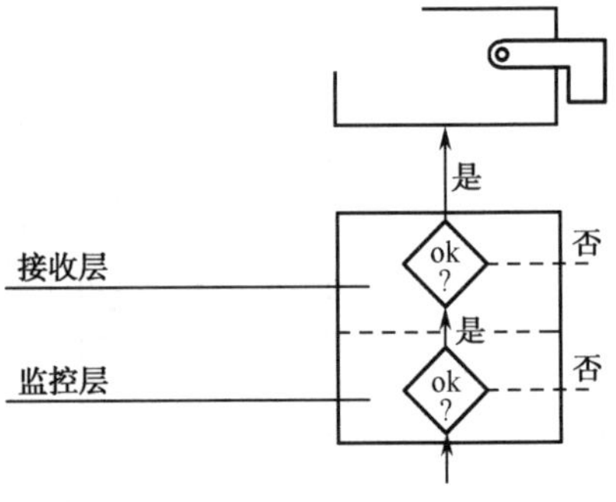

图 1-24　监控层工作原理（所有电控单元）

（2）第二步：检查信息是否可用（接收层）。

接收到的正确信息到达相关 CAN 构件的接收层，在此决定该信息是否用于完成各电控单元的相应控制。若得到确认，该信息则进入相应的接收邮箱；否则该信息被拒收。如组合仪表工作过程需要发动机转速信号，发动机转速信息通过组合仪表的接收层检查，到达组合仪表的接收邮箱，并升起“接收旗”以通知电控单元，如图 1-25 所示。

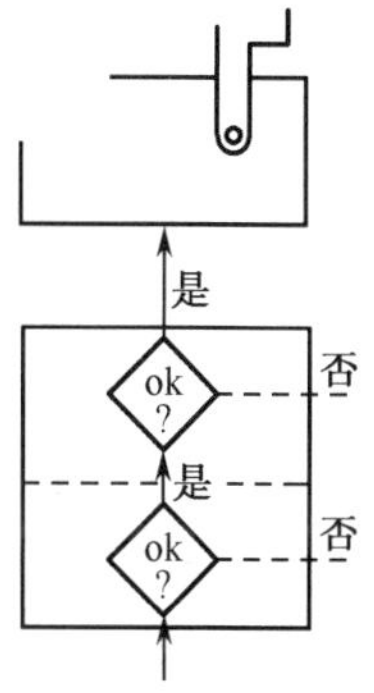

图 1-25 接收层工作原理（组合仪表电控单元）

组合仪表根据升起的“接收旗”判定目前有一个信息（如转速）在排队等待处理，组合仪表调出该信息，将相应的值复制并输入存储器。

至此，通过 CAN 构件发送和接收信息的过程结束。在组合仪表内，转速经电控单元处理后到达执行元件，最后到达转速表。该信息交换过程按设定好的循环时间重复进行。

5）位仲裁

多个电控单元同时发送信息时，数据总线会发生数据冲突。为此，CAN 总线采用了仲裁方法加以解决。

（1）位仲裁的特点

对数据进行实时处理时，必须快速传送数据，因此，要求数据的物理传输通路有较高的速度。在几个站同时需要发送数据时，要求快速地进行总线分配。CAN 总线以报文为单位进行数据传送，报文的优先级结合在 11 位标识符中，最低二进制数的标识符具有最高的优先级。这种优先级一旦在系统设计时被确定后，不再更改。数据总线发生数据冲突，可通过位仲裁解决。

CAN 具有较高的效率是由于总线仅仅被请求总线“悬而未决”的站利用，这些请求根据报文在整个系统中的重要性按顺序处理。当网络负载较大时，由于总线读取的优先级已被按顺序放在每个报文中，可保证在实时系统中有较低的个体隐伏时间。由于 CAN 协议执行非集中化总线控制，所有主要通信，包括总线读取（许可）控制，在系统中分几次完成。这是实现有较高可靠性通信的唯一方法。

（2）位仲裁实施过程

① 电控单元发送的每个信息都要分配优先权，且不同的信息量具有不同的优先权（优先权隐含在数据的标识符中），优先权高的信息优先发送。

② 所有的电控单元都是通过各自的 RX 线跟踪总线的变化，并获知总线的状态。

③ 请求发送信息的电控单元，每个发射器将对 TX 线和 RX 线的状态一位一位地进行比较，可以不一致。

④ 若某个电控单元向外发送 1（TX 线为 1），但通过 RX 线在总线接到 0，则该电控单元退出对总线的发送信息控制，转为信息接收。

用标识符中位于前部的“0”的个数即可调整信息的重要程度，从而保证按重要程度不同顺序发送信息，标识符中的号码越小，表示该信息越重要，这一方法称为仲裁。

例如，现有 3 个电控单元，即发动机电控单元、ABS 电控单元和组合仪表电控单元，同时向外发送信息。其中发动机电控单元向外发送信息为 10101010，ABS 电控单元向外发送信息为 10101011，组合仪表电控单元向外发送信息为 10111111。

3 个电控单元向外发送信息的第 1 位、第 2 位、第 3 位都相同，此时不存在冲突，但 3 个电控单元向外发送第 4 位信息时，组合仪表电控单元的第 4 位为 1，其他的两个电控单元的第 4 位为 0，此时总线的状态为 0。对于组合仪表电控单元，向外发送 1（TX 状态 1），但接收到 0（RX 状态 0），根据仲裁原则，组合仪表电控单元停止发送信息，转为接收状态，该信息等待下一次发送周期，再次请求发送。

同理，发动机电控单元和 ABS 电控单元继续向外发送信息的第 5 位、第 6 位、第 7 位（101），且这 3 位的信息相同，不存在冲突。发送第 8 位时，发动机电控单元的第 8 位为 0，而 ABS 电控单元的第 8 位为 1，此时总线的状态为 0。对于 ABS 电控单元，向外发送 1（TX 状态 1），但接收到 0（RX 状态 0），根据仲裁原则，ABS 电控单元停止发送信息，转为接收状态，该信息等待下一次发送周期，再次请求发送。

因此，发动机电控单元接管数据总线控制权，继续发送剩余的信息，最终数据总线的信息与发动机电控单元向外发送的信息相同，如图 1-26 所示。

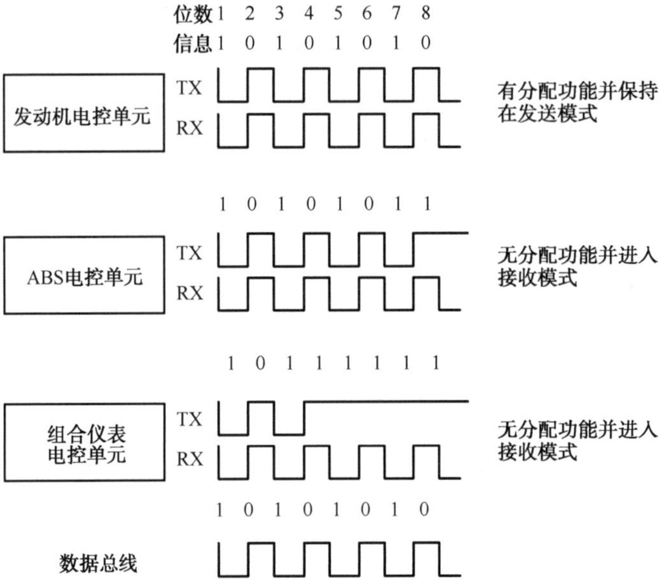

图 1-26　信息发送过程

信息与标识符如表 1-7 所示，当多个电控单元须同时发送信息时，转向角传感器拥有最高的优先级别，其信息被优先发送。

表 1-7 信息与标识符

标 识 符	十 六 进 制	二 进 制
发动机-1	280	010 1000 0000
ABS	1A0	010 1010 0000
组合仪表	320	011 0010 0000
转向角传感器-1	0C2	000 1100 0000
自动变速器-1	440	100 0100 0000

说明：数字越小（前面的“0”多），优先级越高。由于转向角传感器标识符数字最小，因此优先级最高，数字最先传递。

4. CAN 总线的数据类型

CAN 总线所传输的数据又称为报文，是一帧一帧地传送，每帧数据由一组二进制数或数字脉冲组成，这组二进制数按功能又分为一段一段的，每一段称为帧的域或场。

CAN 总线所传输的数据有数据帧、远程帧、错误帧和过载帧 4 种类型。

CAN 的帧有两种不同的帧格式，不同之处为识别符的长度不同：具有 11 位识别符的帧称为标准帧，而含有 29 位识别符的帧称为扩展帧。

1）数据帧

数据帧的功能是将数据从发送器传到接收器。数据帧由开始域、仲裁域、控制域、数据域、安全域、应答域和结束域 7 个不同的域组成，如图 1-27 所示。

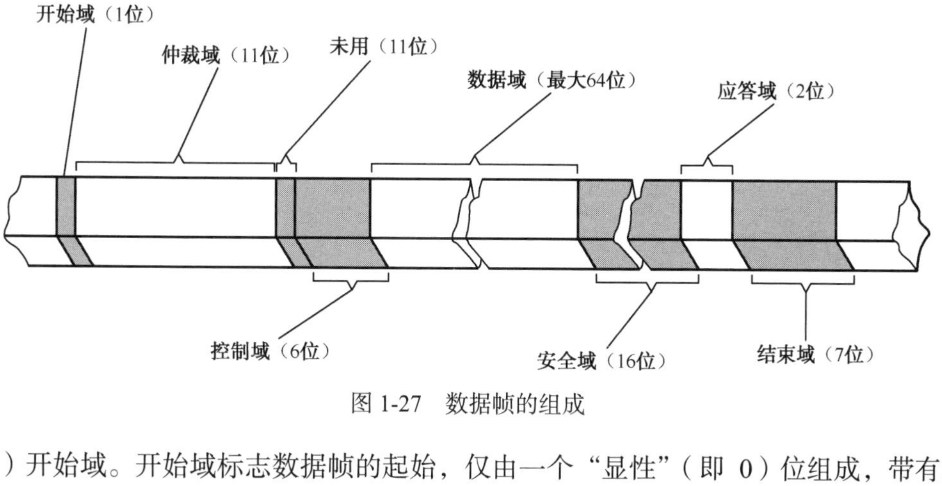

图 1-27 数据帧的组成

（1）开始域。开始域标志数据帧的起始，仅由一个“显性”（即 0）位组成，带有约 5V 的电压的 1 位被送入 CAN 高位传输线，带有约 0V 电压的 1 位被送入 CAN 低位传输线。开始域由控制芯片完成。

（2）仲裁域。仲裁域包括标识符和远程发送请求位（RTR）。识别符代表数据的身份和优先权，标准格式下标识符的长度为 11 位，这些位按 ID.10～ID.0 的顺序发送，最低位是 ID.0。7 个高位（ID.10～ID.4）必须不能全是“隐性”。在标准帧里，识别符后是远程发送请求位（RTR），该位若为“显性”（即 0），代表发送的信息是数据；若为“隐性”（即 1），代表发送的信息是数据请求。

只要总线空闲，各控制单元均可向总线发送数据，如果各个控制单元要同时发送各自的数据，那么系统必须决定哪一个控制单元先进行发送。系统规定具有最高优先权的数据先发送，标识符的二进制值越小，其优先权就越高。不同数据的优先权根据数据的重要性和紧迫性等因素由人为编程时确定。

例如，发动机电控单元、ABS 电控单元和自动变速器电控单元相比较，制动信号的优先权最高，三者仲裁域的标识符为：010 1000 0000（发动机电控单元标识符）；001 1010 0000（ABS 电控单元标识符）；100 0100 0000（自动变速器电控单元标识符）。

可以看出，ABS 电控单元的标识符数值设定得最小，优先权最高；自动变速器电控单元标识符数值最大，优先权最低；发动机电控单元标识符数值居中。当以上 3 个电控单元同时向总线发送数据时，系统就先发送 ABS 电控单元发送的数据，此时，发动机电控单元和自动变速器电控单元转化为接收器接收数据。总线一旦空闲，系统会发送其他电控单元的数据。

（3）控制域。控制域由 6 个位组成，其中 4 位是数据长度代码，即数据的字节数量，另两位作为扩展用的保留位。所发送的保留位必须“显性”。控制域供接收器检查是否已经接收到所传来的所有信息。接收器接收和认可所有由“显性”和“隐性”的任意组合在一起的位。

数据长度代码如表 1-8 所示。其中，DLC3 ~ DLC0 代表数据长度代码的位，DLC0 是最低位，DLC3 是最高位。数据长度代码最大为 8，表示数据帧允许的数据长度为 0 ~ 8 字节。

表中“0”为“显性”，“1”为“隐性”。

表 1-8　数据长度代码

数据长度	数据长度代码			
	DLC3	DLC2	DLC1	DLC0
0	0	0	0	0
1	0	0	0	1
2	0	0	1	0
3	0	0	1	1
4	0	1	0	0
5	0	1	0	1
6	0	1	1	0
7	0	1	1	1
8	1	0	0	0

（4）数据域。数据域由数据帧发送的数据组成，可以为 0 ~ 8 字节，每字节包含了 8 个位，所以数据帧最大为 64 位。数据域是如何表示数据的呢?例如，要表达节气门开度信号，假如把节气门的开度按最大开度的百分数表示，每 10%为一个等级，那么节气门开度信号在数据域的代码如表 1-9 所示。其中，“0%”表示节气门关闭，发动机处于怠速状态，“100%”表示节气门全开，发动机处于全负荷状态。

表 1-9 4 个位表示的节气门开度

节气门开度（%）	数据域代码			
	DLC3	DLC2	DLC1	DLC0
0	0	0	0	0
10	0	0	0	1
20	0	0	1	0
30	0	0	1	1
40	0	1	0	0
50	0	1	0	1
60	0	1	1	0
70	0	1	1	1
80	1	0	0	0
90	1	0	0	1
100	1	0	1	0

同理，可以用更多的位表示更精确的节气门开度变化，如 8 个位可表示 256 个节气门开度位置变化。对更复杂的数据，如果 1 个字节不够表示，可以用 2 个字节或多个字节表示，但不能超过 8 个字节。

（5）安全域。安全域用来检测传递数据中的错误。CAN 系统用于电噪声很大的环境，这个环境中的数据最容易丢失或破坏。CAN 协议提供了 5 种错误检测和修正的方法，因此如果数据被破坏，能够被检测出来，而且网络中所有的电控单元都会忽略这个数据。这 5 种错误检测类型分别为位错误、填充错误、校验（CRC）错误、形式错误和应答错误。

① 位错误。各控制单元在发送位的同时也对总线进行监视。如果所发送的位值与所监视的位值不相符合，则在此位时间里检测到一个位错误。

② 填充错误。如果在使用位填充法进行编码的信息中，出现了第 6 个连续相同的位电平时，将检测到一个填充错误。

③ 校验错误。校验序列包括发送器的校验计算结果，接收器计算校验的方法与发送器相同。如果接收器的计算结果与接收到校验序列的结果不相符，则检测到一个校验错误。

④ 形式错误。当一个固定形式的域含有一个或多个非法位，则检测到一个形式错误。

⑤ 应答错误。只要在应答间隙期间所监视的位不为“显性”，则发送器会检测到一个应答错误。

（6）应答域。应答域用来反映接收器通知发送器是否已经正确接收到数据。当接收器正确地接收到有效的数据，接收器就会在应答间隙期间内向发送器发送一个“显性”位以应答，而应答界定符始终是“隐性”位。

如果检查到错误，接收器立即通知发送器，然后发送器再发送一次数据，直到该数据被准确接收为止，但从检测出错误到下一数据的传送开始为止，发送时间最多为 29 个位的时间。

应答域长度为 2 个位，包含应答间隙和应答界定符，常态下发送两个“隐性”位。

（7）结束域。结束域标志着数据报告结束，由 7 个“隐性”位组成。这是显示错误并重复发送数据的最后一次机会。

2）远程帧

CAN 总线上电控单元的数据发布，有以下两种基本形式。

第一种形式是按设定或需要主动发布。例如制动信号，当踩制动踏板时 ABS 电控单元就会主动发布，发动机电控单元接收后就会立即调控发动机转速由高速降为低速。

第二种形式是受请求后发布。例如 A 电控单元需要 B 电控单元的数据，A 电控单元先发布请求信号，这个请求信号的数据形式就是远程帧。CAN 总线上的所有电控单元都可接收到这个远程帧，并对远程帧中的标识符进行识别，需要则接收，不需要则不处理。在对各电控单元编程时，已设定 B 电控单元接收这个远程帧，并随即发布 A 电控单元所需要的数据。

例如，自动变速器在自动换挡决策前，根据程序要求需要发动机的转速数据，以便确定最佳换挡工况，那么自动变速器电控单元要先发布远程帧，请求发动机电控单元发布发动机的转速数据，发动机电控单元收到这个远程帧的请求后，随即发布发动机的即时转速数据，自动变速器电控单元收到发动机的转速数据后，再决定是否换挡或等待发动机的转速达到一定数值后再换挡。

远程帧由开始域、仲裁域、控制域、安全域、应答域和结束域 6 个不同的域组成。与数据帧相反，远程帧的远程发送请求位（RTR 位）是“隐性”的（即逻辑“1”）。它没有数据域，数据长度代码的数值是不受制约的（可以标注为容许范围内 0～8 的任何数值）。其余域功能同数据帧。

3）错误帧

任何电控单元检测到总线错误就发出错误帧。错误帧的功能是对所发送的数据进行错误检测、错误标定及错误自检。错误帧由两个不同的域组成：第一个域为不同控制单元提供错误标志的叠加，第二个域是错误界定符。

（1）错误标志。错误标志包括主动错误标志和被动错误标志两种形式。主动错误标志由 6 个连续显性位组成，检测到错误条件的“错误主动”控制单元通过发送主动错误标志以指示错误。被动错误标志由 6 个连续隐性位组成，除非被其他 CAN 控制器的显性位改写，检测到错误条件的“错误被动”控制单元通过发送被动错误标志以指示错误。

（2）错误界定。错误界定符由 8 个隐性位组成。传送了错误标志以后，每一节点就发送一个隐性位，并一直监视总线直到检测出一个隐性位为止，然后就开始发送其余 7 个隐性位。

4）过载帧

过载帧用以在先行的和后续的数据帧（或远程帧）之间提供一附加的延时。接收器在电路尚未准备好或在间歇域期间检测到一个“显性”位时，会发送过载帧，以延迟数据的传送。过载帧包括过载标志和过载界定符两个域。

5）帧间空间

数据帧或远程帧与其前面帧的隔离是通过帧间空间实现的，无论其前面的帧为何类型。所不同的是过载帧与错误帧之前没有帧间空间，多个过载帧之间也不是由帧间空间隔离的。

帧间空间包括间歇域和总线空闲域。

总线空闲域的长度是任意的。只要总线被认定为空闲，等待发送信息的控制单元就会访问总线。

任务 3　LIN-BUS 总线

1. LIN 总线系统概述

随着车载网络技术的飞速发展，汽车上采用的总线节点越来越多，网络的复杂程度和成本也随之增加，这样，采用低成本的网络节点就有很重要的现实意义。本地互联网 LIN 总线的出现，是对车载网络系统进行分级管理的开端。

LIN 是 Local Interconnect Network 的英文缩写，是一种用于汽车中分布式电子系统的新型低成本串行通信网络，其标准由汽车制造商 Audi、BMW、Daimler、Chrysler、Volvo、Volkswagen 和 VCT 公司以及 Motorola 公司组成的 LIN 协会共同制定，从 2001 年开始在汽车上应用。它遵从 ISO 9141 标准，专门应用于短距离、低速网络通信，作为辅助网络或子网络存在。

LIN 总线成本低，结构简单，能够实现控制单元功能更为合理的分配，提高性能。其主要用途是传输开关设置状态以及对开关变化响应，通信事件是在百毫秒以上时间内发生，而不像发动机管理系统等其他速度快得多的汽车应用。LIN 协议支持在单根线上进行双向通信，使用由 RC 振荡器驱动的低成本微控制器，这样可以省去晶体振荡器或陶瓷振荡器的成本。另外，此协议实际上是以时间和软件上的代价换取硬件上成本的节约。目前，大量的车身和安全性能方面的应用对车载网络系统的性能要求并不太高，只需要一种性价比更高的标准车载网络总线，而 LIN 总线正好可以满足这一需求。图 1-28 为 LIN 总线在车辆控制系统中的应用。LIN 总线带宽能够达到 20Kb/s，具有较强的抗干扰性。

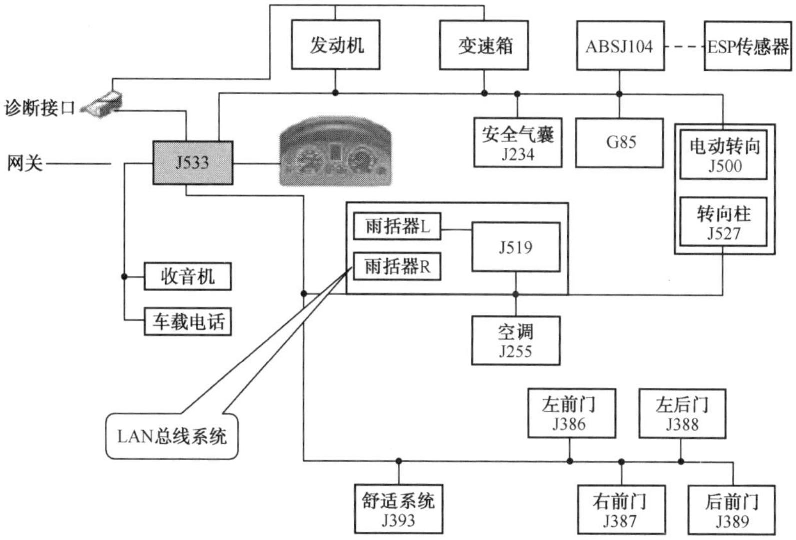

图 1-28　LIN 总线在车辆控制系统中的应用

LIN 总线与 CAN 总线组成车载网络系统，车上各个 LIN 总线系统之间的数据交换是由控制单元通过 CAN 数据总线实现的，如图 1-29 所示。

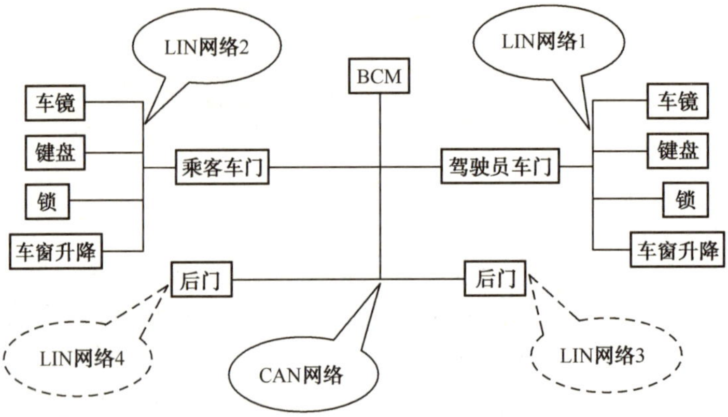

图 1-29　LIN 总线与 CAN 总线组成的车载网络

2. LIN 总线的网络结构

图 1-30 为 LIN 总线的网络结构，作为上层总线（如 CAN 总线）的子网，上层总线中的各控制单元就是 LIN 网的主机节点，与主机节点单线连接的开关、设备等就是从机节点。

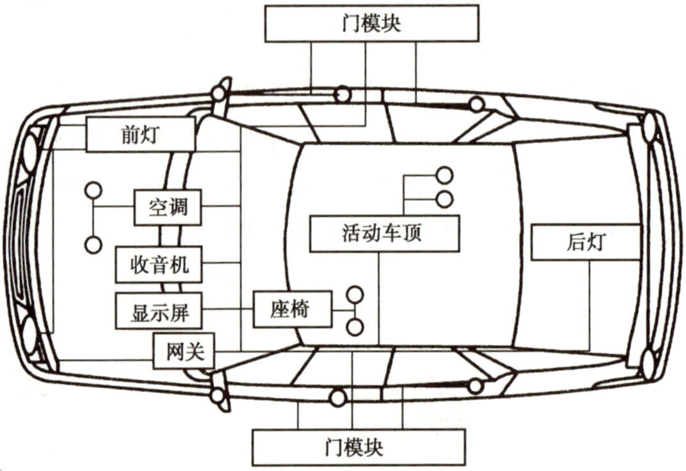

图 1-30　LIN 总线网络结构

LIN 网络的拓扑结构为单线总线，就用了单一一主机多从机的概念，即由一个主机节点、一个或多个从机节点组成。主机节点（Master Node）包含主机任务（Master Task）和从机任务（Slave Task），从机节点（Slave Node）只包含从机任务，如图 1-31 所示。一个 LIN 网络最多可以连接 16 个节点，典型应用一般都在 12 个节点以下，主机节点有且只有一个，从机节点有 11 ~ 15 个。

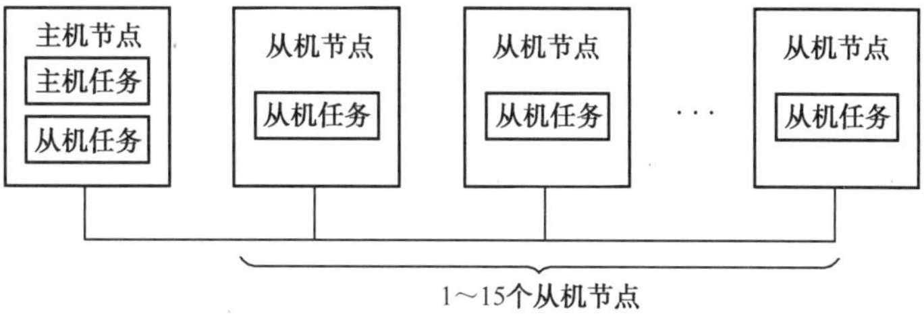

图 1-31　LIN 网络拓扑图

3. LIN 总线的组成

1）LIN 主控制单元

（1）LIN 主控制单元的功能。LIN 主控制单元连接在 CAN 数据总线上，执行以下功能。

① 监控数据传输过程和数据传输速率，发送信息标题。

② LIN 主控制单元的软件内已经设定了一个周期，该周期用于决定何时将哪些信息发送到 LIN 数据总线上多少次。

③ LIN 主控制单元在 LIN 数据总线系统的 LIN 控制单元与 CAN 总线之间起“翻译”作用，它是 LIN 总线系统中唯一与 CAN 数据总线相连的控制单元（图 1-32）。

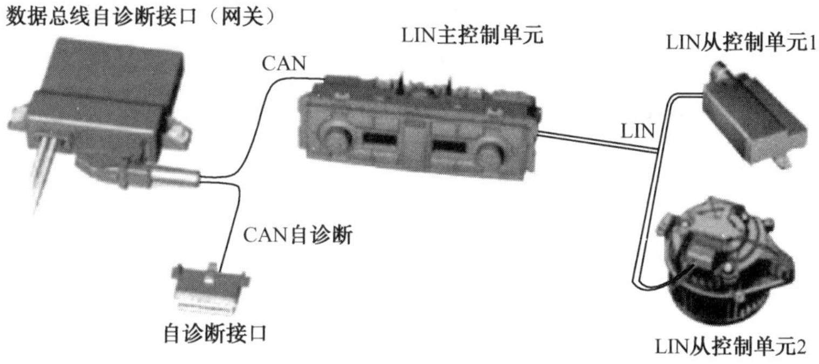

图 1-32　LIN 主控制单元实现 LIN 总线与 CAN 总线之间的连接

④ 通过 LIN 主控制单元进行与之相连的 LIN 从控制单元的自诊断。

（2）LIN 总线的信息结构。LIN 主控制单元控制总线导线上的信息传输情况。LIN 总线的信息结构如图 1-33 所示。

每条信息的开始处都通过 LIN 总线主控制单元发送一个信息标题。该信息标题由一个同步相位（同步间隔和同步字节）构成，后面是标识符字节，可传输 2、4 或 8 字节的数据。标识符字节包括 LIN 从控制单元地址、信息长度和用于信息安全的两个位等信息。标识符用于确定主控制单元是否将数据传输给从控制单元，或主控制单元是否在等待从控制单元的回应（答复）。信息段包含发送给从控制单元的信息。校验区可为数据传输提供更高的安全性。校验区由主控制单元通过数据字节构成，位于信息结束处。LIN 总线主控制单元以循环形式传输当前信息。

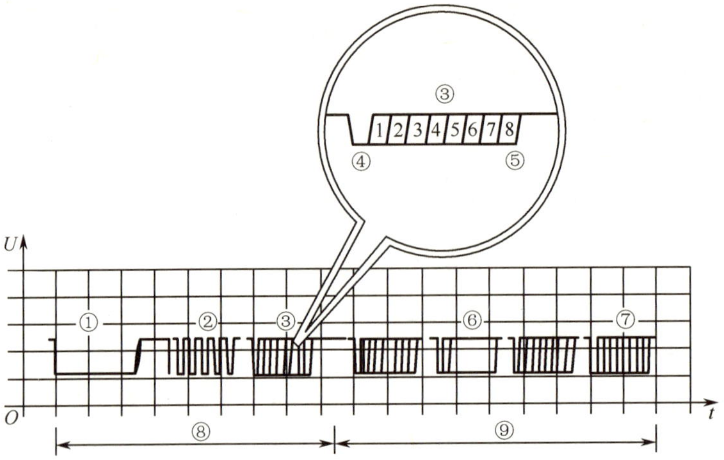

①—同步间隔；②—同步区域；③—标识符；④—起始；⑤—停止；

⑥—数据区域；⑦—校验区；⑧—信息标题；⑨—信息段

图 1-33　LIN 总线的信息结构

2）LIN 从控制单元

在 LIN 数据总线系统内，单个的控制单元（如新鲜空气鼓风机）或传感器及执行元件（如水平传感器及防盗警报蜂鸣器）都可看作 LIN 从控制单元。传感器内集成有一个电子装置，该装置对测量值进行分析，其数值是作为数字信号通过 LIN 总线传输的。有些传感器和执行元件只使用 HN 主控制单元插口上的一个针脚（PIN 脚），即可以实现信息传输（即单线传输，如图 1-34 所示）。

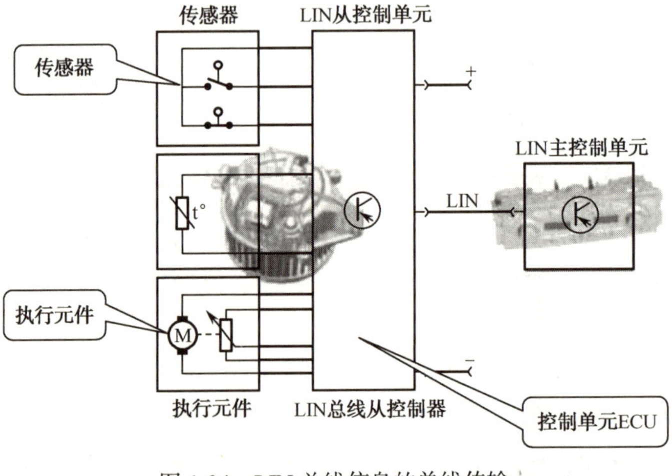

图 1-34　LIN 总线信息的单线传输

LIN 执行元件都是智能型的电子或机电部件，这些部件通过 LIN 主控制单元的 LIN 数字信号接收任务。LIN 主控制单元通过集成的传感器来获知执行元件的实际状态，然后就可以进行规定状态和实际状态的对比，并发出相应的控制指令。只有当 LIN 主控制单元发送出控制指令后，传感器和执行元件才会做出反应（执行主控制单元的控制指令）。LIN 从控制单元的特点如下：

（1）接收、传递或忽略与从主系统接收到的信息标题相关的数据。

（2）可以通过一个“叫醒”信号叫醒主系统。

（3）检查对所接收数据的检查总量。

（4）对所发送数据的检查总量进行计算。

（5）同主系统的同步字节保持一致。

（6）只能按照主系统的要求同其他子系统进行数据交换。

4．LIN 总线的数据传输原理

LIN 总线传输数据线是单线，数据线最长可达 40m。在主节点内配置 1kΩ电阻端接 12V 供电，在从节点内配置 30kΩ电阻端接 12V 供电。各节点通过电池正极端接电阻向总线供电，每个节点都可以通过内部发送器拉低总线电压。LIN 总线驱动器的物理结构如图 1-35 所示。

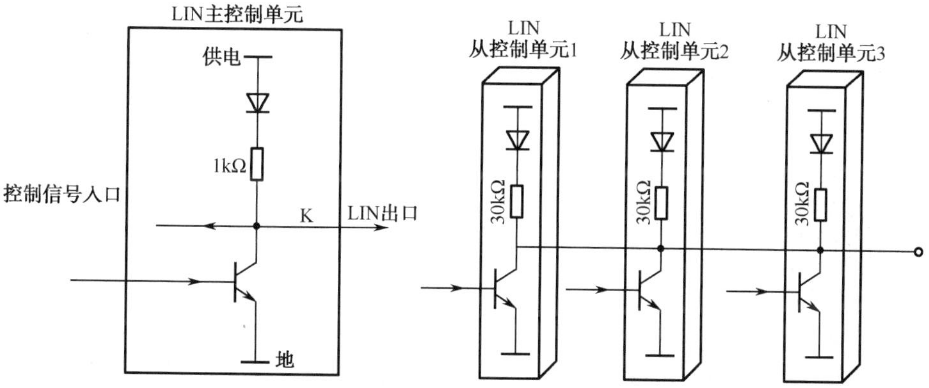

图 1-35 LIN 总线驱动器的物理结构

1）LIN 总线信号

LIN 总线信号波形如图 1-36 所示。

隐性电平：如果所有节点都没有驱动收发器晶体管导通，此时在 LIN 数据总线上的电压就是蓄电池电压，为隐性电平，表示逻辑“1”。

显性电平：当有节点需要向外发送信息时，发送控制单元内的收发器驱动晶体管导通，将 LIN 数据总线导线接地，此时在 LIN 总线上的电压为 0V，为显性电平，表示逻辑“0”。

2）总线电平抗干扰设置

在收发隐性电平和显性电平时，通过预先设定公差值来保证数据传输的稳定性，如图 1-37 所示。为了在有干扰辐射的情况下仍能收到有效的信号，接收信号的允许电压值要稍高一些，如图 1-38 所示。

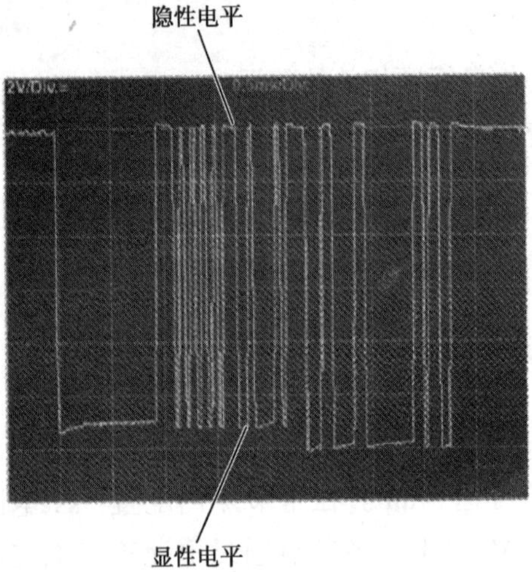

图 1-36　LIN 总线信号波形

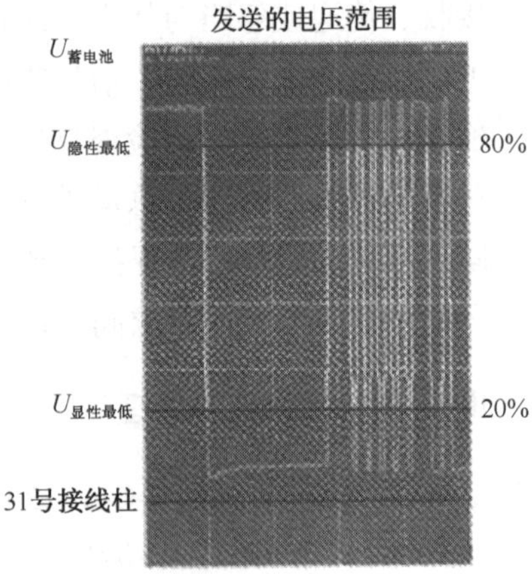

图 1-37　发送信号的电压范围

3）LIN 总线的数据格式

LIN 总线的数据格式如图 1-39 所示。在 LIN 总线的信息中包含两个部分：一部分是由 LIN 主控制器发送的信息标题，另一部分是由 LIN 主控制器或 LIN 从控制器发送的信息内容。发送的信息，所有连接在 LIN 总线上的节点都可以收到。

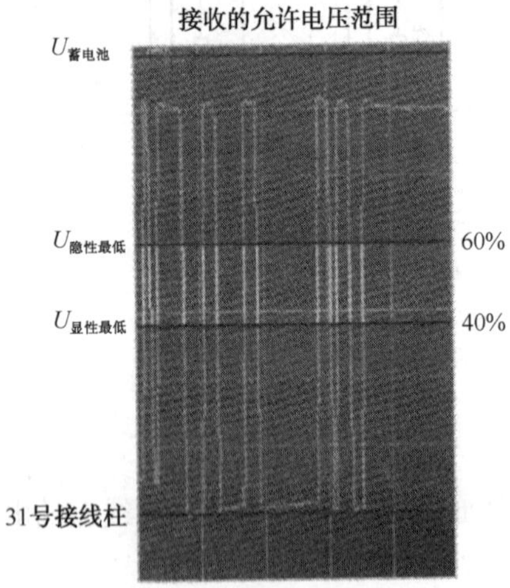

图 1-38　接收信号允许的电压范围

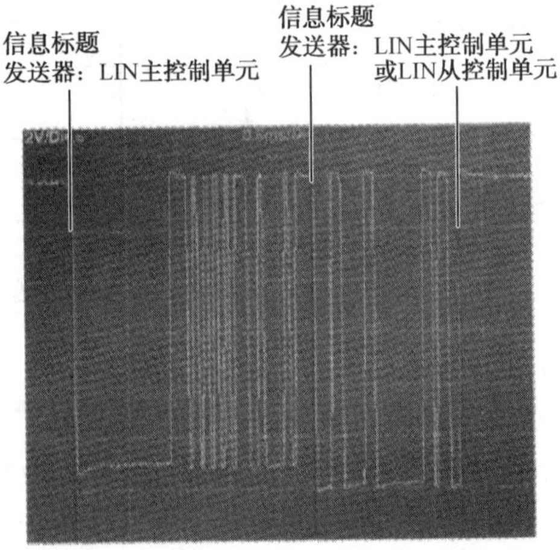

图 1-39　LIN 总线的数据格式

（1）信息标题

信息标题由 LIN 主控制单元按周期发送。信息标题分为同步暂停区、同步分界区、同步区和识别区四部分，如图 1-40 所示。

① 同步暂停区。同步暂停区（Synch Pause）的长度至少为 13 位（二进制的），它以显性电平发送。这 13 位的长度是必需的，只有这样才能准确地通知所有的 LIN 从控制单元有关信息的起始点的情况。其他的信息是以最长为 9 位的（二进制的）显性电平来一个接一个地传输的。

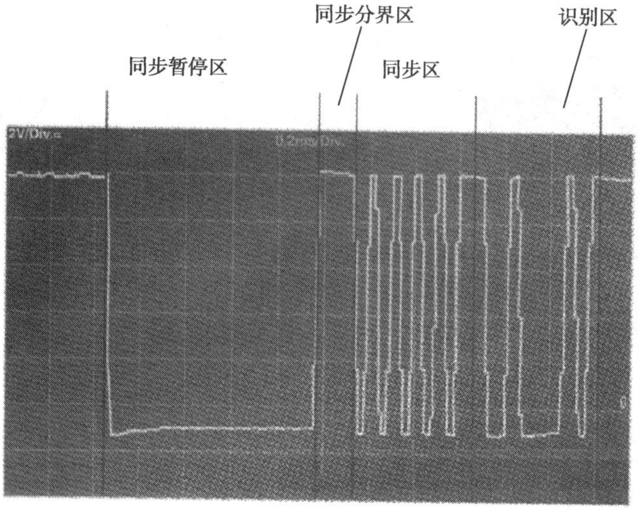

图 1-40　信息标题的格式

② 同步分界区。同步分界区（Synch Delimiter）至少为一位（二进制的）长，且为隐性电平。

③ 同步区。同步区（Synch Field）由 0101010101 这个二进制位序构成，所有的 LIN 从控制单元通过这个二进制位序来与 LIN 主控制单元进行匹配（同步）。所有控制单元同步对于保证正确的数据交换是非常必要的。如果失去了同步性，那么接收到的信息中的某一数位值就会发生错误，该错误会导致数据传输错误。

④ 识别区。识别区（Identify Field）的长度为 8 位（二进制的），前 6 位是回应信息识别码和数据区的个数，回应数据区的个数在 0～8 之间；后两位是校验位，用于检查数据传输是否有错误。当出现识别码传输错误时，校验位可防止与错误的信息适配。

（2）信息内容

信息内容有两种类型：一种是从控制单元收到主控制单元发来的信息标题中带有要求从控制单元回应的信息后，LIN 从控制单元根据识别码给这个回应提供的回应信息；另一种是由主控制单元发出的命令信号，相应的 LIN 从控制单元会使用这些数据去执行各种功能。

① 从控制单元回应信息。图 1-41 所示的是奥迪 A6 空调系统 LIN 总线的从控制单元回应信息传递流程图，空调控制电脑（也是 LIN 总线主控制单元）在 LIN 总线上发送信息标题——查询鼓风机的转速，鼓风机读取标题后将当前的鼓风机转速信息发送到 LIN 总线上，空调控制电脑得以读取此信息。

② 主控制单元命令信息。图 1-42 所示的是奥迪 A6 空调系统 LIN 总线的主控制单元命令信息传递流程图，空调控制电脑（也是 LIN 总线主控制单元）在 LIN 总线上发送信息标题——调整鼓风机的转速到 200r/min，鼓风机从 LIN 总线上读取标题后将当前的鼓风机转速，相应地从 150r/min 调整到目标转速 200r/min。

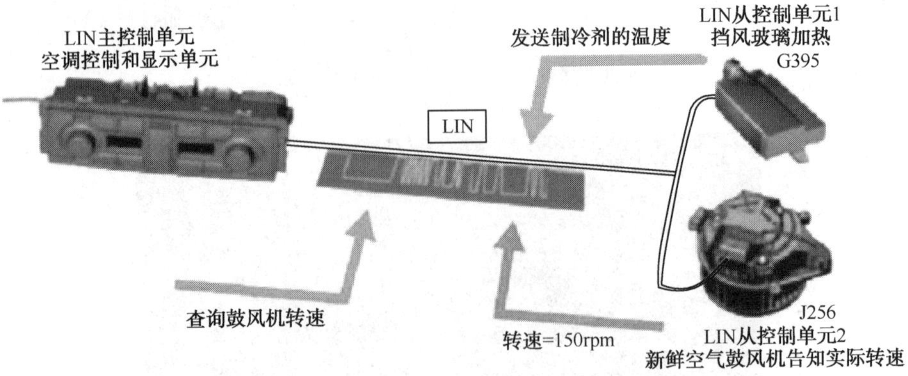

图 1-41　从控制单元回应信息传递流程图

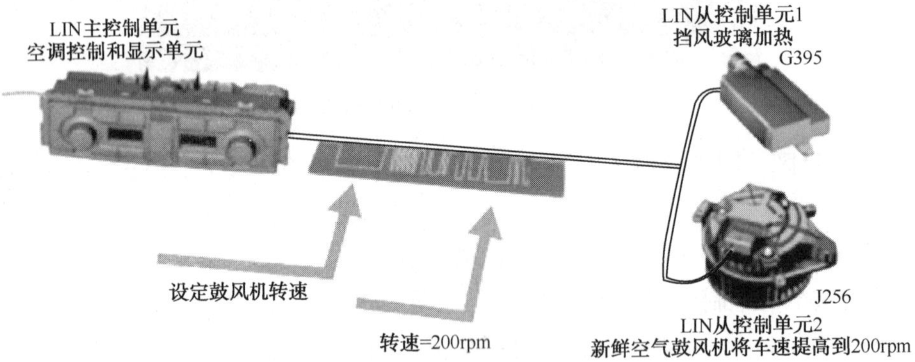

图 1-42　主控制单元命令信息传递流程图

信息内容由 1～8 个数据区构成，每个数据区是 10 个二进制位，其中一个是显性起始位，一个是包含信息的字节和一个隐性停止位。起始位和停止位是用于再同步从而避免传递错误的。

4）LIN 总线信息的顺序

LIN 主控制单元的软件内已经设定了一个顺序，LIN 主控制单元就按这个顺序将信息标题发送至 LIN 总线上（若是主信息，则发送的是回应）。常用的信息会多次传递。LIN 主控制单元的环境条件可能会改变信息的顺序。环境条件举例如下：

（1）点火开关接通/关闭。

（2）自诊断已激活/未激活。

（3）停车灯接通/关闭。

为了减少 LIN 主控制单元部件的种类，主控制单元将全部装备控制单元的信息标题发送到 LIN 总线上，如果没有安装相应设备控制单元，那么在示波器屏幕上会出现没有回应的信息标题，但这并不影响系统的功能，如图 1-43 所示。

5）LIN 总线防盗功能

只有当 LIN 主控制单元发送出带有相应识别码的信息标题后，数据才会传至 LIN 总线。由于 LIN 主控制单元对所有信息进行全面监控，因此无法从车外对 LIN 导线进行控制。系统要求 LIN 从控制单元只能回应，这样就不会发生通过 LIN 总线打开车门的现象了。这种设置就使得在车外安装 LIN 从控制单元（如在前保险杠内的车库门开启控制单元）成为可能。LIN 总线防盗功能示意图如图 1-44 所示。

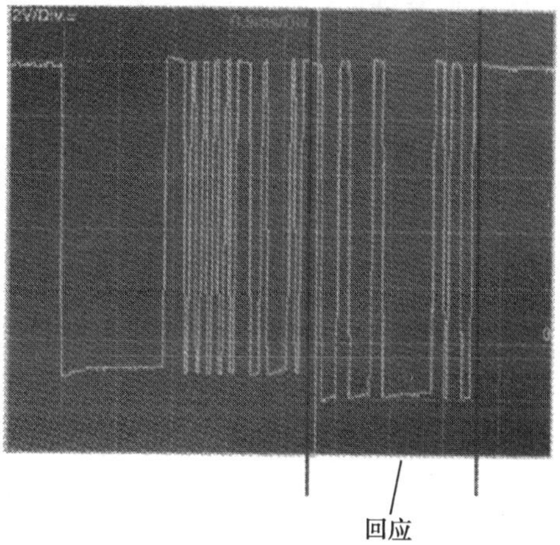

图 1-43 没有回应的信息标题

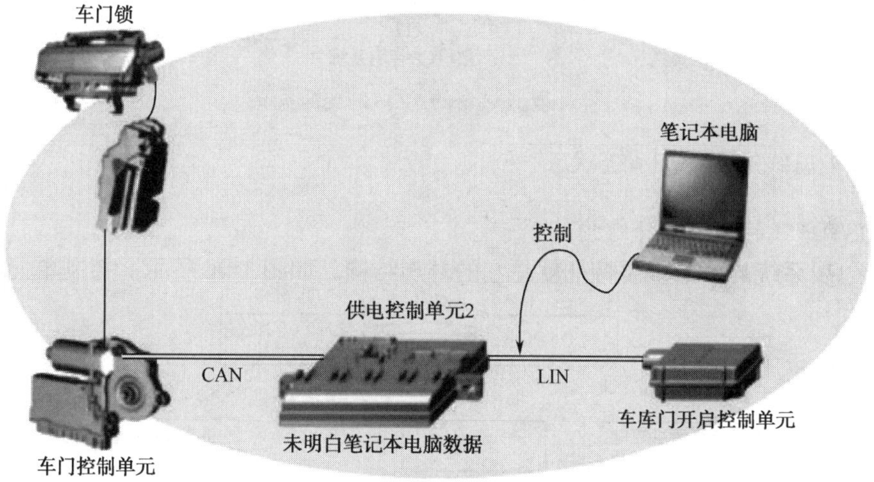

图 1-44 LIN 总线防盗功能示意图

任务 4 MOST 光纤总线

1. MOST 系统简介

MOST 是 Media Oriented Systems Transport 的缩写，表示“多媒体传输系统”，是一种用于多媒体数据传送的网络系统，该技术用于信息娱乐系统的数据传递。MOST 总线可连接汽车音响系统、视频导航系统、车载电视、高保真音频放大器、车载电话、多碟 CD 播放器等模块，其数据传输速率最高可达 22.5Mb/s，而且没有电磁干扰。因此，目前高端汽车上大多采用 MOST 系统连接其车载影音娱乐系统。例如，奥迪 A8 和 A6 的 Infotainment 系统，Infotainment 系统能提供很多信息及娱乐多媒体服务，如图 1-45 所示。

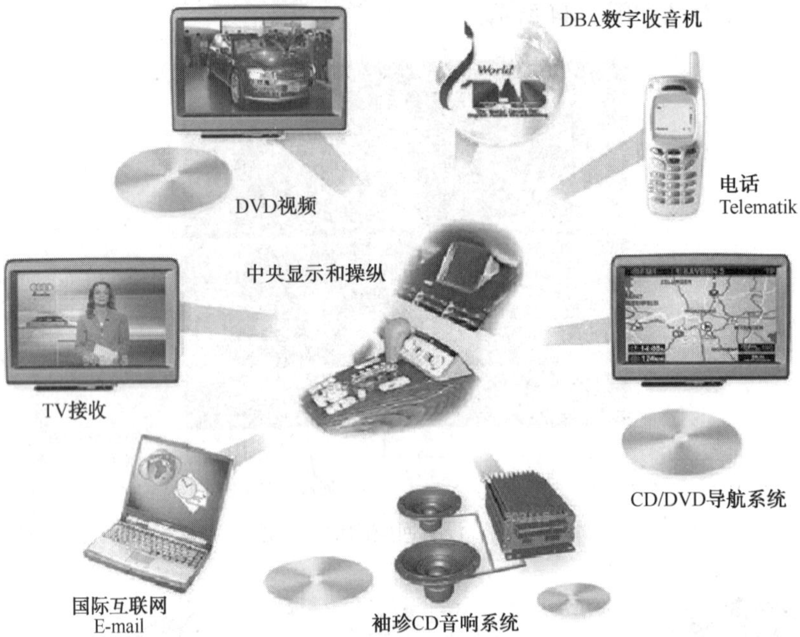

图 1-45　奥迪装备的 MOST 光纤系统

2. MOST 总线的组成与系统状态

1）MOST 总线的环形拓扑结构

MOST 总线系统的一个重要特征就是它的环形结构，如图 1-46 所示。控制单元通过光导

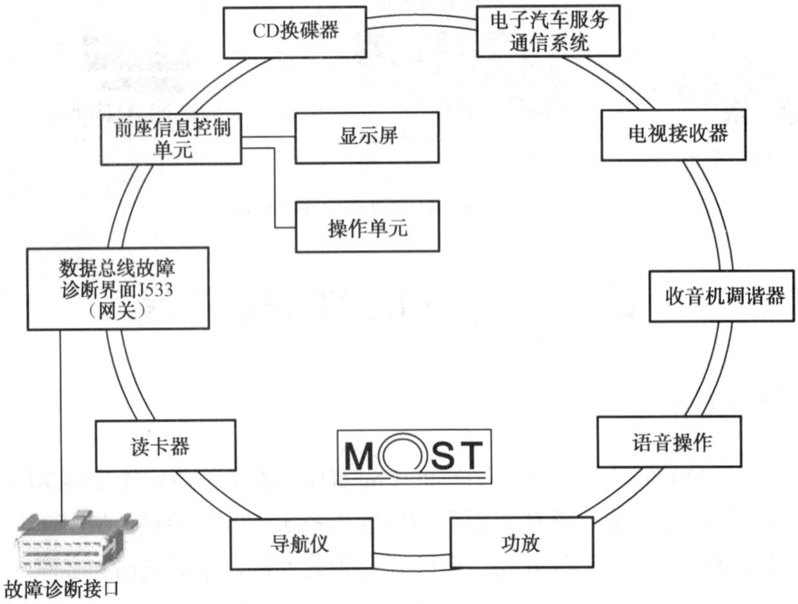

图 1-46　MOST 总线的环形结构

纤维沿环形方向将数据发送到下一个控制单元。这个过程一直在持续进行，直至首先发出数据的控制单元又接收到这些数据为止，这就形成了一个封闭环。光纤上的数据流就如同一列火车，数据流到达某一控制单元，该控制单元从中收取所需的信息，并且把自己处理的信号也发送到数据流中，构成新的数据流传到下一个控制单元，如图 1-47 所示。

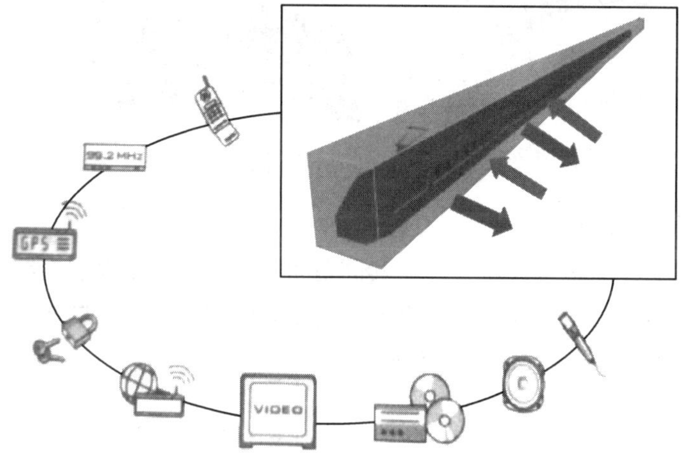

图 1-47 MOST 总线数据流示意图

在 MOST 总线中，每个终端设备（节点、控制单元）在一个具有环形结构的网络中通过光导纤维环相互连接。如图 1-48 所示，音频、视频数据信息在环上循环，该信息将由每个节点（控制单元）读取和转发。当一个节点要发送数据时，该节点生成发射就绪信息，并把它改成“占用”信息，被作为接收器地址的节点复制数据，并在环形总线中继续发送。如果数据重新到达发射器，发射器就把数据从环上删除并重新生成发射就绪信息。

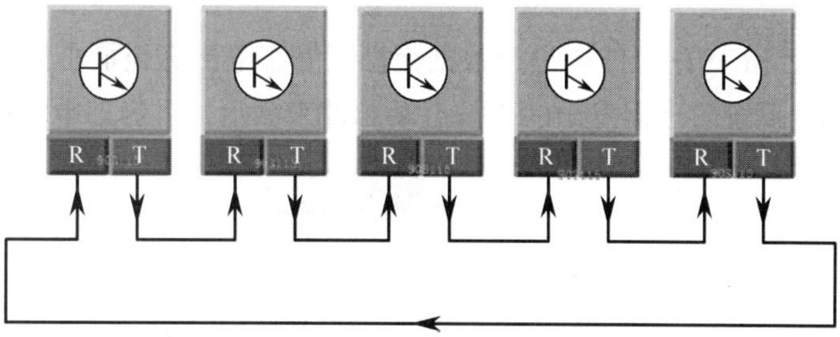

R—接收器；T—发射器

图 1-48 音频、视频数据信息在 MOST 环形总线上循环

各个控制单元之间的连接通过一个数据只沿一个方向传输的环形总线实现，也就是说，一个控制单元拥有两根光导纤维，一根光导纤维用于发射器，一根光导纤维用于接收器。在 MOST 控制单元中进行纯粹的光导纤维连接。对于所有 MOST 插头而言，2 芯光导纤维插头（图 1-49）的结构是一样的。光导纤维针脚 PIN1 始终用于输入，光导纤维针脚 PIN2 始终用于转发，其上有箭头符号。

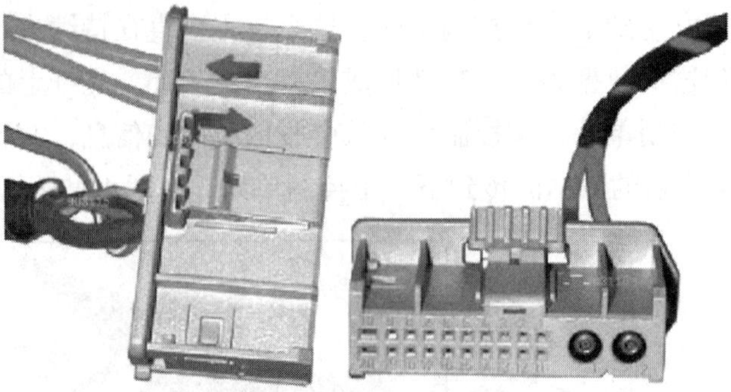

图 1-49　2 芯光导纤维插头

2）MOST 总线系统管理器

MOST 总线系统管理器与诊断管理器共同负责 MOST 总线内的系统管理。在奥迪 A8 上，数据总线诊断接口 J533（网关）起诊断管理器的作用。前部信息系统控制单元 J523 执行系统管理器的功能。系统管理器的作用如下：

（1）控制系统状态。

（2）发送 MOST 总线信息。

（3）管理传输容量。

3）MOST 网络环形结构的特点

（1）MOST 系统中只要有一个节点或者有一节光纤出现故障，就会影响到整个网络系统。

（2）MOST 网络系统可利用即插即用原则，非常简单地通过增加部件扩展系统。

（3）通过数据总线自诊断接口和诊断 CAN 来对 MOST 总线进行诊断。

4）MOST 总线系统工作状态

（1）休眠模式

处于休眠模式时，MOST 总线内没有数据交换，静态电流降至最小值，系统处于待命状态（图 1-50），只能由系统管理器发出的光波启动脉冲来激活，且静态电流被降至最小值。

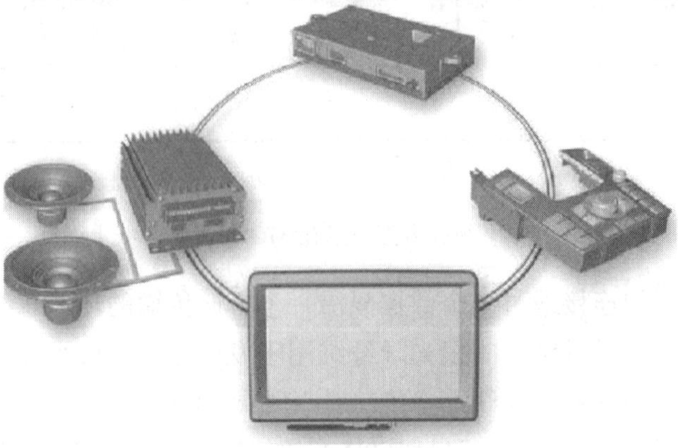

图 1-50　休眠模式

进入休眠模式的条件如下：

① MOST 总线系统上的所有控制单元都已准备好要切换到休眠状态。

② 其他总线系统没有通过网关提出任何要求。

③ 故障自诊断系统没有处于工作状态。

在上述的条件下，MOST 总线可通过下述方法切换到休眠状态：

① 在蓄电池放电时，由蓄电池管理器经网关切换到休眠状态。

② 通过自诊断仪器（如 VAS505 1）激活“传输模式”，使 MOST 总线系统切换到休眠状态。

（2）备用模式

如图 1-51 所示，MOST 总线系统处于备用模式时，无法为用户提供任何服务，给人的感觉就像系统已经关闭一样。但这时 MOST 总线系统仍在后台运行，所有的输出介质（如显示屏、收音机放大器等）都不工作或不发声。备用模式在发动机启动及系统持续运行时被激活。备用模式的激活条件如下：

① 由其他数据总线通过网关激活，如驾驶员侧车门门锁打开、车钥匙插入点火开关、点火开关 ON 挡接通等。

② 由 MOST 总线上的某个控制单元来激活，如外界打入的电话等。

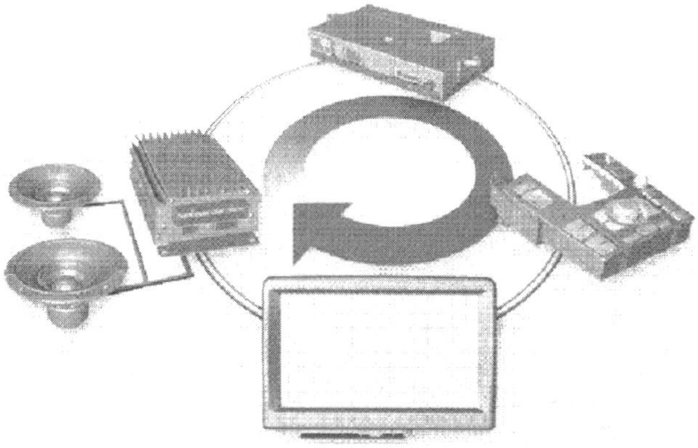

图 1-51 备用模式

（3）通电工作模式

如图 1-52 所示，MOST 总线系统处于通电工作模式时，控制单元完全接通，MOST 总线上有数据交换，用户可使用影音娱乐、通信、导航等所有功能。

进入通电工作模式的前提条件是：

① MOST 总线处于备用状态。

② 其他数据总线通过网关激活 MOST 总线系统（如将汽车钥匙插入使用和启动授权开关内，S 触点闭合）。

③ 通过用户操作影音娱乐设备来激活 MOST 总线系统。

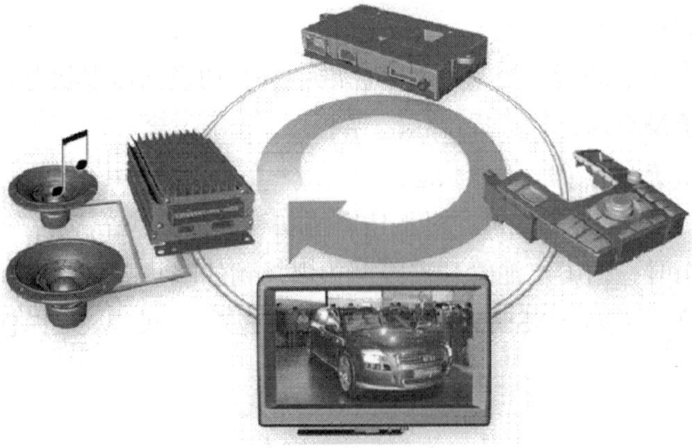

图 1-52　通电工作模式

3. MOST 总线的传输速率

车载多媒体影音娱乐系统工作时，为保证音质清晰、画面流畅，需要传输的数据量很大（海量数据），对数据传输速率要求也很高（图 1-53）。例如，仅仅是带有立体声的数字式电视系统（图 1-54），就需要约 6Mb/s 的传输速率。广泛应用于汽车动力系统的 CAN 总线系统，由于其数据传输速率较低（最高数据传输速率为 1Mb/s），已经无法满足这一要求。因此，在车载多媒体影音娱乐系统中，海量的视频和音频数据是由 MOST 总线来传输的，而 CAN 总线只能用来传输控制信号（图 1-55）。

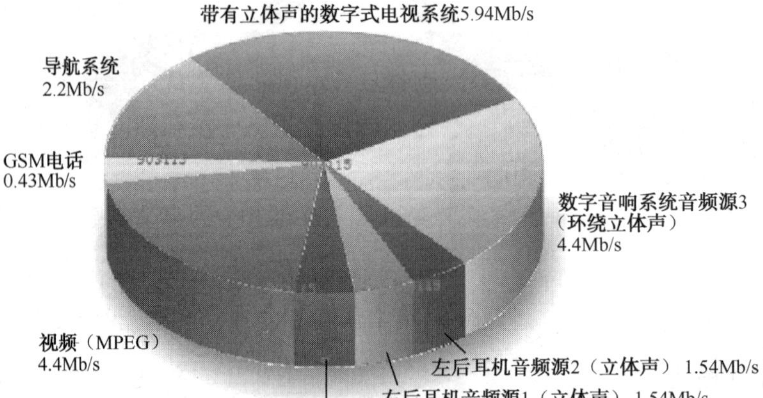

图 1-53　多媒体的数据传输速率

4. MOST 总线数据传输

1）信息帧

（1）脉冲频率

MOST 系统管理器以 44.1kHz 的脉冲频率向环形总线上的下一个控制单元发送信息帧（Frames）。由于使用了固定的时间光栅和脉冲频率，MOST 系统允许传递同步数据。

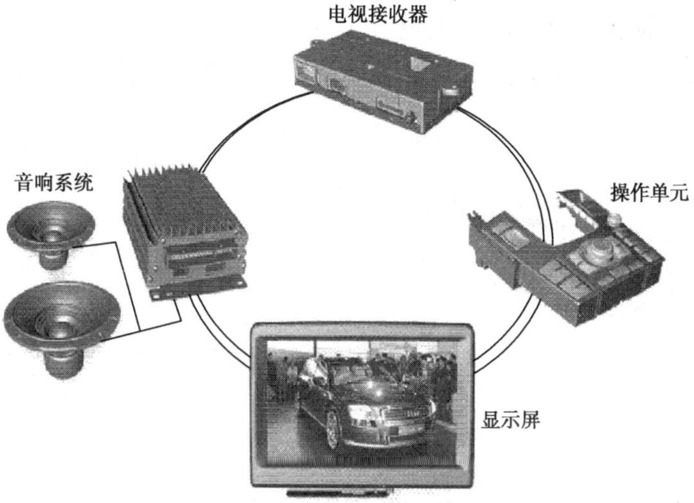

图 1-54　带有立体声的数字式电视系统

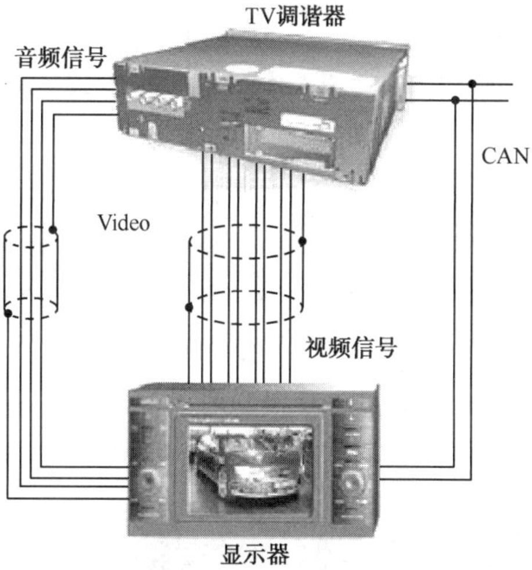

图 1-55　CAN 总线在车载数字电视系统中用来传输控制信号

在 MOST 系统中，音频和视频信息必须以同步数据形式，用相同的时间间隔来发送。

MOST 系统采用的 44.1kHz 这个固定的脉冲频率与数字式音频、视频装置（如 CD 机、DVD 机、DAB 收音机）的传输频率是相同的，可以实现整个系统的脉冲频率同步。

（2）信息帧的结构

在 MOST 系统中，一个信息帧的大小为 64B，可分成如图 1-56 所示的几部分。

① 起始区。起始区（图 1-57）表示一个信息帧的开始，每段信息帧都有自己的起始区。

② 分界区。分界区（图 1-58）用于区分起始区和数据区。

③ 数据区。MOST 总线在数据区最多可将 60B 的有效数据发送到控制单元。数据分为两种类型：一种是同步数据，如音频和视频信息；另一种是异步数据，如图片、用于计算的信息及文字信息等。数据区的分配（图 1-59）是可变的，数据区的异步数据在 0 ~ 36B 之

间，同步数据在 24 ~ 60B 之间，同步数据的传输具有优先权。异步数据根据发射器/接收器的地址（标识符）和可用异步总容量，以 4B 为一个数据包被记录并发送到接收器上。

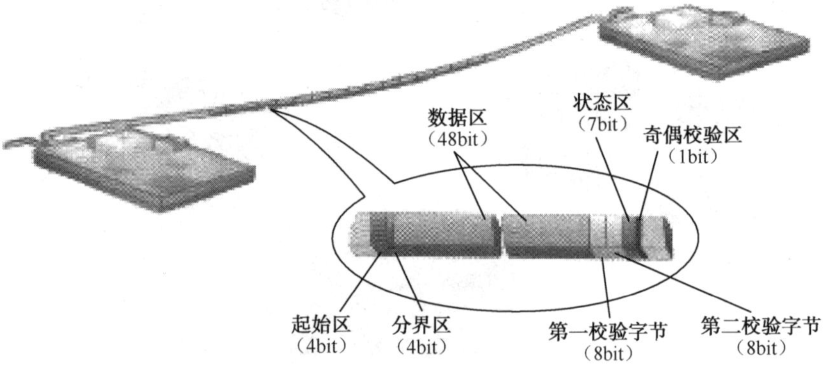

图 1-56　MOST 信息帧的结构

图 1-57　起始区

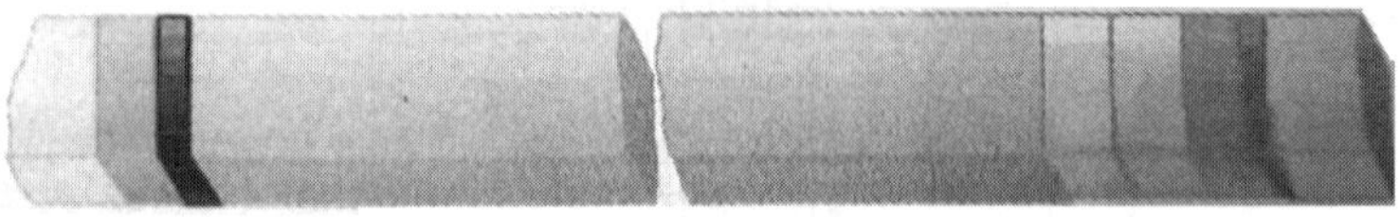

图 1-58　分界区

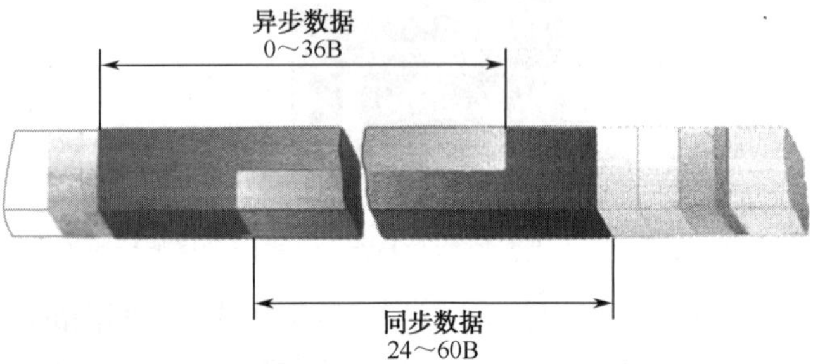

图 1-59　数据区的分配

④ 校验字节。两个校验字节（图 1-60）传送发射器/接收器地址（标识符）和接收器的控制指令（如放大器音量增大或音量减小）信息。

一个信息组中的校验字节在控制单元内汇成一个校验信息帧。一个信息组中有 16 个信息帧。校验信息帧内包含控制和诊断数据，这些数据由发射器传送到接收器，称为根据地址进行的数据传输。

这些信息包括发射器与前部信息控制单元之间的通信、接收器与音频放大器之间的通信及控制信号（音量增大或音量减小）等。

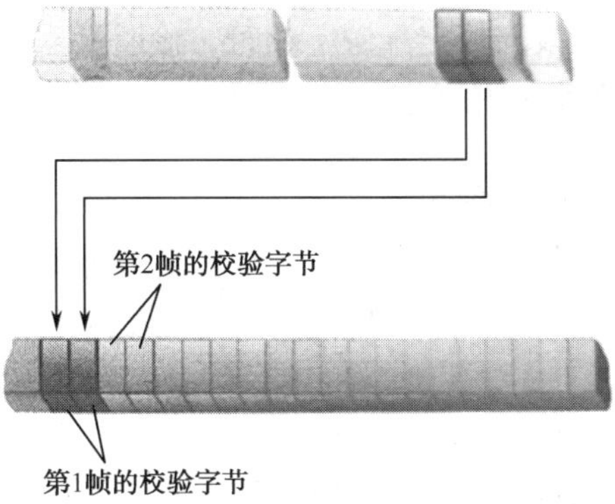

图 1-60 两个校验字节

⑤ 状态区。信息帧的状态区（图 1-61）包含用于给接收器发送信息帧的信息。

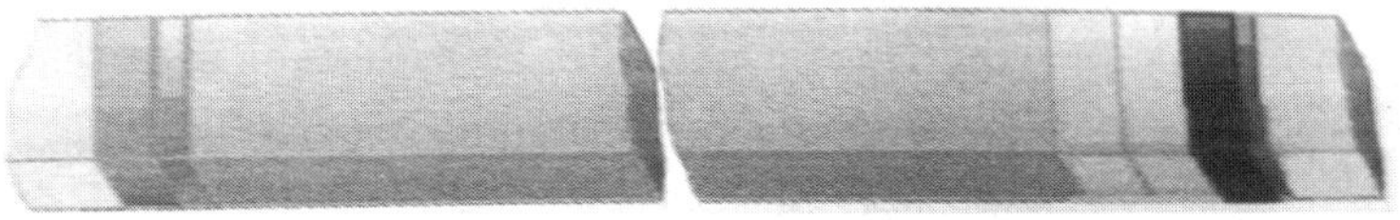

图 1-61 信息帧的状态区

⑥ 奇偶校验区。奇偶校验区（图 1-62）用于最后检查数据的完整性，该区的内容将决定是否需要重复一次发送过程。

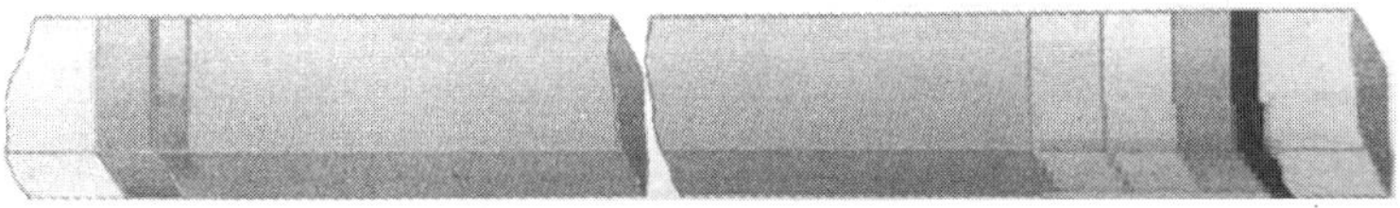

图 1-62 奇偶校验区

2）MOST 总线的工作过程

（1）系统启动（唤醒）

如果 MOST 总线处于休眠模式，那么首先必须通过唤醒过程将系统切换到备用模式。如果某一控制单元（系统管理器除外）唤醒了 MOST 总线，那么该控制单元就会向下一个控制单元发射一种专门调制的光波（称为伺服光波）。环形总线上的下一个控制单元通过在休眠模式下工作的光敏二极管来接收这个伺服光波并将该光波继续下传，该过程一直进行到系统管理器为止（图 1-63）。

系统管理器根据传来的伺服光波来识别是否有系统启动的请求，然后系统管理器向下一个控制单元发送一种专门调制的光波（称为主光波）。这个主光波由所有的控制单元继续传输，光导发射器（FOT）接收到主光波后，系统管理器就可识别出环形总线现在已经封闭（闭合），可以开始发送信息帧了（图 1-64）。

首批信息帧要求 MOST 总线上的控制单元提供标识符。系统管理器根据标识符向环形总线上的所有控制单元发送实时顺序（实际配置），于是就可以进行根据地址的数据传输了。诊断管理器将报告上来的控制单元（实际配置的控制单元）与控制单元存储表（规定配置）

进行对比、确认。如果实际配置与规定配置不相符，诊断管理器就会存储相应的故障。这时唤醒过程就结束了，可以开始数据传输了（图 1-65）。

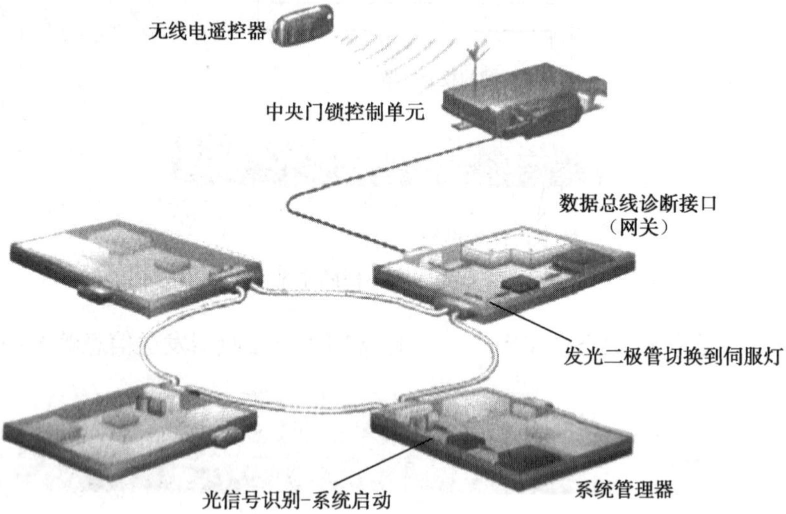

图 1-63　伺服光波的传输过程

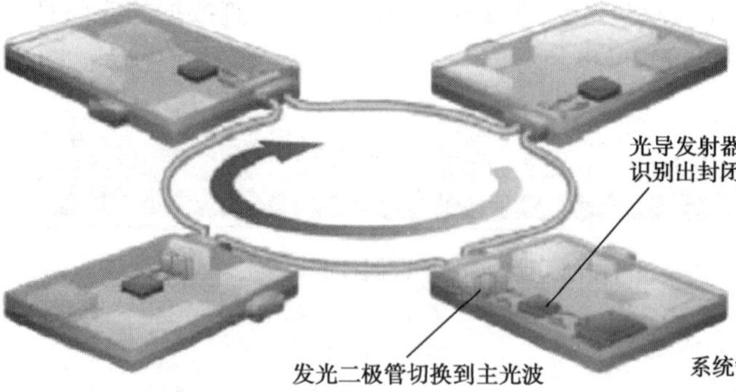

图 1-64　光波传输

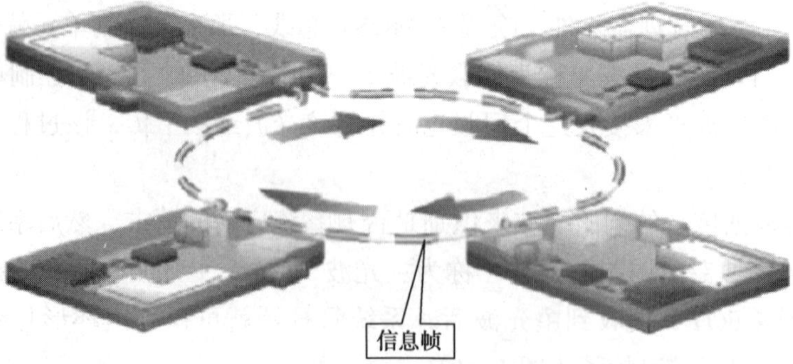

图 1-65　唤醒过程结束

（2）同步数据的传输

在 MOST 系统中，音频和视频信息是作为同步数据传输的。为便于理解，下面以奥迪

A8 汽车播放音乐 CD（图 1-66）为例来进行说明。

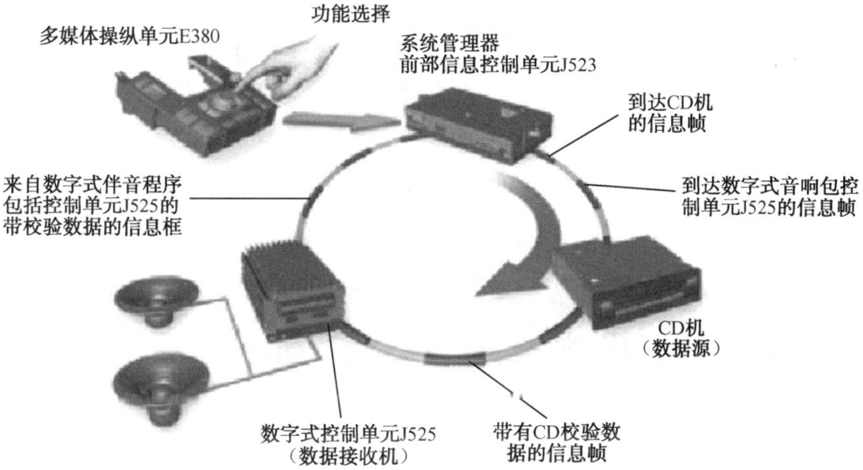

图 1-66　同步数据（音频和视频信息）的传输

首先，用户通过多媒体操纵单元 E380 和信息显示单元 J685（图 1-66 中未标出）来选择 CD 上的曲目。操纵单元 E380 通过一根数据导线将控制信号传给前部信息控制单元 J523（系统管理器），然后系统管理器在不断发送的信息帧内加入一个带有以下校验数据的信息组（16 帧）。

① 发射器地址——前部信息控制单元 J523，环形位置 3。

② 数据源的接收器地址——CD 机，环形位置 3（取决于装备情况）。

③ 控制指令——播放第 10 个曲目。

④ 分配传送通道——CD 机（数据源）确定数据区中有哪些字节可以用于传送数据，然后加入带有校验数据的信息组。

⑤ 信息源发射器地址——CD 机环形位置（取决于装备情况）。

⑥ 系统管理器的接收器地址——前部信息控制单元 J523，环形位置 1。

⑦ 控制指令——CD 的数据传送到通道 01、02、03、04（立体声）。

同步传输的数据管理如图 1-67 所示，前部信息控制单元 J523 用带有以下校验数据的信息组。

① 发射器地址——前部信息控制单元 J523，环形位置 1。

② 接收器地址——数字式音响包控制单元 J525，环形位置（取决于装备情况）。

③ 控制指令——向数字式音响包控制单元 J525（数据接收器）发出播放音乐的指令。

a. 指令 1——读出通道 01、02、03、04，并通过扬声器播出。

b. 指令 2——当前的音响效果设定，如音量、前后音量平衡、左右音量平衡、低音、高音、中音。

c. 指令 3——关闭静音切换。

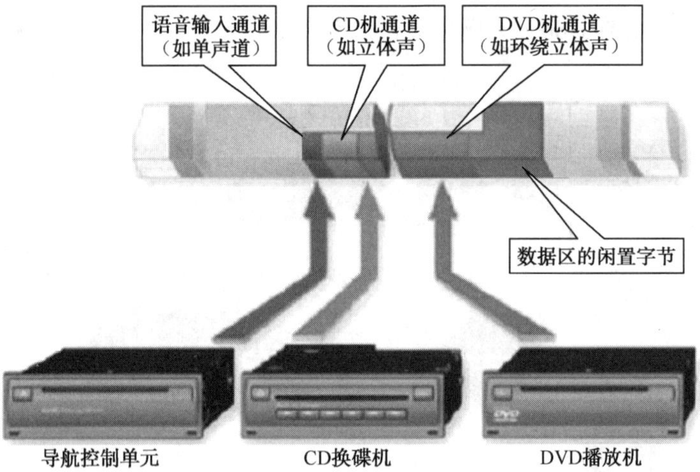

图 1-67　同步传输的数据管理

CD 机上的数据先被保存在数据区，直至信息帧经环形总线又到达 CD 机（数据源）为止。这时这些数据就被新的数据所取代，该循环又重新开始。这样可使得 MOST 总线上的所有输出装置（音响包、耳机）都可使用同步数据。系统管理器通过发送相应的校验数据来确定哪个装置使用数据。音频和视频信息的传输需使用每个数据区的数个字节。数据源会根据信号类型预定一些字节，这些已被预定的字节就称为通道（信道）。一个通道包含一个字节的数据。传输通道的数量如表 1-10 所示。通过这种预定通道的方式，多个数据源的同步数据就可以同时传输。

表 1-10　传输同道数量

信　号　通	道/字节
单声道	2
立体声	4
环绕声	12

（3）异步数据的传输

在 MOST 系统中，导航系统的地图显示、导航计算、互联网网页和 E-mail 等图片、文本信息是作为异步数据传输的（图 1-68）。异步数据源是以不规则的时间间隔来发送这些数据的。为此，每个数据源将其异步数据存储到缓冲寄存器内。然后数据源开始等待，直至接收到带有接收器地址的信息组。

数据源将数据记录到该信息组数据区的空闲字节内。记录是以每 4 个字节为一个数据包的形式进行的。接收器读取数据区中的数据包并处理这些信息。异步数据停留在数据区，直至信息组又到达数据源。数据源从数据区提取数据，在适当的时候用新数据取代这些数据。

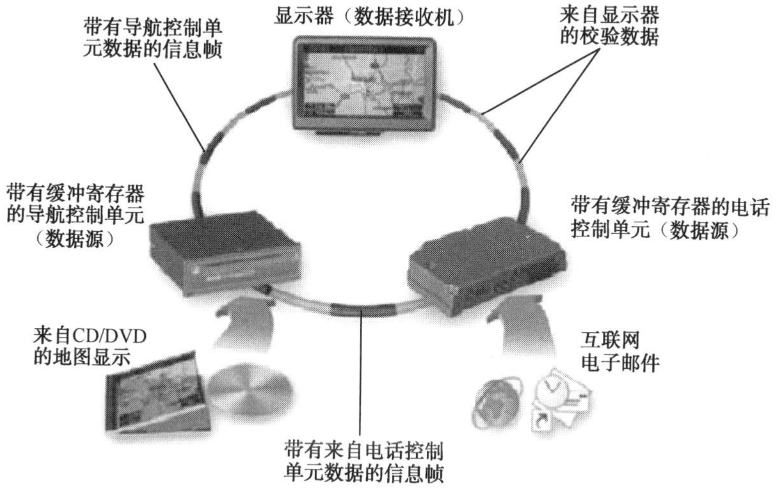

图 1-68 异步数据的传输

5. MOST 总线的诊断

1）诊断管理器

除系统管理器外，MOST 总线还有一个诊断管理器（图 1-69）。诊断管理器执行环路断开诊断，并将 MOST 总线上的控制单元诊断数据传给诊断控制单元。在奥迪 A8 汽车上，数据总线诊断接口 J533 就是执行自诊断功能的。

图 1-69 诊断管理器

2）系统故障

如果在数据传输过程中，MOST 总线上的某一位置发生数据传输中断，就无法完成正常的数据传输任务。由于 MOST 总线是环形结构，因此将这种数据传输中断称为环路断开，亦即总线断路。发生环路断开后，音频和视频播放会终止，通过多媒体操纵单元无法控制和调节影音娱乐系统。同时，诊断管理器的故障存储器中存有故障信息——“光纤数据总线断路”。

光导纤维断路、发射器或接收器控制单元的供电电路故障以及发射器或接收器控制单元本身损坏等原因均可能导致 MOST 总线系统出现环路断开。要想确定出现环路断开的具体位置，就必须进行环路断开诊断。环路断开诊断是管理器执行元件诊断内容的一部分。

3）环路断开诊断

（1）诊断导线与询问脉冲

如果 MOST 总线上出现环路断开，MOST 总线将无法进行数据传输。为准确判断出发生环路断开的具体位置，需要使用诊断导线来进行环路断开诊断。诊断导线通过中央导线连接器与 MOST 总线上的各个控制单元相连（图 1-70）。

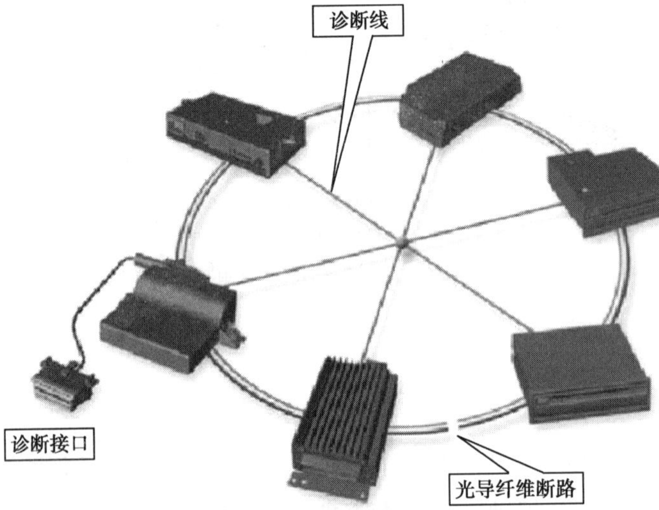

图 1-70　诊断导线与 MOST 总线上的各个控制单元相连

环路断开诊断开始后，诊断管理器通过诊断导线向各控制单元发送一个询问脉冲。这个询问脉冲使得所有控制单元用光导发射器（FOT）内的发射单元发出光波信号。在此过程中，所有控制单元检查自身的供电及其内部的电控功能是否正常，同时，接收环形总线上的前一个控制单元发出的光波信号。

MOST 总线上的各个控制单元会在一定时间内对诊断管理器发出的光波脉冲信号做出应答，其应答时间的长短取决于控制单元的软件。从环路断开诊断开始，到控制单元做出应答有一段时间间隔，诊断管理器根据这段时间的长短就可判断出哪一个控制单元已经做出了应答。

（2）应答的内容

环路断开诊断开始后，MOST 总线上的各个控制单元发送以下两种信息。

① 控制单元电气方面是否正常——本控制单元电气功能是否正常（如电源供电是否正常）。

② 控制单元光学方面是否正常——本控制单元的光敏二极管是否能够接收到环形总线上位于其前面的控制单元发出的光波信号。

诊断管理器通过这些信息就可识别出：

① MOST 总线系统是否有电气故障（供电故障），以及是哪个控制单元出现了电气故障。

② MOST 总线系统中哪两个控制单元之间的数据传输中断了，亦即哪两个控制单元之间的光导纤维发生了断路。

这样就可以准确地判断出环路断开的具体故障性质和故障位置，给 MOST 总线系统的诊断和维护带来极大的方便。

（3）故障的确认

诚然，诊断管理器给出的诊断信息有助于判断故障的性质和故障位置，但要最终确认故障并实施维修，还需要审慎处理。

① 根据检测结果，先检测可疑控制单元的供电情况是否正常、接地情况是否正常。

② 如果可疑控制单元的供电情况、接地情况均正常，再检查光导纤维插头是否有歪斜、松动，确保光导纤维插头连接正常。

③ 检查光导纤维是否出现断路情况，如光导纤维被压坏、破损、断裂等。

④ 最后再判断控制单元是否存在故障。如图 1-71 所示，可利用备用的控制单元 VAS6186 来替换可疑控制单元，然后观察 MOST 系统是否恢复正常。若替换后，系统恢复正常，则可确认故障确系可疑控制单元损坏所致。

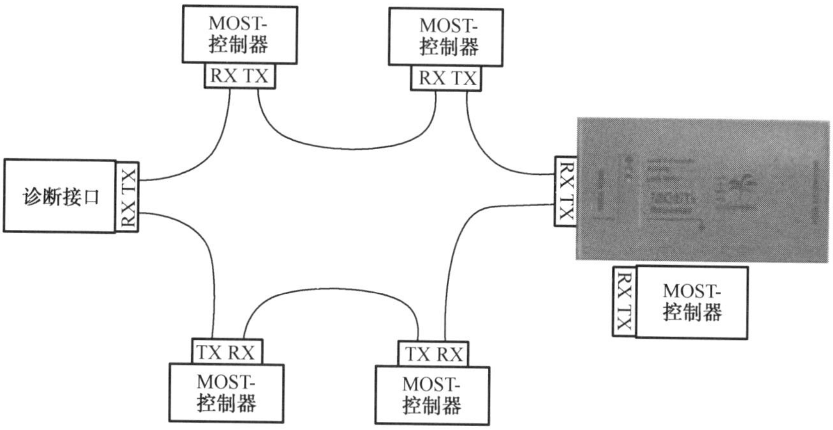

图 1-71 用光学备用控制单元 VAS6186 进行检测

4）信号衰减幅度增大的诊断

MOST 系统环路断开诊断只能用于判定数据传输是否中断。诊断管理器还有信号衰减幅度增大的诊断功能（图 1-72），即通过监测 MOST 系统传输光波功率的降低来判断光学系统在信号传输过程中是否存在信号衰减幅度过大的故障。信号衰减幅度增大的诊断与环路断开诊断的方法和过程是类似的，也要使用诊断管理器和诊断导线。其判别标准是：如果控制单元接收到的光波功率较前一个控制单元发出的光波功率有 3dB 及以上的衰减，则接收器就会向诊断管理器报告发生了“光学故障”。据此，诊断管理器就可识别出故障点，并且在用检测仪查寻故障时会给出相应的帮助信息。

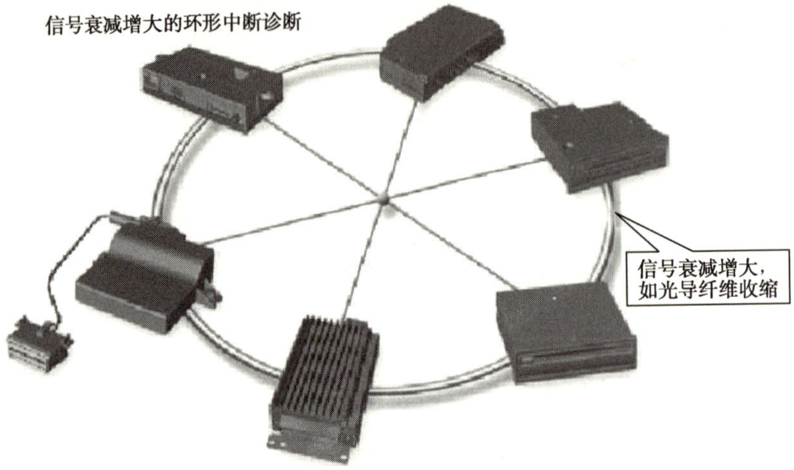

图 1-72　信号衰减幅度增大的诊断

情境二 车辆发动机控制系统

任务 1 电控系统简介

电子控制系统包括发动机运行状况的各种传感器、电控单元和执行器三部分。电子控制系统的作用是接收来自表示发动机工作状态的各个传感器送来的信号，根据 ECU 预置的程序，对喷油时刻、喷油量及点火时刻等进行控制，如图 2-1 所示。

随着计算机控制功能的不断扩展，其控制项目也在不断增加，如怠速控制等，形成了多功能控制的集中管理控制系统。

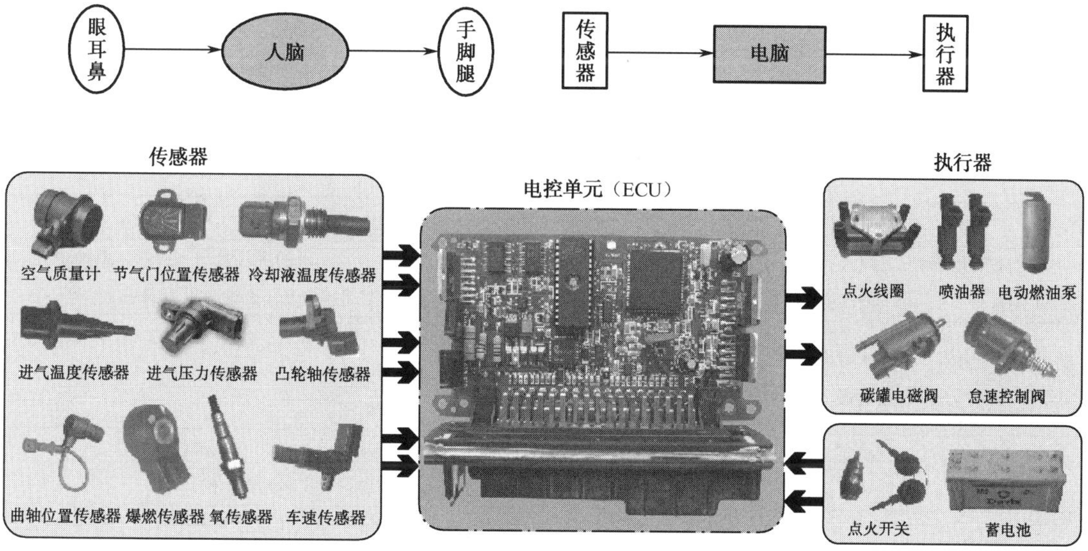

图 2-1 发动机电控系统组成

1．传感器

传感器是一种信号转换装置，安装在发动机的各个部位，其作用是检测发动机运行状态的各种电量参数、物理量和化学量等，并将这些参量转换成计算机能够识别的电量信号输入电控单元。

车用传感器分类如表 2-1 所示。电控发动机传感器主要包括空气流量计或进气歧管压力传感器、曲轴位置传感器/凸轮轴位置传感器、节气门位置传感器等，具体如表 2-2 所示。

表 2-1 车用传感器分类

类型		释义
按能量关系	主动型	无须额外增加电源，本身在一定条件下可以产生电信号的传感器。例如，发动机电控系统中的爆燃传感器就属于此类
	被动型	需要额外增加电源才能在移动条件下产生电信号的传感器。汽车中大多数传感器属于此类，如进气压力、节气门位置、曲轴/凸轮轴转速传感器等
按信号转换关系	非电量转换传感器	两种非电量信号之间的转换，在此过程中没有电量信号参与。例如，弹性敏感元件和气动传感器
	电量转换传感器	由一种非电量信号转换成电量信号，或者两种电量信号之间的转换传感器。例如，温度传感器、压电式传感器等
按输入量		即被测量的分类，可分为位移、速度、力、力矩、压力、真空度、温度、电流、气体流量、浓度传感器等
按工作原理		电阻式、电容式、应变式、电感式、光电式、光敏式、压电式、热电式等
按输出信号	模拟式	根据一定的条件输出模拟电信号的传感器，如温度传感器、压力传感器等
	数字式	根据一定的条件能够输出数字信号的传感器
按功能		根据功能可以将传感器分为反映汽车运行特征的传感器和控制汽车运行的传感器。前者是向驾驶员反映汽车行驶运行的状况的传感器，如发动机转速表传感器、里程表传感器、冷却液温度表传感器等；后者是汽车电控单元，控制汽车各部分工作必需的传感器，如节气门位置传感器、进气测量传感器（进气压力、温度、空气流量计等）、曲轴/凸轮轴位置传感器

表 2-2 电控发动机主要传感器

传感器	分类	一般安装位置	作用
空气流量计（AFS）	翼片式、热线/热膜式、卡门涡旋式、量芯式	进气管上	检测进入发动机的进气量信号并输入电控单元。空气量信号是确定基本燃油喷射量的基本信号
进气歧管压力传感器（MAP）	压敏电阻式、电容式、膜盒式、表面弹性波式	进气歧管上	根据发动机的负荷大小测出进气歧管内的绝对压力，并转换成电信号一起送入 ECU，作为决定基本喷油量的依据
曲轴位置传感器（CPS）	磁感应式、光电式、霍尔式	分电器或曲轴前端皮带轮之后	检测发动机曲轴转角和转速信号，是发动机燃油喷射控制和点火控制的基本信号
凸轮轴位置传感器（CIS）	磁感应式、光电式、霍尔式	分电器或曲轴前端皮带轮之后	检测活塞上止点位置，判别是哪一个缸将进行做功工作。在有一些分电器车型里面并不需要凸轮轴位置传感器信号。在相当一部分汽车上，曲轴位置传感器和凸轮轴位置传感器是制作成一体的，统称为曲轴位置传感器

续表

传 感 器	分 类	一般安装位置	作 用
节气门位置传感器（TPS）	开关式、线性式	节气门体上	其功用是检测节气门开度和加、减速信号，如节气门全开、全闭和部分开启等，通过微机对节气门开度信号进行处理，即可得到加、减速信号，用于燃油喷射控制及其他辅助控制（如 EGR、开闭环控制等）
进气温度传感器（IAT）	负温度系数热敏电阻式	进气管上	其作用是检测供给发动机的空气温度信号，作为计算空气量的修正信号。一般用于 D 型电控系统上
冷却液温度传感器（CTS）	负温度系数热敏电阻式	冷却水道上	亦称“水温传感器”。其作用是检测发动机冷却液温度信号，用于启动控制、空调控制、风扇控制等
氧传感器信号（O_2S）	氧化钛式、氧化锆式	排气管上	通过检测废气中氧离子的含量检测空燃比信号，ECU 根据氧传感器的反馈信号对喷油量进行修正，控制混合气的成分
爆燃传感器（DS）	共振型、非共振型、垫圈型	发动机缸体上（垫圈型一般装于火花塞垫圈与汽缸盖间）	检测发动机有无爆燃信号。用于点火提前角的反馈信号

由于电子技术在汽车上的应用越来越广泛，集成控制、智能控制成为未来汽车的发展趋势。车用传感器将变得越来越重要，种类也将会越来越多。

2. 控制器

电子控制器又称为电控单元（ECU 或 ECM），俗称电脑，是发动机控制系统的核心部件。其功用是根据各种传感器和控制开关输入的信号参数，对喷油量、喷油时刻和点火时刻等进行实时控制。发动机工作时，节气门位置传感器（TPS）检测驾驶员操作的节气门开度信号，空气流量传感器（AFS）检测进入汽缸的空气量，曲轴位置传感器（CPS）检测发动机的转速信号，这 3 个信号作为确定汽油喷射量的主要信息输入电控单元（ECU），再由 ECU 计算确定基本喷油量。与此同时，ECU 还要根据水温传感器、进气温度传感器和氧传感器等输入的信息计算确定辅助喷油量，用以对基本喷油量进行必要的修正，最终确定实际喷油量。当实际喷油量确定后，ECU 再根据曲轴位置传感器输入的曲轴转速与转角信号、凸轮轴位置传感器输入的第一缸活塞上止点位置信号，确定最佳喷油时刻和最佳点火时刻，并向各执行器发出指令信号，控制喷油器、点火线圈、怠速控制阀等动作。

电控单元主要由以下几部分组成：

1）中央处理器

中央处理器是汽车电子控制单元的核心，具有译码指令和数据处理能力的电子部件。对各种反映汽车工况的输入信号进行数学运算和逻辑判定，确定在此工况下汽车运行的最佳控制参数。

2）存储器

存储器分为只读存储器（ROM）和随机存储器（RAM）两种。只读存储器一旦写入程序则不能再更改，因此，在汽车电控系统上用来存储汽车厂家编制的控制程序、运行程序和原始数据（如喷射系统最佳混合气的喷油三维脉谱图数据、最佳点火提前角三维脉谱图数据等）。随机存储器因内部信息可随时写入或读出，也可随时改写，同时也会因突然断电而导致信息丢失，因此，只用来存储单片机工作时暂时需存储的数据（如故障代码、空燃比修正数据等）。

3）输入/输出接口

I/O 接口是 CPU 与传感器或执行器之间进行数据交换和下达控制指令的通道。它们的作用是协调和控制各种传感器或执行器的信号速度、频率等并与 CPU 匹配。

4）总线

总线是微机内部传递信息的电路连线。在单片机内部，CPU、ROM、RAM 与 I/O 接口的信息交换都是通过总线来实现的。按传递信息的不同，可分为数据总线、地址总线、控制总线三种。

5）驱动回路

由于微机只能输出微弱的电信号，不能直接驱动各种执行器，因此需进行放大、译码等步骤。输出回路作为单片机与执行器之间的中继站，其作用是根据微机发出的指令控制执行器动作。主要包括喷油驱动器、点火控制器、怠速电机驱动模块等。

3. 执行器

执行器又称为执行元件，是控制系统的执行机构，其功用是接受电控单元（ECU）的控制指令，完成具体的控制动作。发动机电子控制系统常见的执行器有以下几个。

1）电动燃油泵

电动燃油泵供给燃油喷射系统规定压力的燃油。

2）喷油器

根据 ECU 的喷油脉冲信号，精确计量燃油喷射量。

3）冷启动喷油器及热限时开关

根据 ECU 的喷油脉冲信号和发动机冷却液温度信号，控制发动机启动时的喷油量和喷油持续时间。

4）怠速控制阀 ISC 或 ISCV

怠速控制阀 ISC 或 ISCV 控制发动机的怠速转速。控制内容包括两个方面，一方面是在发动机正常怠速运转时稳定怠速转速，达到防止发动机熄火和降低燃油消耗的目的；另一方面是在发动机怠速运转状态下，当发动机负载增加（如接通空调器、动力转向器或液力变矩器等）时，自动提高怠速转速（即快怠速），防止发动机熄火。

5）活性炭罐电磁阀（VSV）

活性炭罐电磁阀是根据电控单元的控制指令信号，回收发动机内部的燃油蒸汽，以便减少排气污染。

任务2 传统点火系统

传统点火系统也叫蓄电池点火系统，传统点火系统的电能来源于发电机或蓄电池。

1. 传统点火系统结构

传统点火系统由电源、点火线圈、分电器、火花塞、点火开关等组成，如图 2-2 所示。

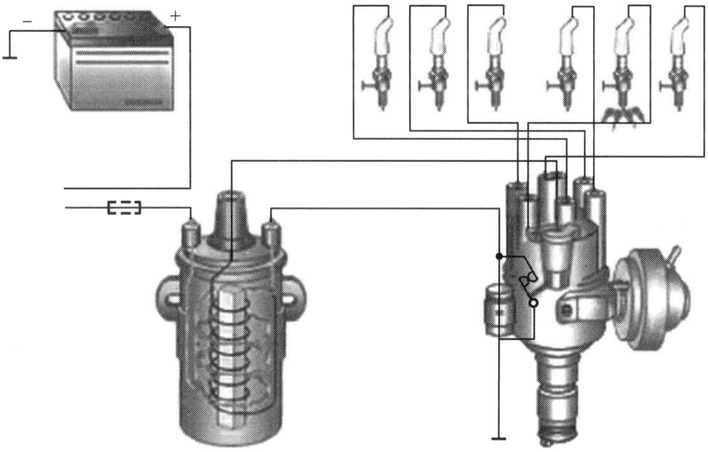

图 2-2 传统点火系统

1）电源

电源为蓄电池和发电机，其作用是给点火系统提供低压直流电源，电压一般为 12V。

2）点火线圈

点火线圈的作用是将 12V 低压电转变成 15 ~ 20kV 的高压电。点火线圈主要由初级绕组、次级绕组和铁芯等组成。按磁路的结构形式不同，可分为开磁路点火线圈和闭磁路点火线圈。

（1）开磁路点火线圈

开磁路点火线圈的结构如图 2-3 所示，点火线圈的中心部分是一个软铁芯，由硅钢片叠成，包在硬纸板套内。在硬纸板套外先绕制次级绕组；再在次级绕组外面绕制初级绕组。在绕组与外壳之间装有导磁钢套，用来加强磁通。外壳的底部有绝缘瓷杯，用来防止高压电击穿次级绕组的绝缘层向铁芯和外壳放电。点火线圈的上部是胶木盖，中央突出的部分是高压线插口，高压线插口两侧的接线柱是低压接线柱。

点火线圈的低压接线柱有两接线柱和三接线柱之分，如图 2-4 所示。

三接线柱点火线圈的 3 个接线柱上分别标有“-”“开关”“+开关”标记，“开关”和“+开关”接线柱上接有附加电阻，“+开关”“-”接线柱分别与点火开关、分电器连接。

两接线柱点火线圈的两个低压接线柱分别标有“+”和“-”的标记。

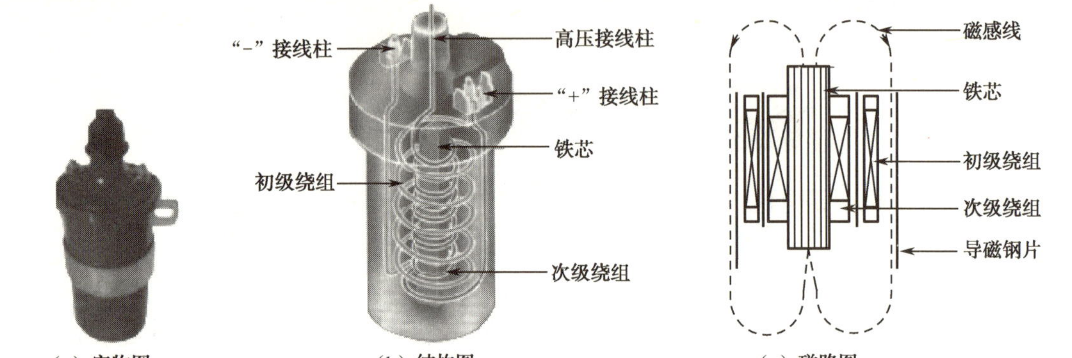

（a）实物图　（b）结构图　（c）磁路图

图 2-3　开磁路点火线圈

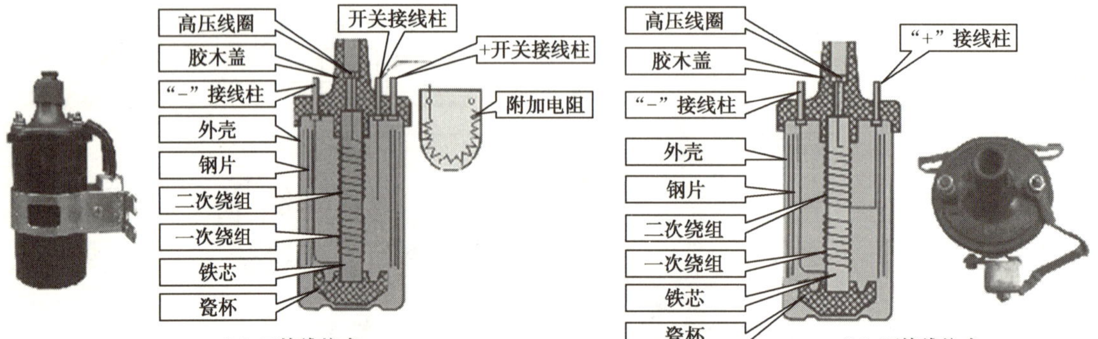

（a）三接线柱式　（b）两接线柱式

图 2-4　两接线柱和三接线柱点火线圈

（2）闭磁路点火线圈

闭磁路点火线圈的结构如图 2-5 所示，这种点火线圈的铁芯加工成"口"字形或"日"字形，铁芯的内部先绕初级绕组，初级绕组的外面绕次级绕组。初级绕组产生的磁通量通过铁芯构成闭合磁路。闭磁路点火线圈与开磁路点火线圈相比，漏磁少、能量损失小、转换效率高、体积小，可以直接安装在分电器中，因此在点火系统中得到了广泛应用。

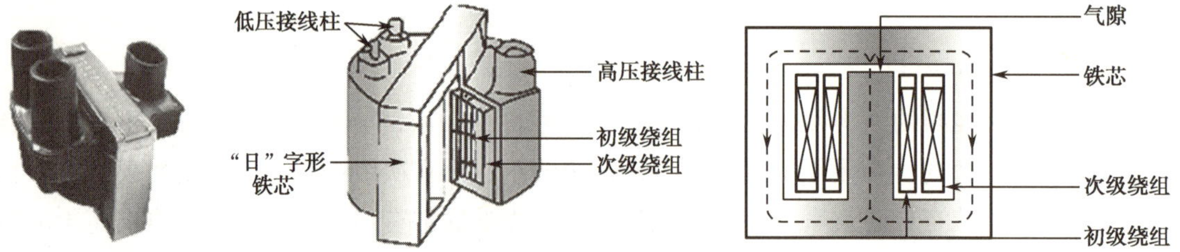

（a）实物图　（b）结构图　（c）磁路图

图 2-5　闭磁路点火线圈结构图

3）分电器

分电器由断电器、配电器、电容器和点火提前机构等组成，如图 2-6 所示。

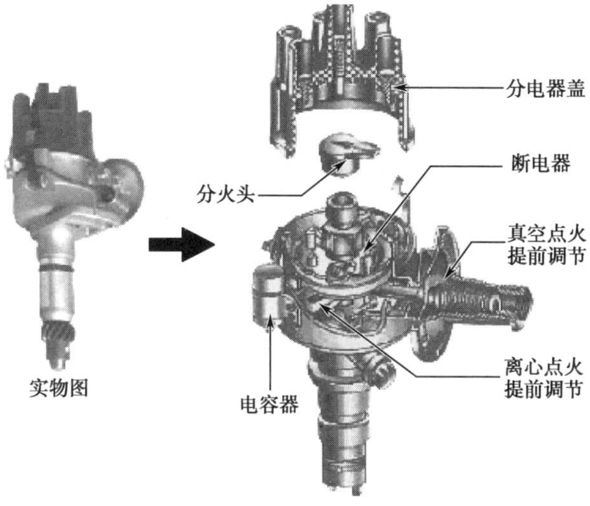

图 2-6 分电器

① 配电器

配电器由分电器盖和分火头组成（图 2-7）。分电器盖四周有与发动机汽缸数相同的旁电极。可通过分缸高压线与各汽缸火花塞相连。分火头装在断电器凸轮的顶端，随凸轮一起旋转，分火头上制有一金属导电片。当分火头旋转时，它上面的导电片依次和旁电极接通，将点火线圈产生的高压电，按发动机的各缸的点火顺序分别传到各缸火花塞。

② 断电器

断电器由固定在断电器底板上的触点和凸轮组成（图 2-8），凸轮在旋转时，控制触点接通和断开，从而控制点火系统初级电路接通和断开，使次级电路产生高压。

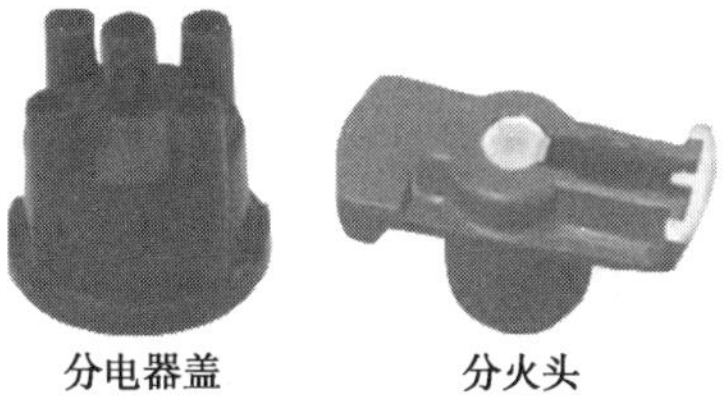

图 2-7 配电器

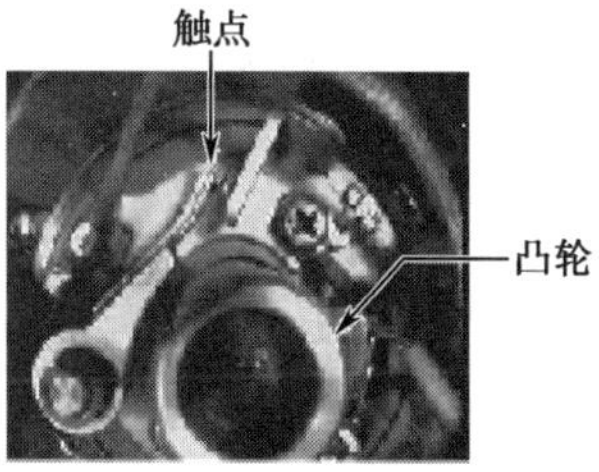

图 2-8 断电器

③ 电容器

电容器与断电器触点并联，用来减小触点间的火花，延长触点的使用寿命，提高次级电压。

④ 点火提前机构

点火提前机构由随发动机转速变化而改变提前角的离心调节器和随发动机负荷变化而改变提前角的真空点火调节器组成。点火提前机构随发动机转速和负荷变化，自动调节点火提前角。

4）点火开关

点火开关的作用是用来控制点火系统的初级电路，同时也控制起动机、发电机励磁、空调、刮水器、仪表、信号灯等电路（图 2-9）。

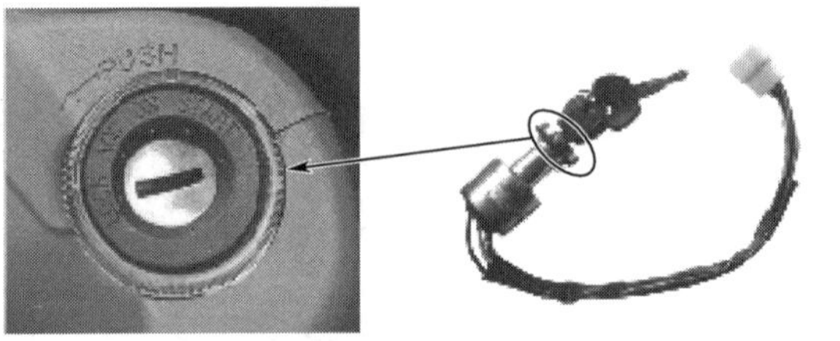

图 2-9　点火开关

5）火花塞

① 火花塞的结构

火花塞的作用是将高压电引入发动机的燃烧室，产生电火花，点燃混合气。其构造如图 2-10 所示。火花塞的放电部分是中心电极和侧电极，两者之间用陶瓷绝缘隔开，绝缘体内部的中心导电部分分为三段，最下面一段为中心电极；中间是导电玻璃；最上面是金属杆，金属杆的上部制有螺纹，接线螺母拧在其上，高压导线接在接线螺母上。

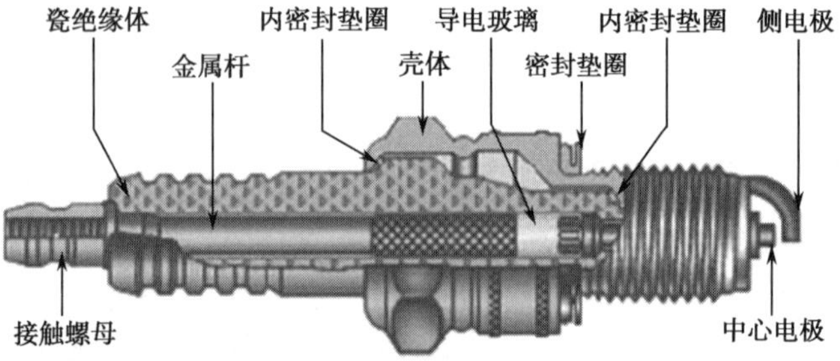

（a）结构图

（b）实物图

图 2-10　火花塞

② 火花塞的分类

根据火花塞裙部绝缘体的长度，可以将火花塞分为热型、中型、冷型三类，如图 2-11 所示。

③ 火花塞电极间隙

火花塞电极间隙是指中心电极与侧电极之间的间隙，如图 4-12 所示。电极间隙过大，所需的击穿电压越高，发动机不易启动，且在高速时易发生“缺火”；电极间隙过小，火花微弱且容易产生积炭而漏电。一般火花塞的电极间隙为 0.7 ~ 0.9mm。

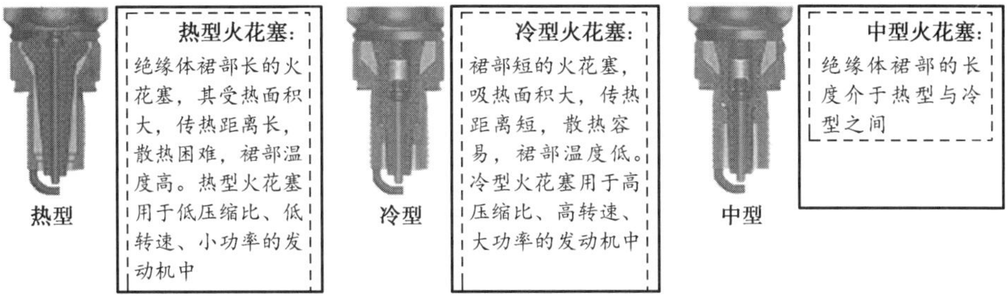

图 2-11　三种类型的火花塞

图 2-12　火花塞电极间隙

2. 传统点火系统工作原理

传统点火系统工作原理如图 2-13 所示。发动机工作时，断电器凸轮在发动机凸轮轴的驱动下旋转，凸轮旋转时使断电器触点交替地闭合和打开。在点火开关接通的情况下，当触点闭合时，点火线圈初级绕组中有电流流过，回路为：蓄电池正极→点火开关→点火线圈初级绕组→断电器触点→搭铁→蓄电池负极。初级电流在点火线圈的铁芯中形成磁场，电能转变为磁能。

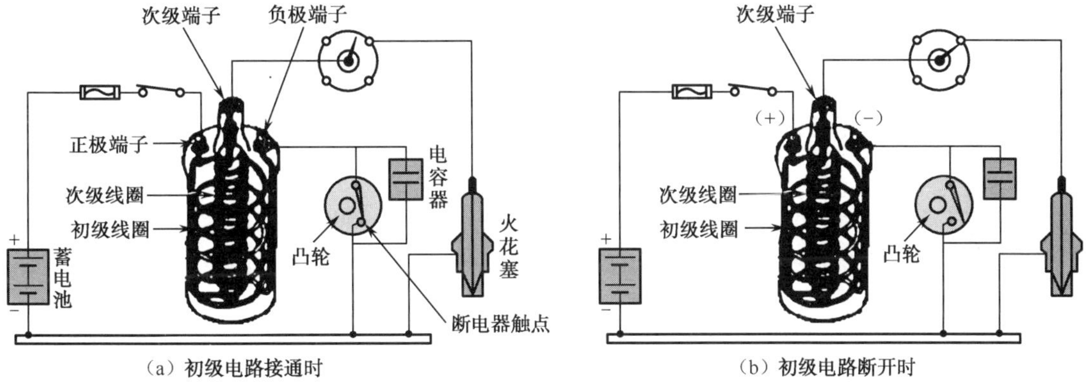

图 2-13　传统点火系统工作原理

当断电器凸轮将触点打开时，初级电路被切断，磁铁中的磁场突然消失，在点火线圈的次级绕组内就感应出 15 ~ 20kV 的电动势，此电动势作用在火花塞上，它足以击穿火花塞的电极间隙，产生电火花点燃混合气。次级回路为：次级绕组→点火开关→蓄电池→搭铁→火花塞旁电极→火花塞中心电极→高压导线→分电器→高压导线→次级绕组。

流过火花塞的高压电流方向为旁电极到中心电极，如前所述，这样击穿电压低。高压电流的方向与次级绕组和初级绕组二者的绕向关系有关。对负极搭铁的蓄电池，次级绕组和初级绕组绕向相同时，即可产生击穿电压低的高压电流方向。

断电器的凸轮和配电器中的分火头每转一圈，发动机的各个汽缸按点火顺序点火一次。

3．传统点火系统零部件的检测与维修

1）点火线圈的检测与维修

点火线圈的故障有初级绕组或次级绕组断路、短路和搭铁、绝缘盖破裂漏电、附加电阻断路等。

（1）直观检查。各接线柱焊接应牢固；察看点火线圈外壳，若绝缘盖或外壳破裂，应予以更换。

（2）初、次级绕组断路、短路的检查。用万用表电阻挡测量点火线圈初级绕组、次级绕组以及附加电阻的阻值，电阻值应在规定范围内，如图 2-14 所示。

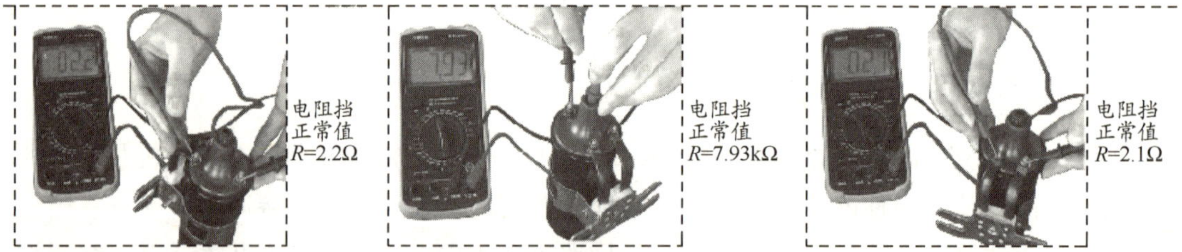

初级绕组电阻值的测量　　次级绕组电阻值的测量　　附加电阻值的测量

图 2-14　用万用表检测点火线圈

图 2-15　点火线圈绝缘情况检查

（3）点火线圈绝缘情况检查。用交流试灯检查初级绕组与外壳是否搭铁，将交流试灯的一只测试头接初级绕组接线柱，另一只测试头接外壳，如果试灯亮，表示初级绕组与外壳搭铁；如果不亮，表明点火线圈正常，如图 2-15 所示。

（4）点火线圈点火强度试验。点火线圈点火强度试验可就车进行，试验时，蓄电池必须充足电，使发动机在 3000r/min 下空转，拔下某缸火花塞的高压线，使其端头距缸体 5mm 以上，如火花连续无间断，为点火线圈性能良好；否则为性能不良。

（5）点火线圈的维修。点火线圈表面有尘垢或导电杂质时，使用中就会出现表面爬电形成的炭路，可用砂布擦去炭化表面，打光后再涂上环氧树脂胶或绝缘漆，干涸后不爬电即可使用。

高压插座端部缺损、低压接线柱松脱、点火线圈漏油及内部发生故障时，应更换。

2）分电器的检测与维修

分电器常见的故障有断电器触点烧蚀；分电器盖或分火头裂损、受潮、积污而漏电；触点臂弹簧的张力减弱等。

（1）检测断电器触点的接触状态。断电器触点应光洁平整，触点接触面应不小于 90%，触点厚度不小于 0.5mm，如触点有轻微烧蚀，可用细砂纸擦磨干净；若触点表面严重烧蚀、凸凹不平时，应更换新触点。两触点的中心线应重合，其上下偏移量可借助活动触点的上下垫圈调整，左右偏移量可用钳子扭动固定触点架调整。

（2）检查触点间隙。用塞尺检查断电器触点间隙，正常应为 0.35 ~ 0.45mm，如图 2-16 所示。如不符合要求，可松开紧固螺钉，转动螺钉进行调整，如图 2-17 所示。

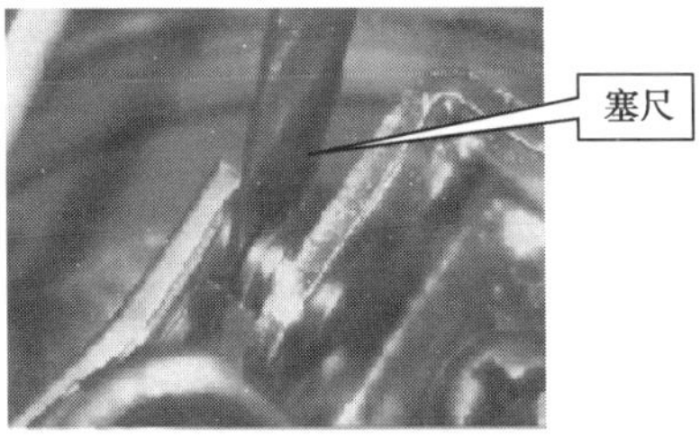

图 2-16　检查断电器触点间隙

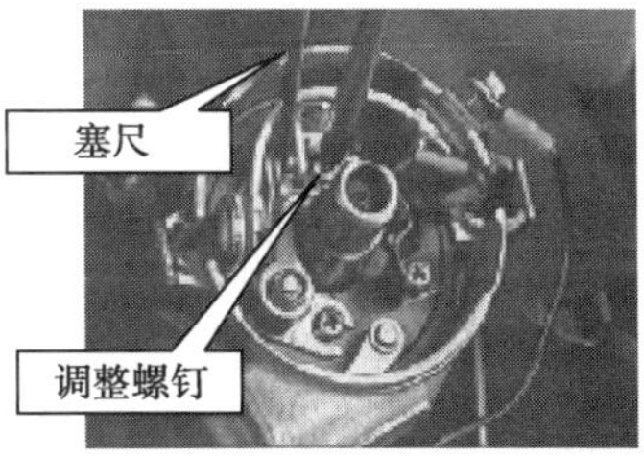

图 2-17　断电器触点间隙的调整

（3）检查分火头和分电器盖是否漏电。使中央高压线端部距分火头的导电片 4 ~ 6mm，启动发动机或人工接通及切断断电器触点，用高压电检验分火头的绝缘性（图 2-18），如果高压线与分火头之间有高压火出现，说明分火头已经损坏；如果无火花，说明分火头良好。

（4）测量分火头电阻。按图 2-19 所示的方法测量分火头的电阻，阻值应在规定范围内，如桑塔纳为（1 ± 0.41）kΩ、奥迪为（5 ± 1.0）kΩ，如不符合要求，应更换分火头。

（5）检查触点臂弹簧的张力。触点闭合时，用弹簧秤的挂钩钩在活动触点的一端，沿着触点的轴向拉动弹簧秤，如图 2-20 所示，当触点刚刚分开时弹簧秤的读数应为 5 ~ 7N，否则调整弹簧张力或更换触点。

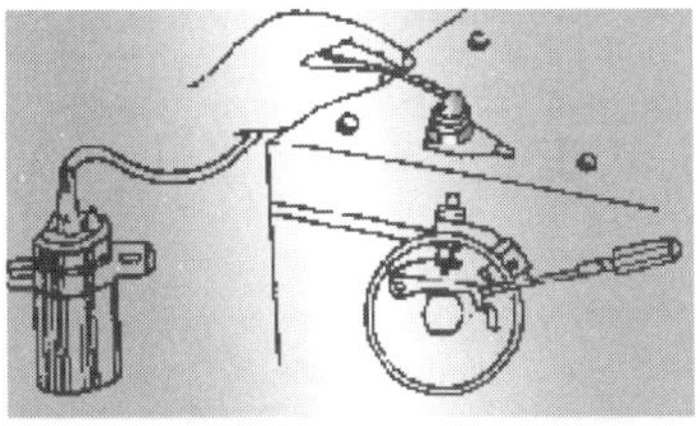
图 2-18　分火头绝缘情况检查

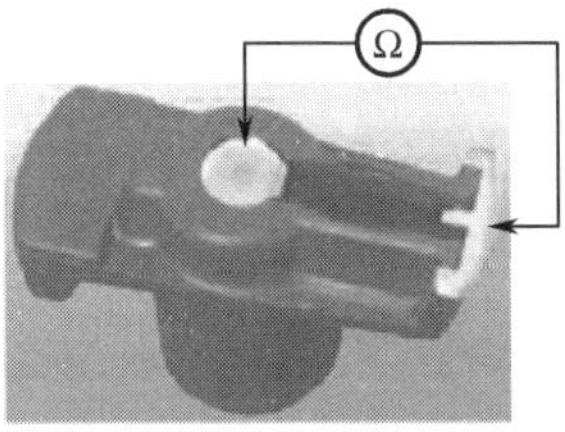

图 2-19　分火头电阻的检测

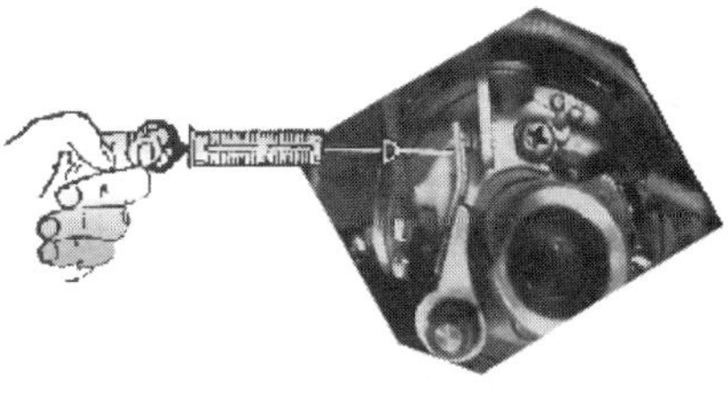
图 2-20　触点臂张力的检查

3）火花塞的检测与维修

火花塞常见的故障有过热、积炭、电极烧蚀、漏气、绝缘体破裂和侧电极开裂等。

（1）火花塞外观检查。火花塞外观如图 2-21 所示。火花塞绝缘体出现裂纹或电极烧损严重时，应更换。火花塞轻度积炭时，可用铜丝刷清洗；积炭严重时，应先将火花塞在丙酮或煤油中浸泡，待积炭软化后，再用铜丝刷清洗，不可用刮刀、砂纸清除积炭。

（2）火花塞电极间的检查与调整。用塞尺检查火花塞间隙，正常一般为 0.7 ~ 0.9mm，如果不符合要求，可用专用工具弯曲侧电极来调整间隙，如图 2-22 所示。

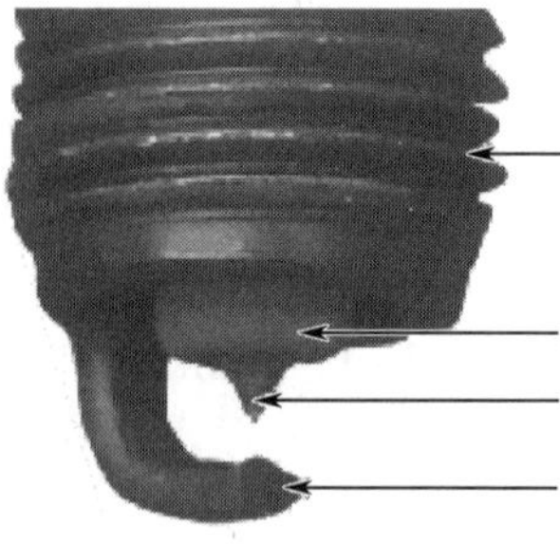

图 2-21　火花塞外观

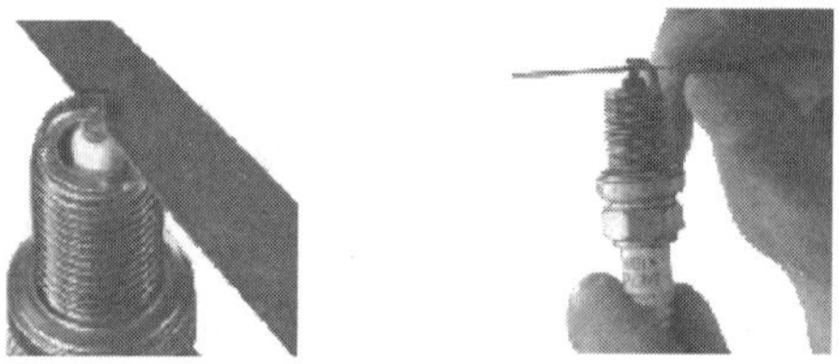

（a）火花塞电极间的检查　（b）火花塞电极间的调整

图 2-22　火花塞电极间的检查与调整

4. 传统点火系统常见故障的维修

1）发动机不能启动

（1）故障原因

① 蓄电池电压过低或接线不良。

② 点火系统低压电路故障。

③ 点火系统高压电路故障。

（2）维修思路

① 检查蓄电池电压是否正常，一般可通过开前照灯、按喇叭等方法检查，如果灯光明亮、喇叭声音清脆，则说明蓄电池电压正常。

② 观察高压火来判断故障在低压电路还是在高压电路。

判断故障是在低压电路还是高压电路的方法：接通点火开关，将中央高压线从分电器上拔下，使其端部距离发动机的机体 4 ~ 6mm，然后启动发动机观察高压火的情况，如果无火花或火花很弱，说明低压电路有故障；如果火花很强，呈蓝色火花，说明低压电路工作正常。

③ 如分高压线火花很强，则检查火花塞。

将火花塞从汽缸上拆下，检查绝缘体是否损坏、电极间隙是否正常、有无严重积炭、油污等，如果有需对火花塞进行清理或更换。

④ 最后检查点火正时，重新调整点火正时。

（3）高压电路故障的检查

分火头的检查。拔下分电器上的中央高压线，打开分电器盖，使中央高压线端头距分火头 2 ~ 3mm，并用手分开断电器触点。若无火花，表明分火头良好；若有火花，表明分火头绝缘损坏。

若分火头良好，则逐一将各缸高压线拔下试火（图 2-23）。如果各缸分高压线的火花强烈，说明分电器盖和分高压线都良好，故障出在火花塞或点火不正时；如果分高压线无火花，说明分电器盖或分高压线有故障。

检查高压线是否正常可通过测电阻的方法，如图 2-24 所示，若电阻不符合要求，应更换高压线；若高压线正常，则应更换分电器盖。

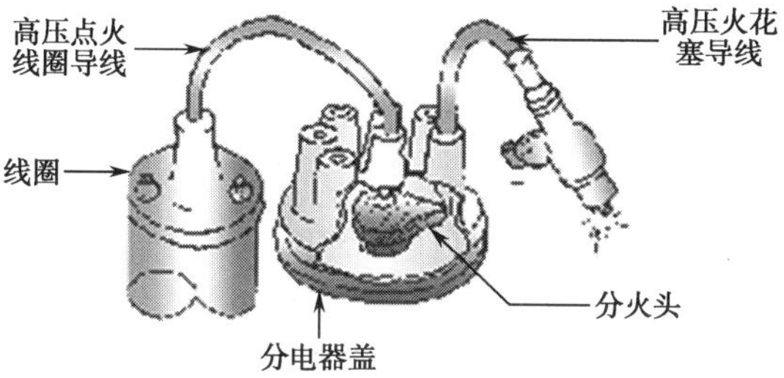

图 2-23　分高压线试火

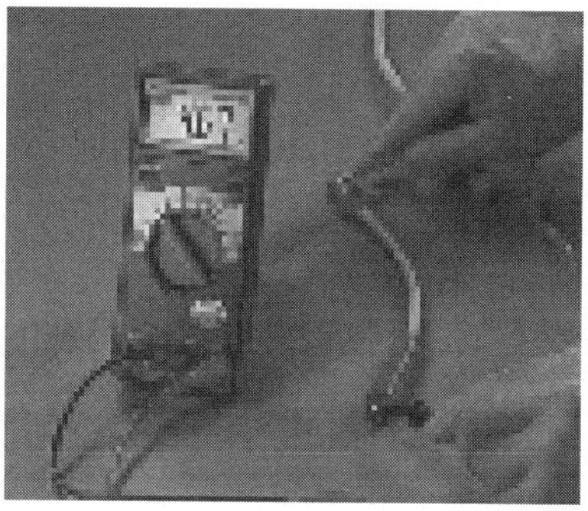
图 2-24　测高压线的电阻

（4）低压电路故障的检查

接通点火开关，转动发动机曲轴，同时观察电流表指针。

① 电流表指针指在“0”位不动，说明低压电路断路，即蓄电池至断电器之间有断路故障。

② 若电流表指示放电 3 ~ 5A，但不摆动，说明初级线圈到断电器触点臂之间有搭铁故障或电容器短路，或断电器触点不能打开。

③ 若电流表指示 10A 以上不动，说明低压电路有搭铁故障，如点火开关、点火线圈电源接柱间搭铁。

2）发动机个别缸不点火

（1）故障现象

发动机工作时，排气管排出黑烟，发动机运转不均匀，并发出有节奏的“突突”声，甚至放炮或化油器回火。

（2）故障原因

① 高压分线脱落或漏电。

② 火花塞积炭过多或绝缘体击穿漏电。

③ 分电器盖漏电、分电器触点间隙调整不当或凸轮磨损不均，分电器轴松旷。

（3）维修思路

用逐缸断火的方法进行检查，判定是哪一个汽缸不点火，即依次将发动机的各个汽缸的高压线对地短路，短路时观察发动机的状况。当短路工作正常的汽缸时，发动机的转速会有所下降，短路故障汽缸时，发动机的工作状态将不会改变。

对于有故障的汽缸，应先检查此缸高压线有无高压电。如无高压电，则应检查高压线和分电器盖；如有电，再检查火花塞是否积炭，对于积炭的火花塞，应进行清洗或更换。若火花塞正常，则说明分缸线或配电器有故障。

3）发动机动力不足

（1）故障现象

发动机加速不良、水温过高、加速时出现放炮、回火等现象。

（2）故障原因

① 点火时间过晚。

② 火花塞积炭。

③ 点火线圈故障等。

（3）维修思路

① 将高压总线从分电器盖上拔出，使其端部距发动机汽缸体 4～6mm，启动发动机，观察火花的情况。

② 如果火花很强，则检查分高压线，如果分高压线的火花也很强，则检查点火时间是否符合要求，火花塞是否积炭。

③ 如果高压总线的火花很弱，说明低压电路存在故障，应检查触点的接触头部和间隙是否符合要求，电容器是否良好。

④ 如果触点的状况不好，应按照要求调整间隙。

⑤ 对于电容器，可采用更换法检查，即用一个好的电容器替换原来的电容器，替换后，高压火花如果变强，说明原电容器有故障。

⑥ 检查点火线圈。

4）发动机高速工作不良

（1）故障现象

① 如果触点的间隙过大，使高速时的初级电流过小，便会造成高速时高压火花很弱的故障。

② 触点臂弹簧的弹力过弱，在高速时不能保证触点良好地接触，也会造成点火故障。

③ 火花塞间隙过大会提高点火电压，造成高速时点火不易成功，间隙性缺火故障。

（2）故障原因

发动机在中低速时，工作良好，而高速时，工作不平稳。

任务 3 普通点火系统

电子点火实际上就是利用半导体器件作为开关，接通或断开初级电流，因而又称为半导体点火或晶体管点火。电子点火系统分为有触点电子点火系统和无触点电子点火系统，其中无触点电子点火系统大大改善了点火的性能，逐步取代了传统的蓄电池点火系统，习惯上把无触点电子点火系统称为普通电子点火系统。

1. 普通电子点火系统的组成与工作原理

普通电子点火系统一般由电源、分电器、点火控制器或点火模块、点火线圈、火花塞等组成，如图 2-25 所示。按信号发生器的原理来分类，普通电子点火系统分为电磁感应式、霍尔效应式和光电式三种。

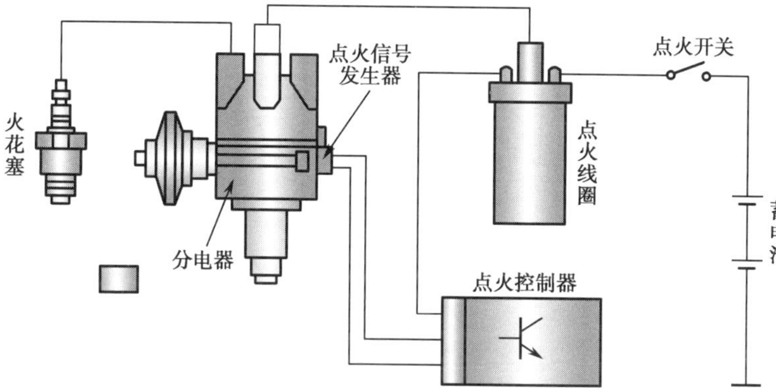

图 2-25 普通电子点火系统的组成

1）电磁感应式电子点火系统

电磁感应式电子点火系统主要由磁感应式点火信号发生器、点火控制器、分电器、火花塞、点火线圈等组成。

（1）磁感应式点火信号发生器

磁感应式点火信号发生器由信号转子、传感线圈、永久磁铁等组成，如图 2-26 所示。

图 2-26 磁感应式点火信号发生器的结构

整个信号发生器装在分电器内，永久磁铁和铁芯固定在分电器内，传感线圈绕在铁芯上。信号转子上有与发动机的汽缸数相同的凸齿，信号转子由分电器轴带动，随着分电器的旋转，信号转子转动，它的凸起与信号线圈之间的间隙不断变化，磁路的磁阻随之改变，使通过线圈的磁通量发生变化，因而在线圈内感应出交变电动势，如图 2-27 所示。

（2）电磁感应式电子点火系统的工作原理

电磁感应式电子点火系统的电路如图 2-28 所示。工作原理如下：

① 接通点火开关，发动机未工作（信号发生器的转子不动）时，蓄电池（或发电机）正极→点火开关→R_4→R_1→VT_1→A 点→信号线圈→B 点→搭铁→蓄电池（或发电机）负极构成回路。此时电路中 P 点的电位高于 VT_2 的导通电压，VT_2 导通，VT_2 导通后其集电极电位降低，使 VT_3 截止，VT_3 截止后使 VT_4 导通，VT_4 导通后，R_7 上的压降给 VT_5 提供正向偏

置电压，使 VT_5 导通。

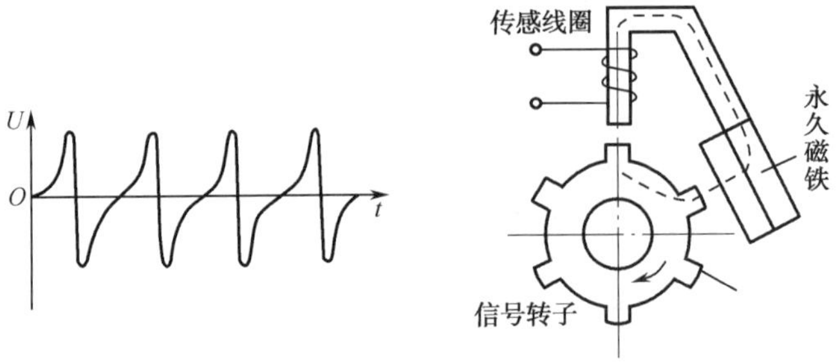

图 2-27　磁感应式点火信号发生器工作原理图

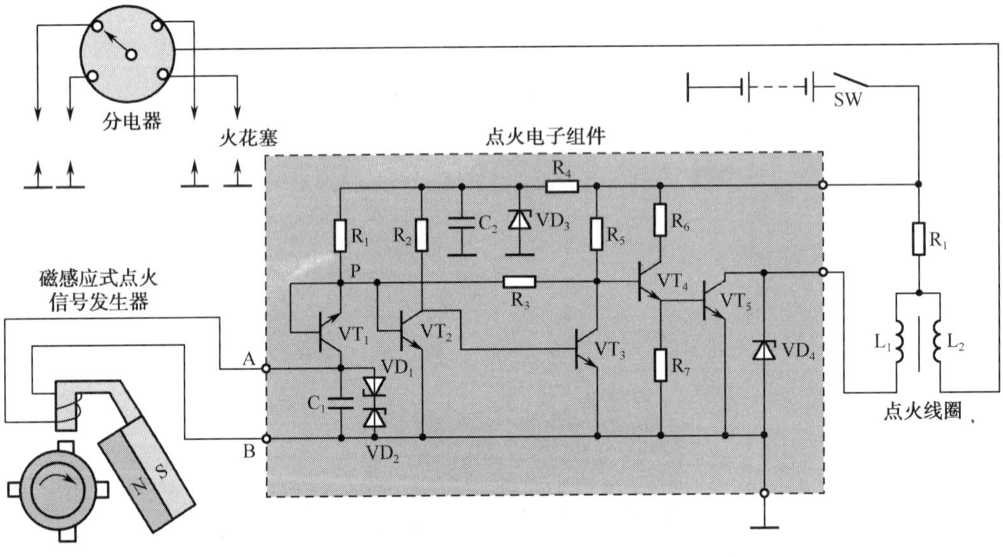

图 2-28　电磁感应式电子点火系统的电路

② 当点火信号发生器产生正向脉冲时，VT_1 的集电极加反向电压而使 VT_1 截止，P 点的电位仍高于 VT_2 的导通电压，VT_2 导通，VT_4 导通，VT_5 也导通。于是初级电流回路为：蓄电池（或发电机）正极→点火开关→电阻 R_f→点火线圈初级绕组→VT_5→搭铁→蓄电池（或发电机）负极构成回路，点火线圈储能。

③ 当点火信号发生器产生反向脉冲时，VT_1 因加正向电压而导通，P 点的电位下降，使 VT_2 截止，VT_2 截止时使 VT_3 导通，VT_4 截止，VT_5 截止。于是初级电流被切断，在次级绕组中产生高压，经配电器按点火次序分配到各缸火花塞点火，点燃可燃混合气使发动机做功。每当信号发生器的转子转动一周，各个汽缸便轮流点火一次。

2）霍尔效应式电子点火系统

在霍尔效应式电子点火系统中，分电器采用的是霍尔式点火信号发生器的分电器。

（1）霍尔式点火信号发生器

霍尔式点火信号发生器主要由触发叶轮和信号触发开关组成，如图 2-29 所示。

霍尔式点火信号发生器位于分电器内，触发叶轮与分火头制成一体由分电器轴带动，其叶片数与汽缸数相等。信号触发开关由霍尔集成电路和带导磁板的永久磁铁组成（图 2-30）。霍尔集成电路的外层为霍尔元件，同一基板的其他部分制成放大电路。

图 2-29 霍尔式点火信号发生器的结构

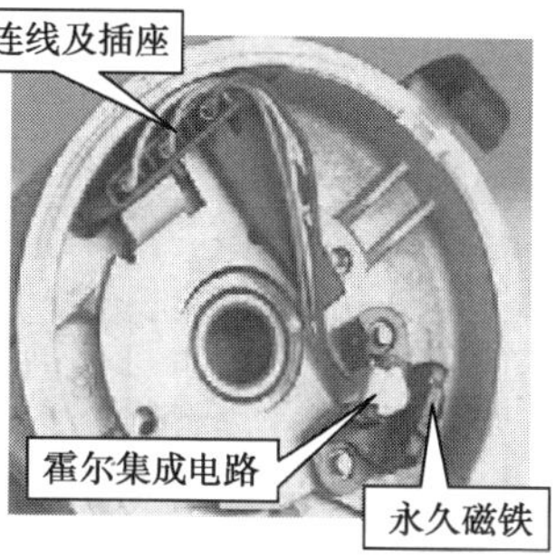

图 2-30 信号触发开关

触发叶轮由分电器轴带着在霍尔集成电路和永久磁铁之间转动，当转到触发叶轮的本体（没有缺口的地方）对着装有霍尔集成块的地方时（叶片在气隙内），通过霍尔集成块的磁路被触发叶轮短路，如图 2-31（a）所示，此时霍尔集成块中没有磁场通过，不会产生霍尔电压。

当触发叶轮转到其缺口对着装有霍尔集成块的地方时（叶片不在气隙内），如图 2-31（b）所示，永久磁铁所产生的磁场在导板的引导下，垂直穿过通电的霍尔集成块，于是在霍尔集成块的横向侧面产生一个霍尔电压，这个霍尔电压信号经过放大、脉冲整形后，最后以整齐的矩形脉冲（方波）信号输出。

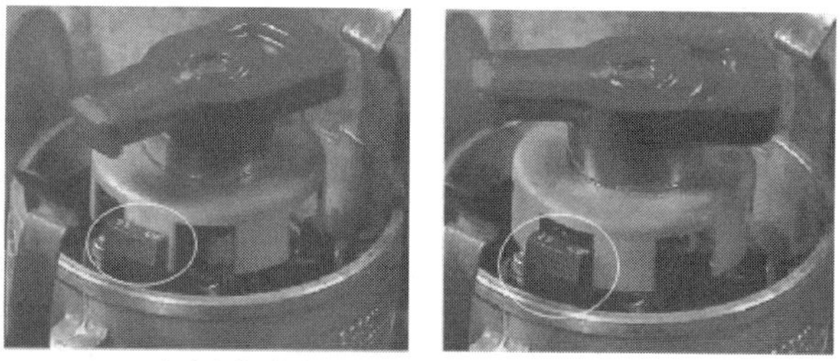

（a）叶片在气隙内　　（b）叶片不在气隙内

图 2-31 霍尔式点火信号发生器的工作原理

（2）霍尔效应式电子点火系统的工作原理

典型的霍尔效应式电子点火系统工作电路如图 2-32 所示。

① 接通点火开关，发动机工作时，分电器轴带动霍尔信号发生器的触发叶轮转动，当霍尔信号发生器输出信号 U_g 为高电位，该信号通过点火器插座⑥端子和③端子进入点火器。此时，点火器通过内部电路，驱动点火器大功率晶体 VT 导通，接通初级电路。其电路是：蓄电池（或发电机）“+”极→点火开关→点火线圈初级绕组 N_1→点火器大功率晶体管 VT→反馈电阻 R_s→搭铁→蓄电池（或发电机）“–”极。

② 当霍尔信号发生器输出信号 U_g 下跳为低电位时，点火器大功率晶体 VT 立即截止，切断点火线圈初级电路，次级绕组产生高压电，高压电由分电器分配到各缸火花塞，点燃混

合气。

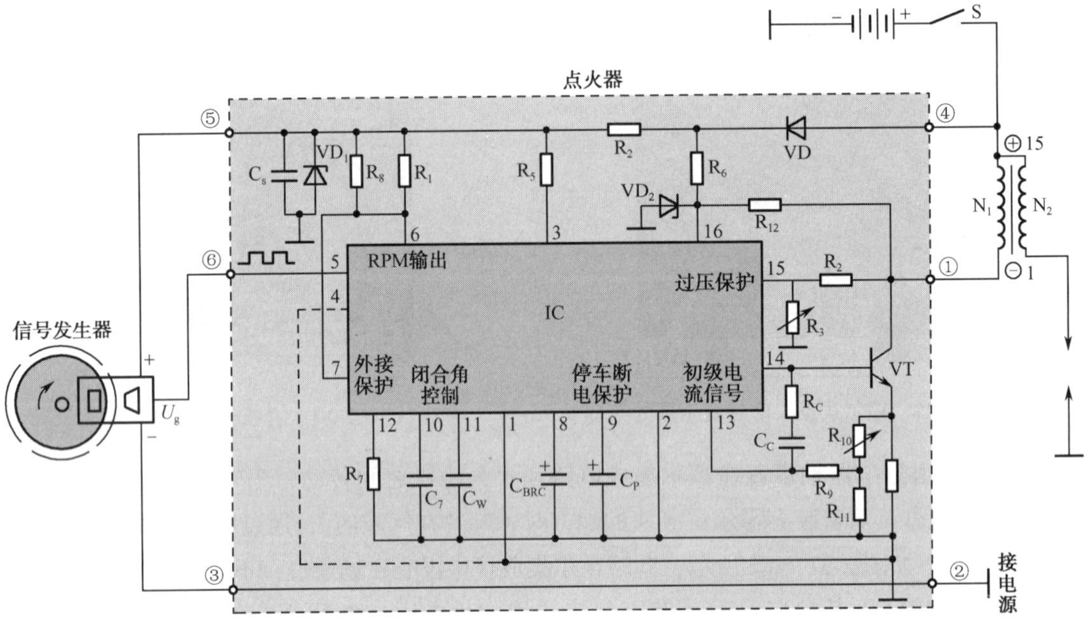

图 2-32　霍尔效应式电子点火系统工作电路

3）光电式电子点火系统

光电式电子点火系统中，分电器采用的是光电式点火信号发生器的分电器。

（1）光电式点火信号发生器

光电式点火信号发生器主要由发光二极管、光敏三极管和遮光盘三部分组成，如图 2-33 所示。

图 2-33　光电式信号发生器

① 发光二极管：能以接近红外线的频率发出不可见光束。

② 光敏三极管：它与发光二极管相对放置，并相隔一定距离，当有光线照射时，光敏三极管导通；当无光线照射时，光敏三极管截止。

③ 遮光盘：安装在分电器轴上，位于分火头下面。遮光盘上有与汽缸数相等的窗口，遮光盘随分电器轴旋转，当遮光盘的叶片转至发光二极管与光敏三极管之间时，遮住了发光

二极管发出的光线，光敏三极管因感受不到光线而截止；当遮光盘上的窗口通过发光二极管与光敏三极管之间时，发光二极管所发出的光束直接照到光敏三极管上，光敏三极管导通。分电器每转一周，信号发生器便产生四个交变信号，输送给点火控制器，控制着点火系统的正常工作。

（2）光电式电子点火系统的工作原理

光电式电子点火系统的电路如图 2-34 所示。

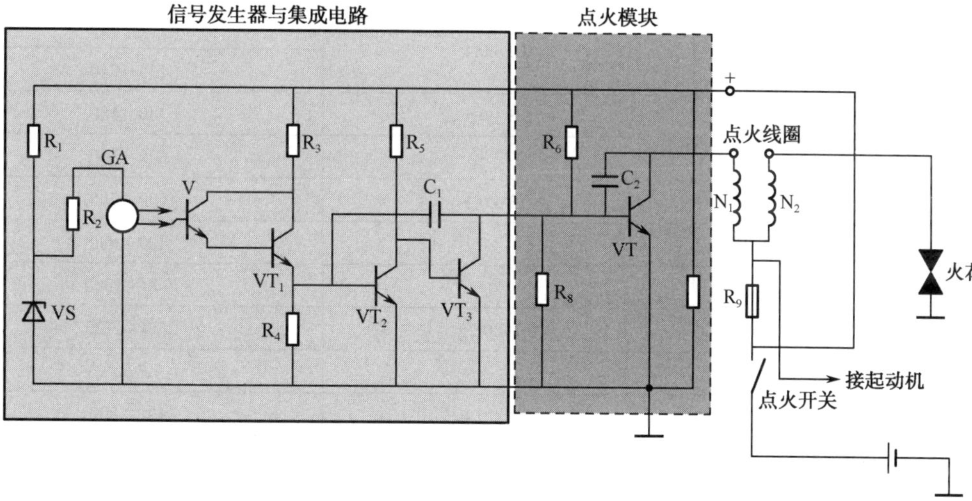

图 2-34 光电式电子点火系统的电路

点火开关接通后，转子随分电器轴转动，遮光盘也跟着转动。当光敏三极管 V 受光导通时，三极管 VT_1 获得正向偏压而导通。VT_1 导通后为 VT_2 提供正向偏压，使 VT_2 导通。VT_2 导通后，VT_3 的基极电位下降，使 VT_3 截止。功率三极管 VT 获得正向偏压而导通，使点火线圈初级绕组电路导通；当遮光盘的叶片遮住发光二极管的光束时，光敏三极管转为截止，VT_1 失去基极电流由导通转为截止，VT_2 也截止，VT_3 因获得正向偏压由截止转为导通。VT 失去正向偏压则由导通转为截止，点火线圈初级绕组断电，在点火线圈次级绕组产生高压，供电给火花塞使其跳火，点燃汽缸中的可燃混合气。

2. 普通电子点火系统的检测与维修

1）电磁感应式点火信号发生器的检修

（1）测量感应线圈的电阻。将分电器与线束之间的插接器拔开，用万用表电阻挡测量与分电器相连接的两根导线之间的电阻值。若测量结果与标准值相差较大，说明传感器线圈已经损坏；若电阻无穷大，说明传感器断路；过大或过小都需更换信号发生器总成。

常见车型电磁感应式信号发生器检测参数如表 2-3 所示。

表 2-3　常见车型电磁感应式信号发生器检测参数

汽车厂牌	气隙（mm）	感应线圈电阻（Ω）
丰田	0.2 ~ 0.4	140 ~ 180
丰田（2JZ-GE 发动机用）	0.2 ~ 0.4	125 ~ 200（冷态）
		160 ~ 235（热态）
丰田（2JZ-GE 发动机用）	0.2 ~ 0.4	190 ~ 290（热态）
丰田（2TE-FE 发动机用）	0.2 ~ 0.4	125 ~ 190
		155 ~ 240
日产	0.3 ~ 0.5	140 ~ 180
本田		600 ~ 800
三菱	0.3 ~ 0.5	500 ~ 700
福特		400 ~ 800
标致		900 ~ 1200
克莱斯勒	0.2 ~ 0.25	920 ~ 1120
伏尔加 24-10		900
切诺基	0.2 ~ 0.4	400 ~ 800
国产 JFD667		400 ~ 600
解放 GA1091		600 ~ 800

（2）检查、调整信号转子与线圈铁芯之间的间隙。该间隙一般为 0.2 ~ 0.4mm，常见车型间隙参数如表 2-3 所示。间隙不合适，应予以调整，调整方法如图 2-35 所示，松开紧固螺钉 A、B，做适当的调整，直至间隙符合规定值，再将螺钉 A、B 拧紧即可。

（3）检查信号发生器的输出电压。用万用表交流电压挡测量，转动分电器轴，信号发生器应有交流电压输出，其输出电压的大小与分电器转速成正比，否则为信号发生器有故障。

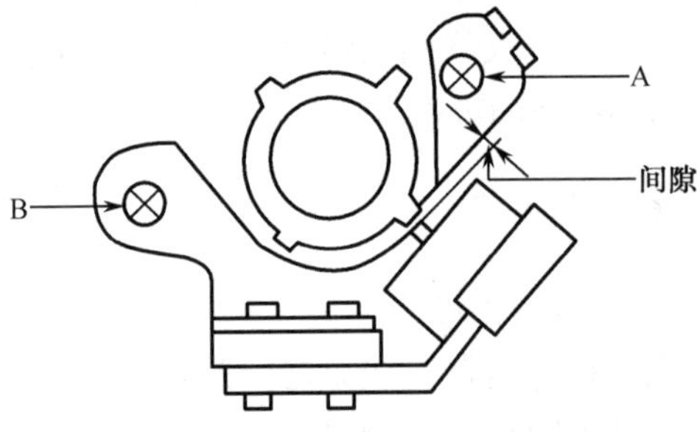

图 2-35　磁感应式信号发生器气隙的检测与调整

2）霍尔式点火信号发生器的检修

霍尔式点火信号发生器为有源器件，需输入一定的电源电压时才能工作，检测接线如图 2-36 所示。

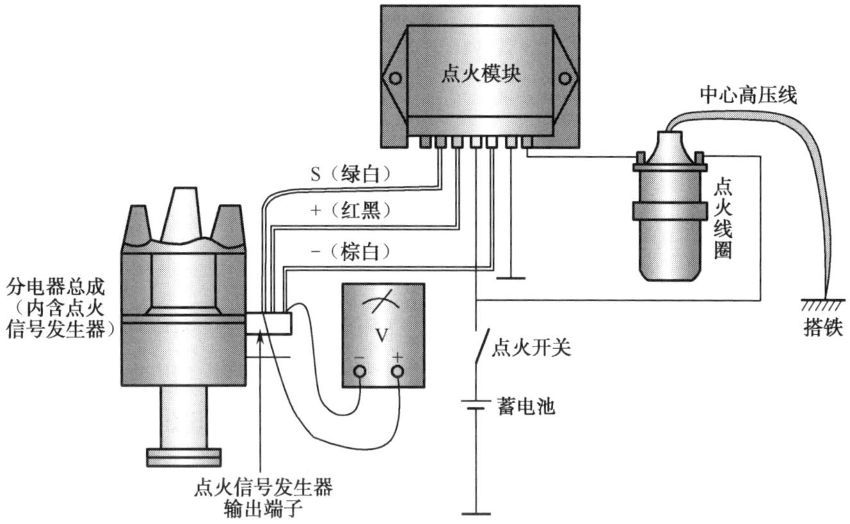

图 2-36 霍尔式点火信号发生器的检测

先拆下分电器总成，断开点火开关，拔出分电器盖上的中央高压线并搭铁，将万用表调到直流电压挡，并用万用表的正表笔接在插接器信号输出线“S”端子、负表笔接在插接器的“－”端子上；然后接通点火开关，按分火头的旋转方向转动分电器轴，同时观察电压表上的读数。当触发叶轮的叶片位于霍尔传感器的空气隙中时，其电压值应为 11 ~ 12V；当触发叶轮的叶片不在空气隙中时，其电压值应为 0.3 ~ 0.4V。若电压表读数与上述不符，则说明霍尔信号发生器出了故障，应予以更换。

3）光电式点火信号发生器的检测

从发动机上拆下分电器总成，拆下分电器线路插接器，用导线将插接器的“+”极电源端子与蓄电池的正极相连，“-”极端子与蓄电池的负极相连，将万用表调到直流电压挡，并将万用表的正表笔与插接器的信号输出端子相接、负表笔搭铁或接插接器的“-”端子，然后按分火头的旋转方向慢慢转动分电器轴，插接器信号输出端子的电压应在 0 ~ 1V 之间摆动（不同的车型，具体摆动幅度稍有不同），说明信号发生器良好，否则，需更换分电器。

4）点火控制器的检测

（1）干电检查法。这种方法适用于配用磁感应式点火信号发生器的点火控制器。

检测方法：拆开分电器上的线路插接器，接通点火开关，用一只 1.5V 的干电池代替信号发生器，接到点火控制器信号输入端子上，用一只 12V 试灯接在点火线圈“-”接线柱与搭铁之间，并观察试灯的亮灭，正接时［图 2-37（a）]，试灯应灭；将电池的极性颠倒后，试灯应亮［图 2-37（b）]。

（2）跳火试验法。在确认除点火器以外的低压电路都是完好的情况下，可用跳火法来检查点火器的好坏。

（3）替换法。在对低压电路进行检查时，如怀疑点火器有故障，可用相同型号的点火器进行替换。若替换后，故障排除，则说明原点火器有故障。

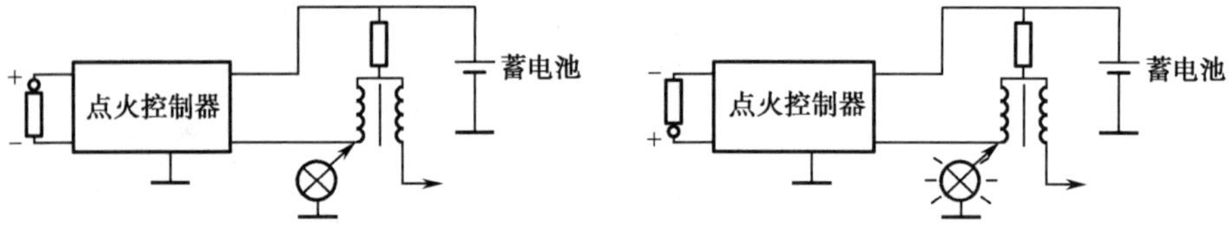

图 2-37　电磁感应式电子点火系统中的点火控制器的检测

5）磁感应式点火系统的跳火试验

将分电器盖拆下，并拔出分电器壳上的中央高压线，使其端部距缸体 5～10mm。接通点火开关，然后用一只螺丝刀头快速地碰刮信号发生器的定子极爪，以改变信号发生器线圈的磁通而使其产生信号脉冲，控制点火器的通断，产生点火电压，如图 2-38 所示。若每次碰刮都能产生高压火花，说明点火器完好，否则说明点火器有故障，应予以更换。

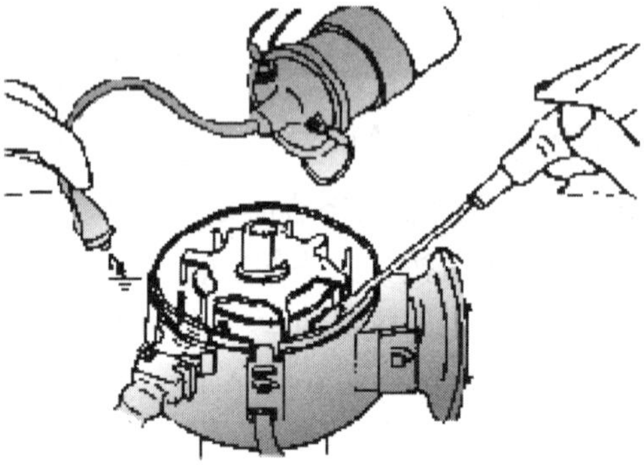

图 2-38　电磁感应式电子点火系统的跳火试验

6）霍尔式电子点火系统中的跳火试验

方法一：打开分电器盖，拆下分火头和防尘罩，转动曲轴，使触发叶轮的叶片不在点火信号发生器的气隙中，拔出分电器盖上的中央高压线，使其端部距机体 5～10mm，然后接通点火开关，用小螺丝刀或钢锯条在信号发生器的气隙中插入后迅速拔出，同时在拔出时察看高压线端部是否跳火，如果跳火，说明点火器良好。

方法二：断开点火开关，拔下分电器盖上的中央高压线端部并使其端部距离机体 5～10mm，再拔下分电器上信号发生器的插接器，用跨接导线一端接在信号线插头上，然后接通点火开关，将跨接线的另一端反复搭铁，如图 2-39 所示，同时观察中央高压线端是否跳火，如果跳火，说明点火器良好。

3. 普通电子点火系统常见故障诊断与排除

1）发动机不着火

（1）故障现象

启动时不着火，或启动过程中着火、点火开关返回点火挡则立即熄火。

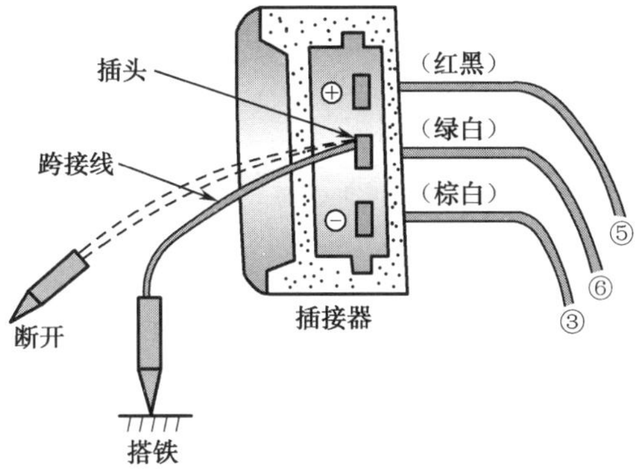

图 2-39 用信号线搭铁的方法进行跳火试验

(2)故障原因

① 低压电路故障。如点火线圈初级绕组断路、附加电阻断路、导线断路、信号发生器、点火控制器故障等造成初级电路断路;导线搭铁、点火控制器故障等造成低压电路搭铁。

② 高压电路故障。如点火线圈次级绕组断路、高压线断路或脱落、火花塞间隙过大等造成次级电压不能击穿火花塞间隙;点火线圈老化、火花塞积炭、污损或间隙太小等造成火花塞火花太弱。

③ 点火次序与发动机配气顺序不一致或点火正时不当等。

(3)维修思路

① 如果启动过程中着火,但点火开关退回点火挡立即熄火,原因和检查方法同传统点火系统。

② 如果启动时不着火,应先通过中央高压线的跳火情况判断故障在高压电路还是在低压电路或点火线圈。方法是打开发动机罩,拔出分电器中央高压线,使其距离汽缸体 5 ~ 7mm,接通点火开关,转动曲轴,查看中央高压线和缸体之间的跳火情况。

a. 火花很强,表示低压电路和点火线圈良好,故障在配电器、高压线和火花塞组成的高压电路中,需要进一步检查。

b. 火花不强,表明点火线圈老化或点火控制器有故障等。可用换件比较法进一步诊断分析。

c. 无火花,表明低压电路有搭铁、断路故障或点火线圈、信号发生器、点火控制器、中央高压线有故障,需要进一步检查。

③ 高压电路的检查。高压电路的检查方法同传统点火系统。

④ 低压电路和点火线圈等部分的检查。确认低压电路有搭铁、断路或点火线圈、中央高压线等部分有故障后,应用万用表等进一步检查诊断。

断开点火开关,用万用表的电阻挡检查点火线圈绕组、附加电阻、中央高压线是否断路,其阻值应符合要求,点火控制器和点火线圈“-”接线柱及点火信号发生器之间的连接导线(及接插件)有无断路或接触不良。

如果点火线圈和线路正常,则故障发生在信号发生器或点火控制器。既可以直接用交流电压表或示波器测量信号发生器信号进行诊断，也可以用人工的方法给点火控制器输入脉冲信号通过观察高压线跳火情况进行分析。

如果点火控制器、信号发生器等部件发生故障，一般予以更换。

2）发动机工作不正常

（1）故障现象

发动机启动困难、怠速不稳或低速运转不平稳或加速无力或排气管中排出黑烟并放炮等。

（2）故障原因

① 分缸高压线漏电或断路或脱落、分电器盖漏电、火花塞工作不良或不工作等造成个别缸或几个缸火花塞缺火或火花弱，使个别缸或几个缸不能工作或工作不良。

② 分缸高压线次序插错造成点火次序和发动机配气顺序不一致使发动机多个汽缸不能工作。

③ 初始点火提前角不当导致点火不正时，发动机不能正常工作。

诊断发动机工作不正常故障时，关键是根据发动机不同工况下的运行情况，确定发动机工作不正常是个别缸或几个缸不能正常工作引起的还是多个汽缸不能工作或点火不正时引起的。

（3）维修思路

① 如果发动机怠速稳定、低速运转平稳，但是行驶无力、发动机过热、加速发闷、急加速或大负荷时往往伴随排气管放炮等，表明发动机点火时间太晚，应将分电器壳体逆着分电器旋转方向转过一定角度，适当增大点火提前角。

② 如果发动机启动（特别是摇转曲轴启动）时，经常出现曲轴反转、启动后怠速不太稳定、加速有力但是伴有清脆的金属敲击声（爆燃引起的）、加速后敲击声不消失并且大负荷时更加明显，表明发动机点火时间太早，应将分电器壳体顺着分电器旋转方向转过一定角度，适当减小点火提前角。

③ 如果发动机怠速不稳或低速运转不平稳并且功率降低、排气管中排出黑烟并放炮等，表明发动机至少有一个缸不工作。

首先顺着分电器的旋转方向检查分缸高压线的次序是否和发动机各缸的配气顺序一致。如果分缸高压线次序正常，可以采用单缸断火法进一步找出不工作的汽缸。不工作汽缸确定后，应进一步确定故障原因。取下缺火缸火花塞上的分缸高压线，使线端调整距离汽缸体 3～5mm，进行跳火检查：无火，说明分缸高压线或分电器盖有故障；有火，再将线端调整距火花塞接线柱 3～4mm，在发动机工作时，该间隙中如有连续火花且发动机运转随之好转，表明火花塞积炭；如发动机运转无变化，可将该缸的火花塞与工作良好的汽缸的火花塞对换，对换后，如果该缸工作恢复正常，表明该缸原来的火花塞有故障，应更换；否则，说明该缸密封不良或配气机构和供油系统有故障。

④ 如果发动机怠速不稳或低速运转不平稳并且功率降低，但是排气管无放炮现象，表明发动机部分汽缸工作不良。采用单缸断火法确定工作不良的汽缸后，再参照上述诊断方法

进一步确定故障原因即可。

⑤ 如果发动机低、中速时工作良好，而高速时工作不平稳，排气管放炮并有断火现象，应检查火花塞间隙是否过大等。

3）发动机不能熄火

（1）故障现象

点火开关旋至断开位置后，发动机不熄火或不能立即熄火。

（2）故障原因

① 点火开关损坏等导致点火开关无法切断点火线圈初级电路。

② 火花塞热值偏小或点火提前角偏大，使火花塞中心电极温度偏高等引起部分汽缸炽热点火。

（3）维修思路

如果点火开关旋至断开位置后，发动机虽然不熄火，但是运转状况变化了。例如，运转不稳定，则说明故障是由于发动机部分汽缸炽热点火引起的，应检查点火正时和火花塞是否符合要求，必要时换较大热值的火花塞；否则，如果运转状况没有变化，说明点火开关损坏等导致点火开关无法切断点火线圈初级电路，点火开关可用万用表进行测量或用换件对比的方法进行检查。

任务 4 微机点火系统

采用微机控制点火系统，可使发动机实际点火提前角接近理想点火提前角，在各种运转条件下，点火提前角可获得复杂而精确的控制，使发动机的性能得到进一步改善。

微机控制点火系统分为有分电器的微机控制点火系统和无分电器微机控制点火系统两种。

1. 有分电器微机控制点火系统的组成与工作原理

1）有分电器微机控制点火系统的组成

有分电器的微机控制点火系统由低电压电源、点火开关、计算机控制单元（ECU）、点火控制器、点火线圈、分电器、火花塞和各种传感器等组成，如图 2-40 所示。

（1）传感器

① 空气流量传感器。实物图如图 2-41 所示，在 L 形电控燃油喷射系统中，位于进气管中的空气滤清器与节气门之间，用来测量进入汽缸的空气量，作为发动机的负荷信号，同时也作为点火提前角的基本信号。

② 节气门位置传感器。又称为节气门开度传感器，实物图如图 2-42 所示，用来检测发动机节气门的开度和状态，以电信号的形式输入微机控制单元，微机通过这个信号来判定节气门所处的位置及发动机的工况，依此修正点火提前角。

③ 冷却液温度传感器。实物图及内部结构如图 2-43 所示。它安装在发动机水套上，用来检测发动机冷却液的温度，是修正点火正时的依据之一。

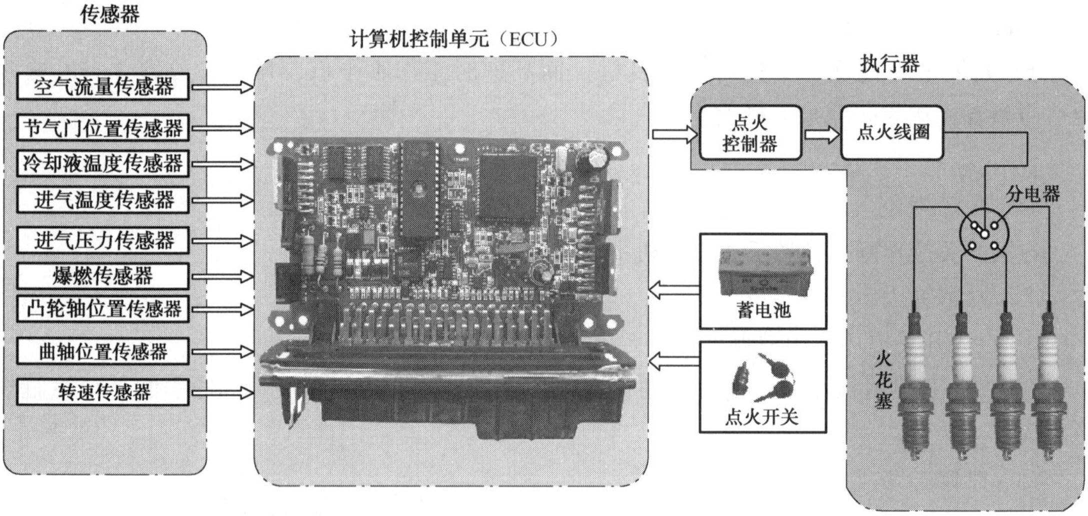

图 2-40　有分电器微机控制点火系统的组成

图 2-41　空气流量传感器

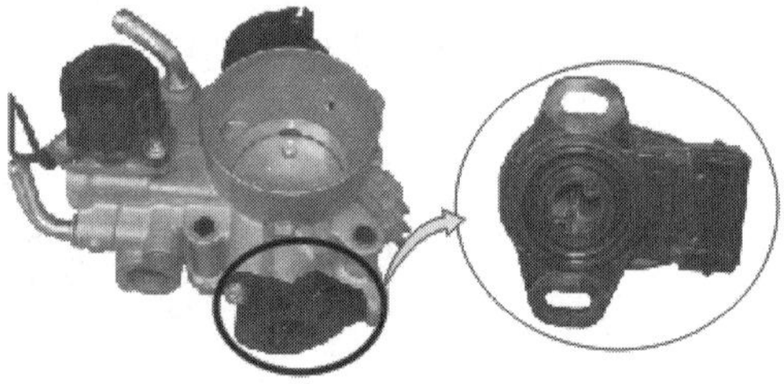

图 2-42　节气门位置传感器

④ 进气温度传感器。实物图如图 2-44 所示，此传感器用来测量发动机的进气温度，以便微机准确计算空气质量，根据此信号对点火提前角进行修正。

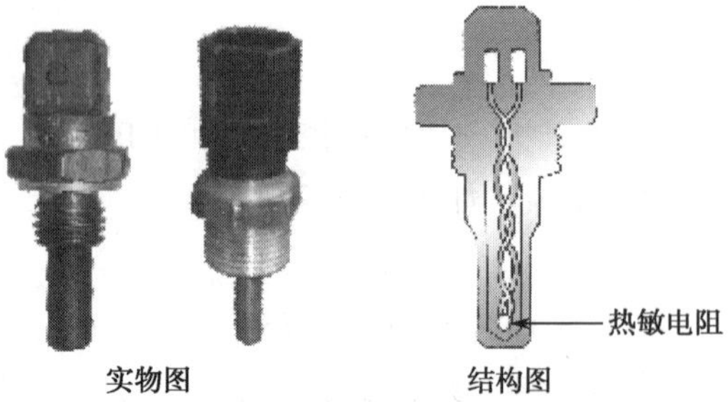

图 2-43　冷却液温度传感器

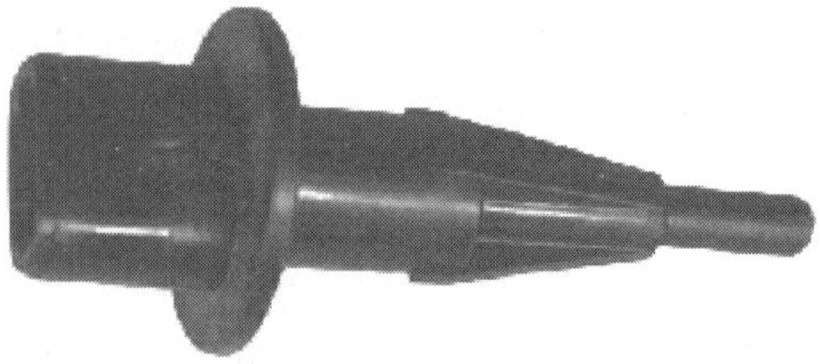

图 2-44　进气温度传感器

⑤ 进气压力传感器。实物图如图 2-45 所示，在 D 形电控燃油喷射系统中，此传感器用来检测发动机的负荷，并将其转换为电信号输入微机，微机以此作为确定点火提前角的基本信号。它一般安装在进气歧管上。

⑥ 爆燃传感器。实物图如图 2-46 所示，爆燃传感器用来检测发动机是否发生爆燃，如果发动机发生爆燃，微机将自动推迟点火时间。

图 2-45 进气压力传感器

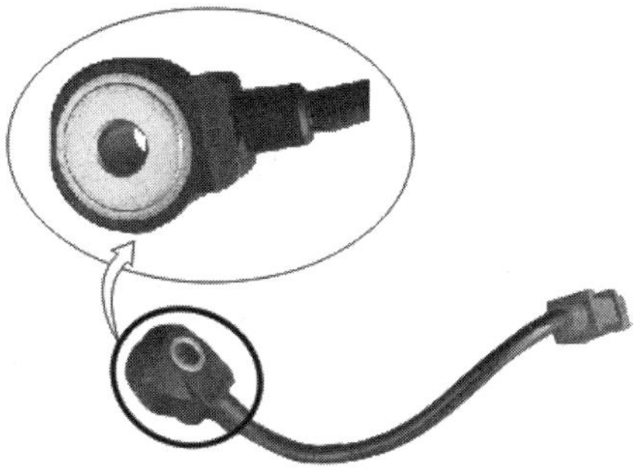

图 2-46 爆燃传感器

⑦ 凸轮轴位置传感器。实物图如图 2-47 所示，该传感器是确定点火基准的传感器。凸轮轴位置和曲轴位置信号是保证 ECU 控制电子点火系统正常工作最基本的信号。

⑧ 曲轴位置传感器和转速传感器。实物图如图 2-48 所示，该传感器可将发动机曲轴转过的角度变换为电信号输入微机，微机通过这个信号计算出曲轴转过的角度，也可以通过此信号计算出曲轴的转速。

图 2-47 凸轮轴位置传感器

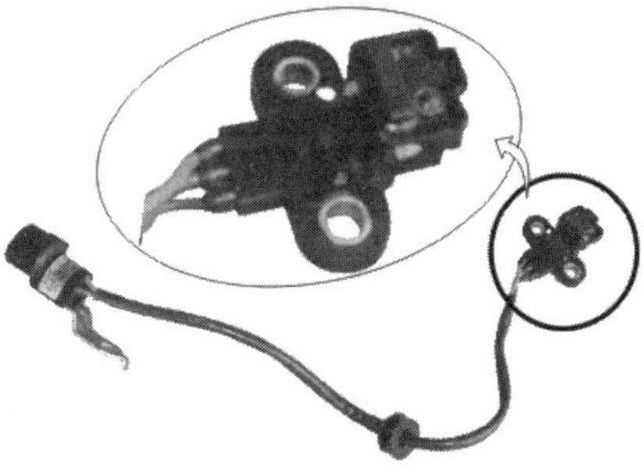

图 2-48 曲轴位置传感器和转速传感器

（2）计算机控制单元（ECU）

ECU 是微机点火系统的核心，在点火系统工作时，接受各种传感器送来的信号，运算、处理后，给点火器输出最佳点火提前角和点火初级电路导通时间的控制信号。ECU 的内部结构如图 2-49 所示。

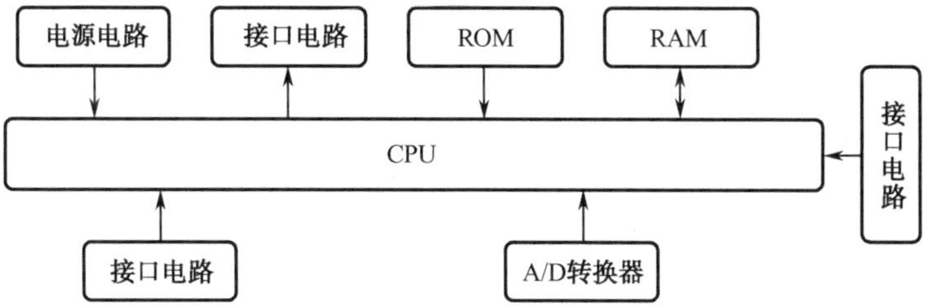

图 2-49 ECU 的内部结构图

（3）点火控制器

点火控制器按 ECU 的指令工作，并对点火信号进行放大，驱动点火线圈工作。同时，向 ECU 反馈点火确认信号，以便进一步控制燃油喷射。点火控制器有的单独安装，有的与点火线圈固定在一起，还有的装在分电器内。

（4）点火线圈

点火线圈多采用闭磁路型式（图 2-50），有的与分电器合为一体，进一步减少了高压损失和无线电干扰。

图 2-50　闭磁路型点火线圈

（5）分电器

分电器取消了机械式的离心提前机构和真空提前机构，主要起分配高压电的功能。

2）有分电器微机控制点火系统的控制内容

有分电器的微机控制点火系统的控制内容主要包括点火提前角的控制、爆燃控制和初级电路导通角的控制等。点火提前角的控制方式有开环控制方式和闭环控制方式两种。

（1）点火提前角的控制

微机控制点火系统的点火提前角由初始点火提前角、基本点火提前角和修正点火提前角三部分组成。

点火提前角：是指从火花塞发出电火花，到该缸活塞运行至压缩上止点时曲轴转过的角度。

初始点火提前角：是指曲轴位置传感器在发动机上固定后，由曲轴位置传感器的信号转子和曲轴的相对位置决定的点火提前角。一旦曲轴位置传感器在发动机上固定，初始点火提前角就相应确定。

基本点火提前角：是指在初始点火提前角的基础上，计算机控制单元根据发动机转速和负荷大小自动使点火提前角进一步增大，增大的部分就是基本点火提前角。

修正点火提前角：是指计算机控制单元根据发动机冷却液温度、节气门开度、爆燃传感器信号、氧传感器信号等参数确定出的点火提前角修正量，确定实际的最佳点火提前角。

① 启动时点火提前角的控制

在发动机启动过程中，发动机转速变化大，且由于转速较低（一般低于 500r/min），进气歧管绝对压力传感器信号或空气流量计信号不稳定，点火提前角一般固定在设定的初始点火提前角。此时发动机主要根据启动开关信号、曲轴位置和转速信号确定点火提前角对应的点火时刻。

② 启动后点火提前角的控制

发动机启动后怠速运转时，ECU 根据发动机转速和负荷（进气流量或进气歧管绝对压力和怠速时的空调开关信号通断）信号，从存储器的标定数据中确定出相应的基本点火提前角，再根据冷却液温度传感器、爆燃传感器等输入的信号从存储器的标定数据中确定相应的修正点火提前角，最后得出实际点火提前角（图 2-51），即实际点火提前角=初始点火提前角+基本点火提前角+修正点火提前角。

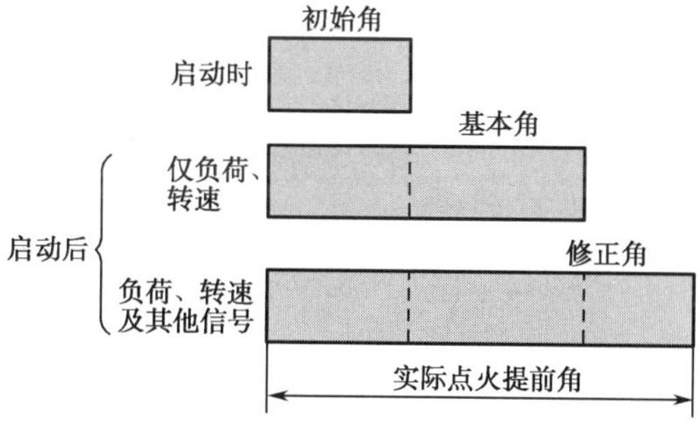

图 2-51 实际的点火提前角

（2）爆燃控制

发动机工作在临近爆燃或有轻微爆燃的情况下，其热效率最高，动力性和经济性最好。但严重的爆燃会使发动机的动力性和经济性严重恶化。控制爆燃直接而有效的手段是控制点火提前角，因此利用点火提前角的闭环控制可使发动机工作在爆燃的边缘，提高发动机的动力性和经济性。

带有爆燃控制的点火提前角闭环控制和系统框图如图 2-52 所示。安装在发动机汽缸体或缸盖上的爆燃传感器用来检测发动机是否爆燃。发动机工作期间，如果发生爆燃，传感器便发出电信号，ECU 接收到发动机爆燃信号后，便推迟点火提前角，直至爆燃消失；爆燃消失后，ECU 又将点火提前角逐渐提前，直至爆燃再次发生，如此反复调整，使发动机工作在爆燃的边缘。

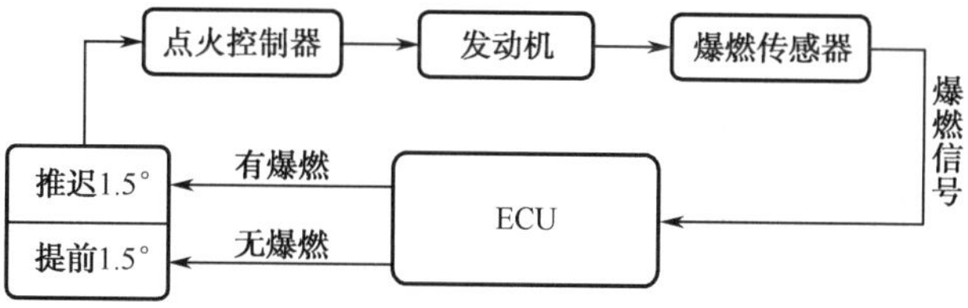

图 2-52 爆燃控制过程

（3）初级电路导通角的控制

① 初级电流值与接通时间的关系

对于电感储能式电控点火系统，当点火线圈的初级电路被接通后，其初级电流是按指数规律增长的。初级电路被断开瞬间，初级电流所能达到的值（即断开电流）与初级电路接通的时间长短有关，只有通电时间达到一定值时，初级电流才可能达到饱和。由于断开电流影响次级电压最大值（成正比关系），次级电压的高低又直接影响点火系统工作的可靠性，因此在发动机工作时，必须保证点火线圈的初级电路有足够的通电时间。但如果通电时间过长，点火线圈又会发热并增大电能消耗。要兼顾上述两方面的要求，就必须对点火线圈初级电路的通电时间进行控制。

② 蓄电池电压变化的影响

当蓄电池的电压变化时，也将影响初级电流。如蓄电池电压下降时，在相同的通电时间里初级电流所达到的值将会减小。因此，还必须根据蓄电池电压对通电时间进行修正。通电时间的蓄电池电压修正曲线如图 2-53 所示。

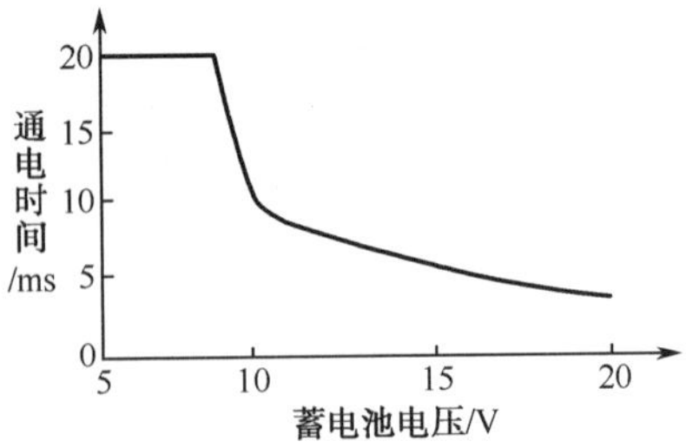

图 2-53　通电时间的蓄电池电压修正曲线

③ 通电时间的控制方法

在现代电控点火系统中，用灵敏可靠的传感器（凸轮轴/曲轴位置传感器）和晶体管开关，取代了传统点火系统中的断电器和分电器中的凸轮，甚至无分电器，点火线圈初级电路的通电时间由 ECU 控制。闭合角（通电时间）控制模型存储在 ECU 内，发动机工作时，ECU 根据发动机转速信号（Ne 信号）和电源电压信号确定最佳的闭合角（通电时间），并向点火器输出指令信号（IGt 信号），以控制点火器中晶体管的导通时间。随发动机转速提高和电源电压下降，闭合角（通电时间）增长。

2. 无分电器微机控制点火系统的组成与工作原理

无分电器微机控制点火系统又称直接点火系统。无分电器电控点火系统用电子控制装置取代了分电器，利用电子分火控制技术将点火线圈产生的高压电直接送给火花塞进行点火。

1）无分电器微机控制点火系统的组成

无分电器微机控制点火系统的组成框图如图 2-54 所示。与有分电器微机控制点火系统相比，传感器、火花塞的结构基本相同，但是在微机控制单元、点火控制器、点火线圈的结构和原理方面存在一些差异。

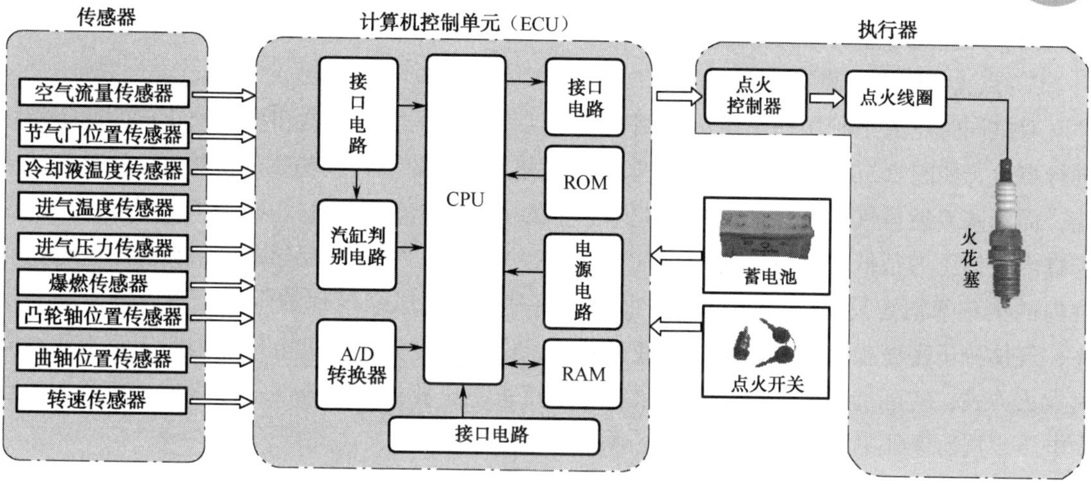

图 2-54 无分电器微机控制点火系统的组成

2）无分电器微机控制点火系统的工作原理

无分电器微机点火系统次级电压的产生过程和点火提前角的控制与有分电器微机点火系统基本相同，不同点主要是高压配电部分。无分电器微机点火系统的高压配电方式有单独点火式、双缸同时点火式两种。其中双缸同时点火又分为点火线圈配电点火和二极管配电点火。

（1）单独点火方式

单独点火是一个缸的火花塞配一个点火线圈，单独向各缸直接点火，如图 2-55 所示，各个单独的点火线圈直接安装在火花塞顶上，这种结构的特点是去掉了高压线，同时也就消除了分电器和高压线所带来的缺陷。各点火线圈的初级绕组分别由点火控制器中的一个大功率管控制，整个点火系统的工作是由电控单元控制。单独点火的点火控制器需要判别点火汽缸后由大功率管控制初级电路的通断。

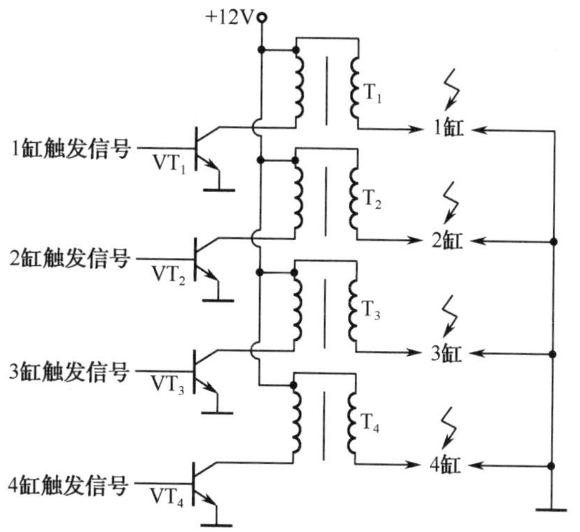

图 2-55 单独点火无分电器原理

（2）双缸同时点火方式

① 点火线圈配电点火

双缸同时点火是利用一个点火线圈同时对活塞接近压缩上止点和排气上止点的两个汽缸进行点火，如图 2-56 所示。其中，活塞接近压缩上止点的汽缸火花塞产生的电火花是有效火花，而活塞接近排气上止点的汽缸火花塞产生的电火花是无效火花。处于排气行程的汽缸由于缸内气体压力很低，并且这时混合气体处于后燃末期，气体中有导电离子存在，使得这一缸内的火花塞很容易跳火，能量损失很少。而对于处在压缩行程的汽缸，由于缸内压力很高，气体分子密度很大，要使该缸火花塞跳火，必须有足够的点火电压。因此，对于双缸同时点火方式，实际加在压缩行程汽缸火花塞的点火电压要远高于排气行程汽缸火花塞上的点火电压，从而保证了压缩行程汽缸火花塞的正常跳火。

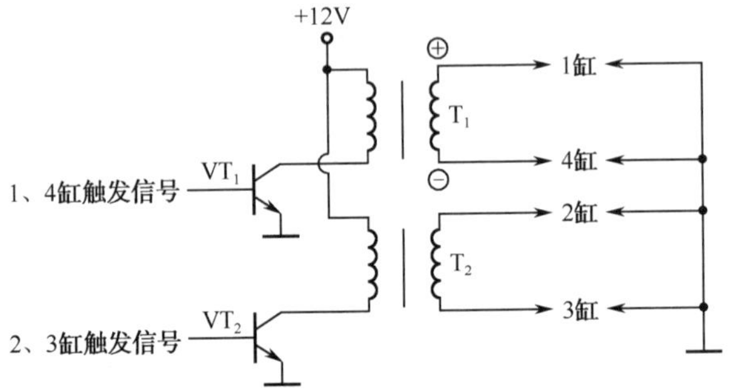

图 2-56　双缸同时点火系统原理图

② 二极管配电点火

二极管配电方式是利用二极管的单向导通特性，对点火线圈产生的高压电进行分配的同时点火方式，如图 2-57 所示。其点火线圈有两个初级绕组和一个次级绕组，次级绕组通过 4 个高压二极管与火花塞构成回路。两个初级绕组通电时的电流方向相反，在次级绕组中所产生的高压电动势方向也相反，当一个初级绕组断电、在次级绕组中产生高压电动势时，其方向可以使 1、4 缸的二极管导通，使火花塞跳火，而 2、3 缸的二极管截止，其火花塞不能跳火；当另一个初级绕组断电，在次级绕组产生高压电动势时，其方向可以使 2、3 缸的二极管导通，使火花塞放电，1、4 缸的二极管截止，其火花塞不能点火。

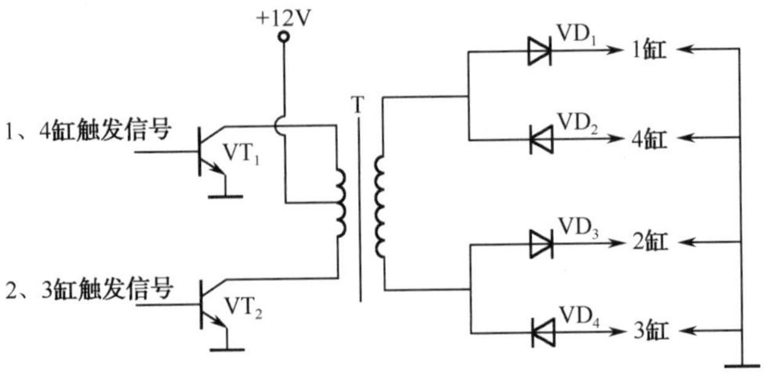

图 2-57　二极管配电点火方式

3. 微机控制点火系统故障诊断与排除

微机点火系统的故障原因除了点火控制器、点火线圈、高压线、配电器（有分电器的微机点火系统）、火花塞发生故障外，还包括各种传感器、电控单元（ECU）及其相关电路连接等。

微机点火系统具有故障自诊断功能，当发动机不能启动或工作异常，怀疑是点火系统故障时，应先利用发动机 ECU 的自诊断功能进行诊断和检查，必要时再进行人工诊断。

所谓发动机 ECU 的自诊断功能，是指发动机 ECU 利用自诊断系统，在发动机工作过程中对电控系统中的传感器、执行器的工作状态进行监视，一旦发现某些信号失常，控制单元会发出信号接通故障指示灯，并将故障信息以代码的形式存储起来。

当点火开关旋至接通位置且不启动发动机，检查发动机警报灯便会亮起（图 2-58）。若警报灯未亮，说明警报灯或其电路有故障，启动发动机后，发动机警报灯应熄灭，若发动机警报灯不熄灭，则说明诊断系统已检测出发动机系统有故障，可利用发动机 ECU 的自诊断功能诊断和检查故障。

1）下面以丰田凯美瑞轿车为例，介绍其诊断步骤

（1）故障码的读取

① 将智能测试仪连接到 DLC3 上，如图 2-59 所示。

图 2-58　丰田卡罗拉发动机警报灯

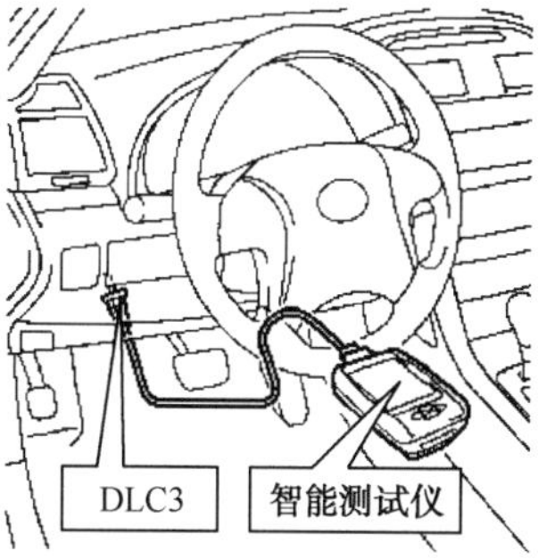

图 2-59　智能测试仪的连接

② 将点火开关转到“ON”位置，打开测试仪。

③ 选择以下菜单项目：Powertrain（传动系）/Engine and ECT（发动机和 ECT）/DTC。

④ 检查 DTC 数据，并将其记录下来。

（2）确定故障

维修人员读出故障码后，可参看维修手册，根据故障码表确定故障部位、故障原因，并排除故障。

（3）路试检查

故障维修完毕后，应进行路试检查。路试中，发动机检查灯应指示正常。

若启动发动机后，发动机报警指示灯不熄灭，说明电控系统仍存在故障，若出现原来的故障，则说明故障部位未能彻底修理好；若出现新的故障码，则说明发生新的故障，需要继

续修理。

（4）故障码的清除

故障彻底排除后，电控系统虽然恢复正常工作，发动机报警指示灯也指示正常，但故障码仍然储存在存储器中，不会自行消除，再读取故障码时，这些故障码会和新的故障码一起显示出来，给诊断维修增加了困难，所以，在彻底排除故障后且发动机报警指示灯也指示正常时，应及时清除故障码。

2）凯美瑞轿车故障码的清除方法如下

（1）使用智能测试仪进行清除

① 将智能测试仪连接到 DLC3 上。

② 将点火开关转到“ON”位置，打开测试仪。

③ 选择以下菜单项目：Powertrain（传动系）/Engine and ECT（发动机和 ECT）/DTC/Clear（清除）。

④ 按下“YES”（是）按钮。

（2）手动清除

在不使用智能测试仪的情况下，进行以下操作之一，即可进行清除。

情境三 车辆底盘电控系统

任务1 ABS/ASR/ESP 控制系统

1. ABS

1）ABS 系统的分类

（1）按系统构造分类

按系统构造分类有：整体式 ABS 和分离式 ABS。整体式 ABS 是将制动压力调节器与制动主泵、蓄压器结合在一起形成一个总体，如图 3-1 所示。分离式制动压力调节器自成一体，通过管路与制动主泵相连，如图 3-2 所示。

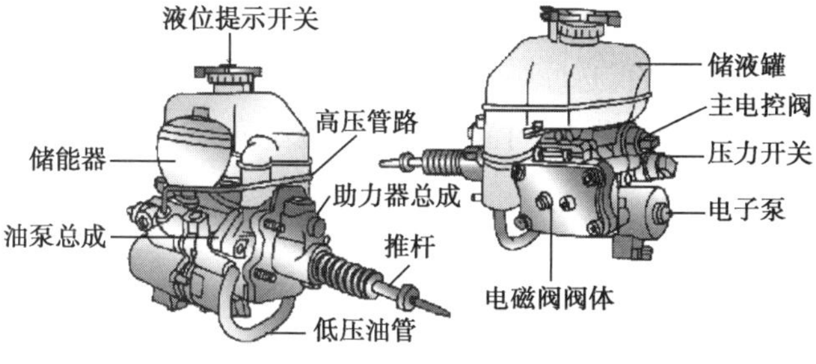

图 3-1 整体式制动压力调节器

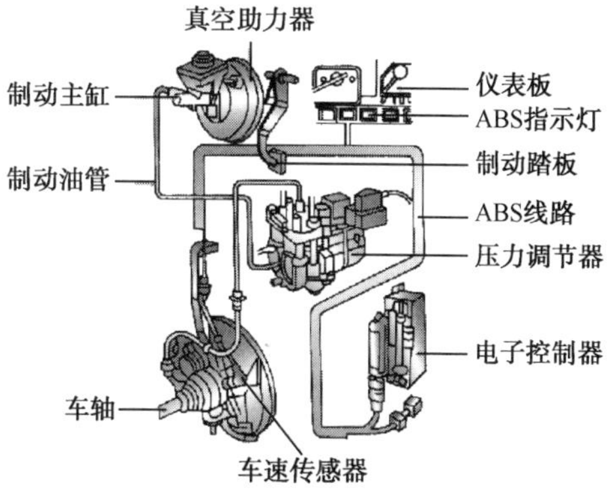

图 3-2 分离式制动压力调节器

（2）按压力调节介质分类

按压力调节介质分类有：液压式 ABS、气压式 ABS、气顶液压式 ABS。液压式 ABS 以液压油控制，液压制动系统广泛应用于轿车和轻型载货汽车上。气压式 ABS 以高压空气控制，气压制动系统主要用于中、重型载货汽车上。气顶液压式 ABS 制动系统兼有气压和液压两种制动系统的特点，应用于部分中、重型汽车上。

（3）按控制参数分类

按控制参数分类有：以车轮减速度为控制参数，以车轮滑移率为控制参数，以车轮减速度和加速度为控制参数，以车轮减速度、加速度和滑移率为控制参数。

（4）按生产厂家分类

按生产厂家分类有：博世（Bosch）ABS 系统、戴维斯（Teves）ABS 系统、德尔科（Delco）ABS 系统和本迪克斯（Bendix）ABS 系统等。

（5）按控制通道分类

按控制通道分类有：四通道、三通道、双通道、单通道。

① 四通道 ABS

四通道 ABS 有四个轮速传感器，在通往四个车轮制动分泵的管路中，各设一个制动压力调节器装置，进行独立控制，构成四通道控制形式。其布置形式如图 3-3 所示。

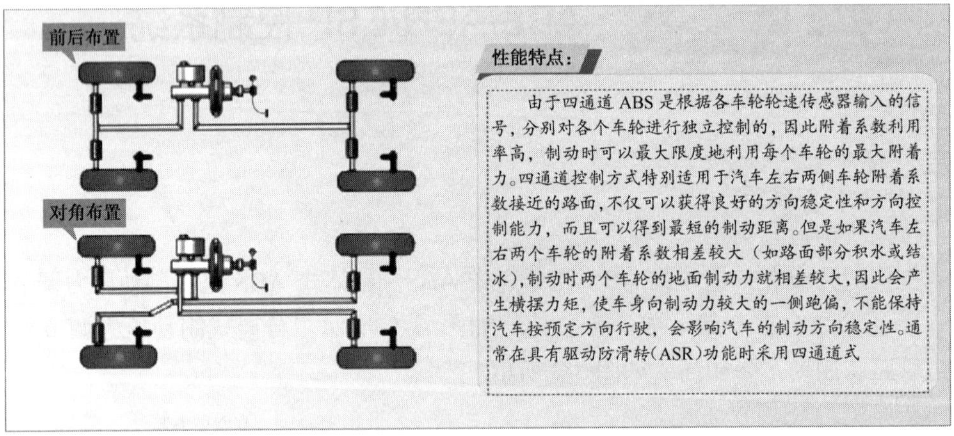

图 3-3　四通道四传感器的布置形式

② 三通道 ABS

三通道 ABS 是对两前轮进行独立控制，两后轮按低选原则进行一同控制（即两个车轮由一个通道控制，以保证附着力较小的车轮不抱死为原则），也称混合控制。其布置形式如图 3-4 所示。

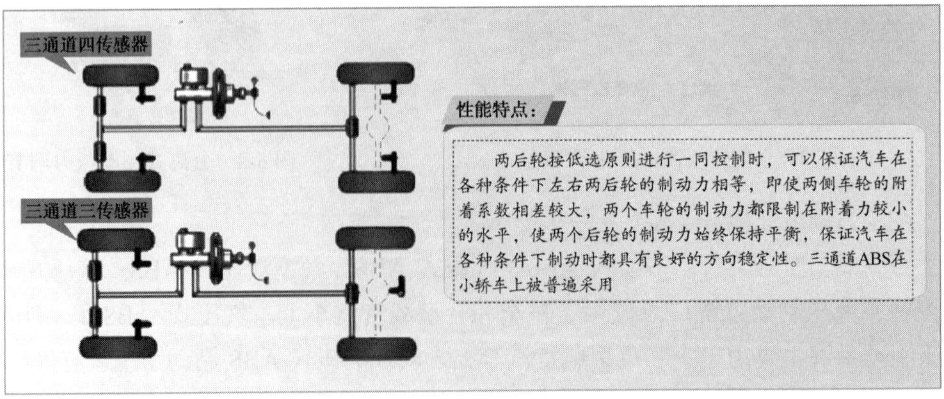

图 3-4　三通道式 ABS 布置形式

③ 双通道 ABS

双通道 ABS 的布置形式有：双通道四传感器式（图 3-5）、双通道三传感器式、双通道二传感器式。双通道 ABS 难以在方向稳定性、转向控制性和制动效能各方面得到兼顾，目前采用很少。

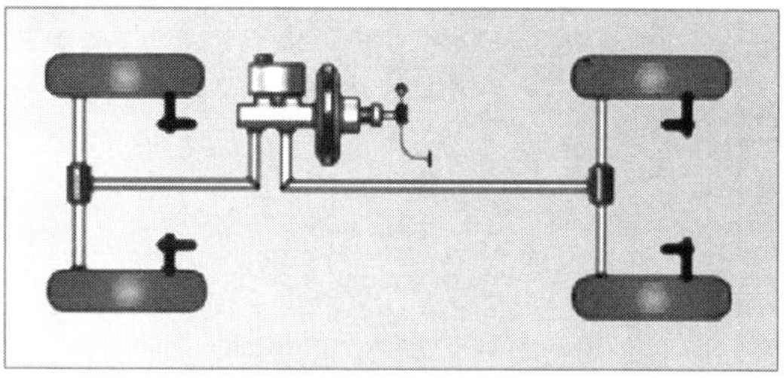

图 3-5 双通道四传感器的布置形式

④ 单通道 ABS

单通道 ABS 是在后轮制动器总管中设置一个制动压力调节器，在后桥主减速器上安装一个轮速传感器，布置形式如图 3-6 所示。

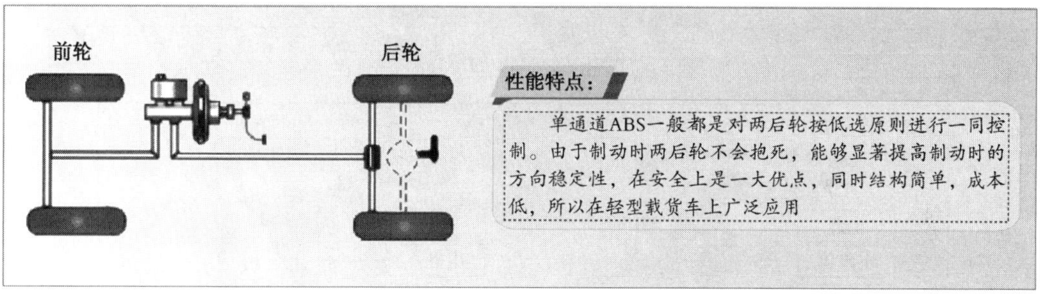

图 3-6 单通道—传感器 ABS

2）ABS 的结构与工作原理

ABS 通常由输入信号元件、电控单元 ECU 和输出执行元件等组成，如图 3-7 所示。

（1）输入信号元件

ABS 的输入信号元件主要包括轮速传感器、制动开关、手制动/制动液面开关和电机/电磁阀的监控电路。

① 轮速传感器

轮速传感器的功用是检测车轮的速度，并将速度信号输入 ABS 的电控单元。目前，用于 ABS 系统的速度传感器主要有电磁式和霍尔式两种。

a. 电磁式轮速传感器

● 结构

电磁式轮速传感器由永磁体、极轴和感应线圈等组成，极轴头部结构有凿式和柱式两种，如图 3-8 所示。

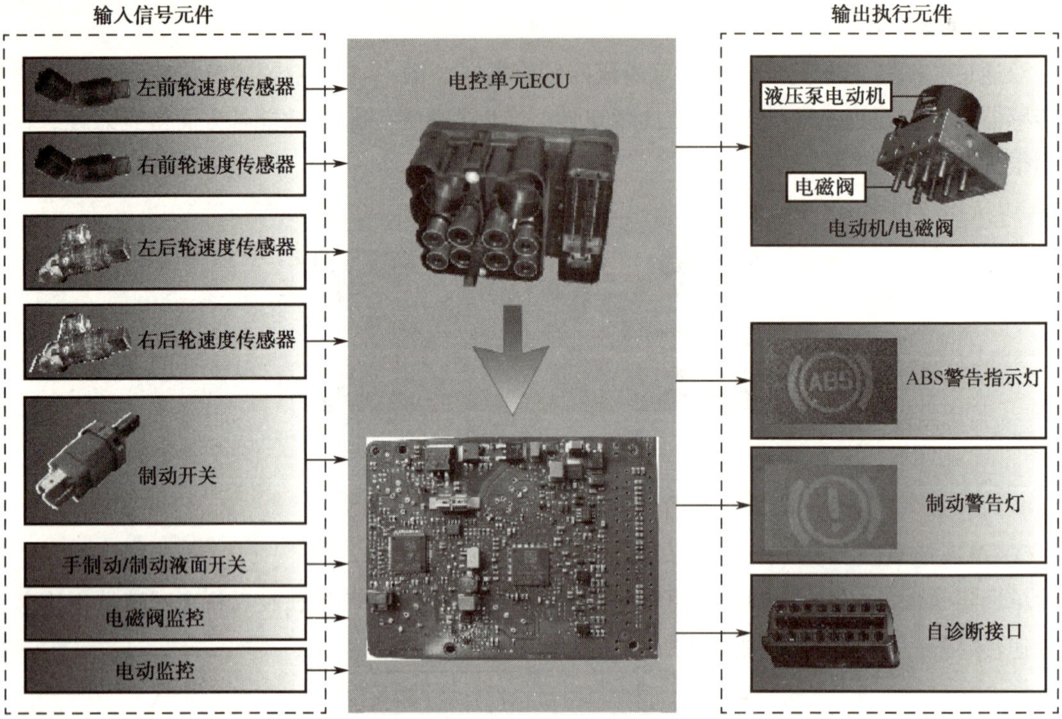

图 3-7　ABS 的组成

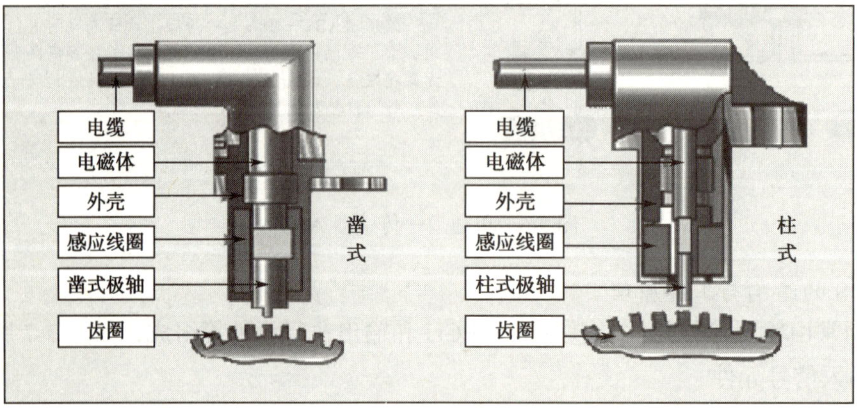

图 3-8　电磁式轮速传感器结构图

● 工作原理

如图 3-9 所示的齿圈旋转时，齿顶和齿隙交替对向极轴。在齿圈旋转过程中，感应线圈内部的磁通量交替变化从而产生感应电动势，此信号通过感应线圈末端的电缆输入 ABS 的电控单元。当齿圈的转速发生变化时，感应电动势的频率也变化。ABS 电控单元通过检测感应电动势的频率来检测车轮转速。

● 电磁式轮速传感器的优缺点

电磁式轮速传感器的优点：结构简单、成本低。

电磁式轮速传感器的缺点：

- 其输出信号的幅值随转速的变化而变化。若车速过慢，其输出信号低于 1V，电控单元就无法检测。
- 响应频率不高。当转速过高时，传感器的频率响应跟不上。
- 抗电磁波干扰能力差。

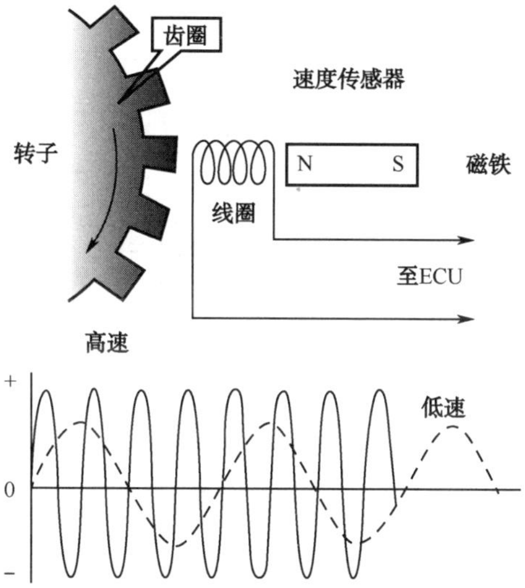

图 3-9 电磁感应式轮速传感器的工作原理

b. 霍尔式轮速传感器

- 结构

霍尔式轮速传感器也是由传感头和齿圈组成。传感器头由永磁体、霍尔元件和电子电路等组成，永磁体的磁力线穿过霍尔元件通向齿轮，如图 2-10 所示。

- 工作原理

当齿轮位于图 3-10（a）中所示位置时，穿过霍尔元件的磁力线分散，磁场相对较弱；而当齿轮位于图 3-10（b）中所示位置时，穿过霍尔元件的磁力线集中，磁场相对较强。齿轮转动时，使得穿过霍尔元件的磁力线密度发生变化，因而引起霍尔电压的变化，霍尔元件将输出一个毫伏（mV）级的正弦波电压。

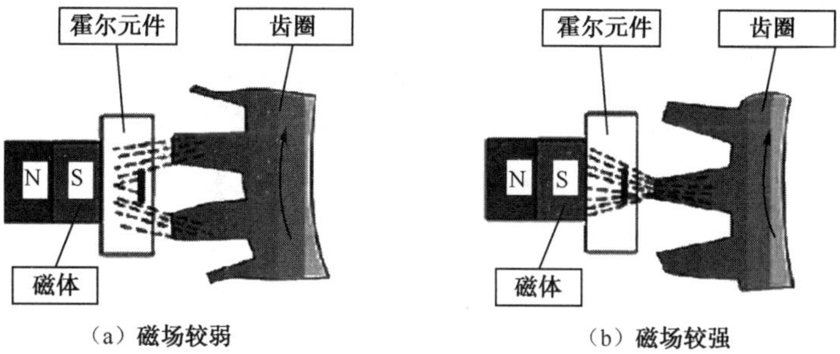

图 3-10 霍尔式转速传感器工作原理示意图

霍尔轮速传感器的优点：

- 输出信号电压幅值不受转速的影响。
- 频率响应高。
- 抗电磁波干扰能力强。

c. 轮速传感器的安装

轮速传感器的安装形式如图 3-11 所示，安装实例如图 3-12、图 3-13 所示。

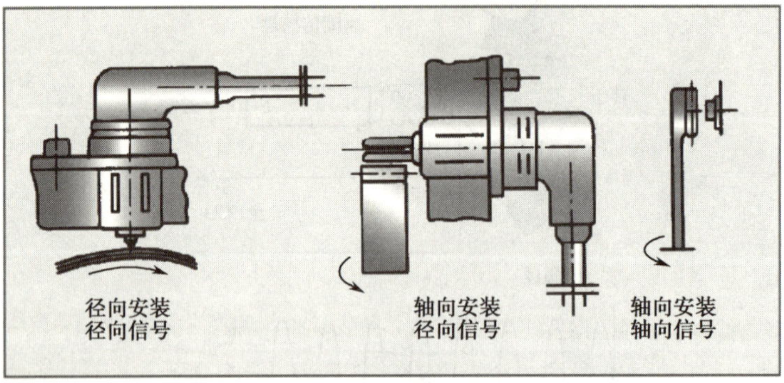

图 3-11　车轮轮速传感器的安装形式

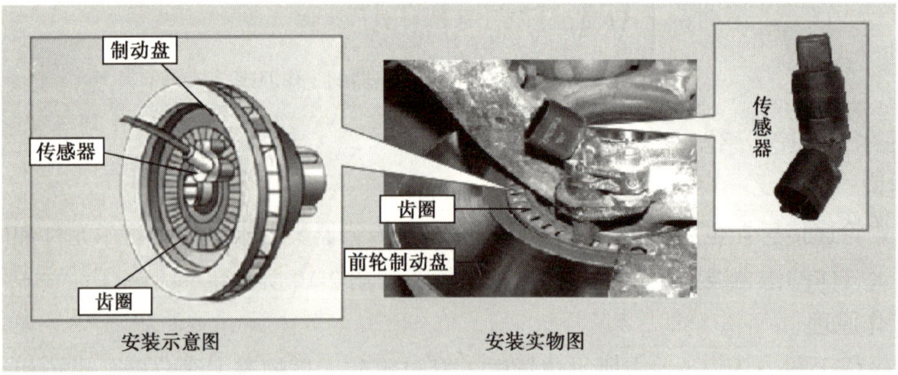

图 3-12　前轮速度传感器的安装位置

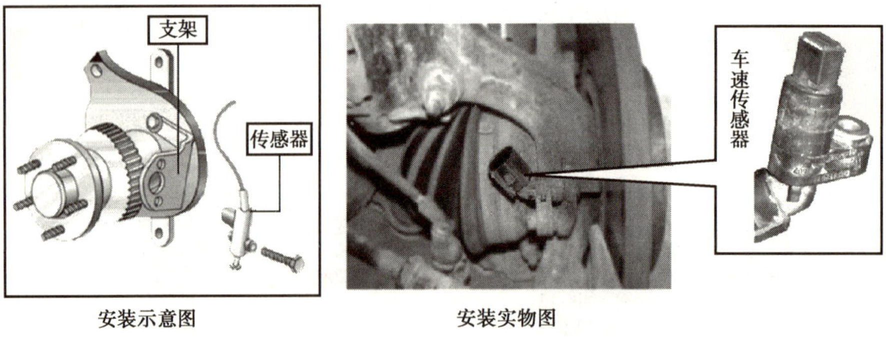

图 3-13　后轮速度传感器的安装位置

② 减速度传感器

四轮驱动汽车的 ABS 中有一种减速度传感器（也称 G 传感器），如图 3-14 所示。

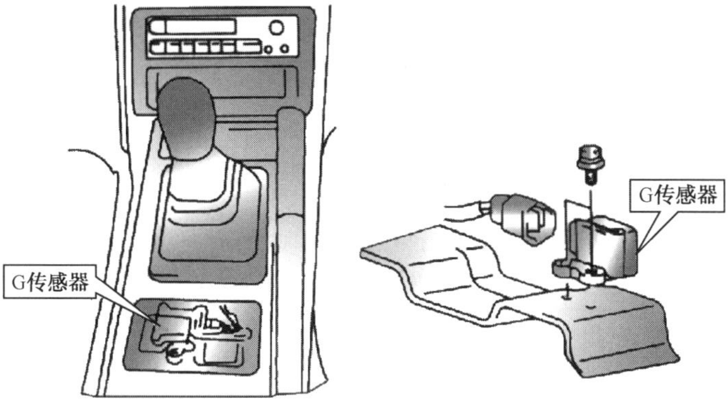

图 3-14 汽车减速度传感器

减速度传感器的作用是：检测汽车的减速度大小，并转换为电信号输入 ABS ECU，以便判别路面是否为雪路、冰路等易滑路面。

减速度传感器有水银式、光电式、差动变压器式和半导体式等。下面以水银式减速度传感器作一介绍。

水银式减速度传感器的结构如图 3-15 所示，由玻璃管和水银组成。

当汽车在低附着系数路面上制动时，汽车减速度小，水银在玻璃管内基本不动，传感器电路接通，如图 3-15（b）所示，ABS ECU 便按低附着系数路面上的控制程序控制制动系统工作。

当汽车在高附着系数路面上制动时，汽车减速度大，传感器玻璃管内的水银在惯性力作用下前移，传感器电路断开，如图 3-15（c）所示，ABS ECU 便按高附着系数路面上的控制程序控制制动系统工作。

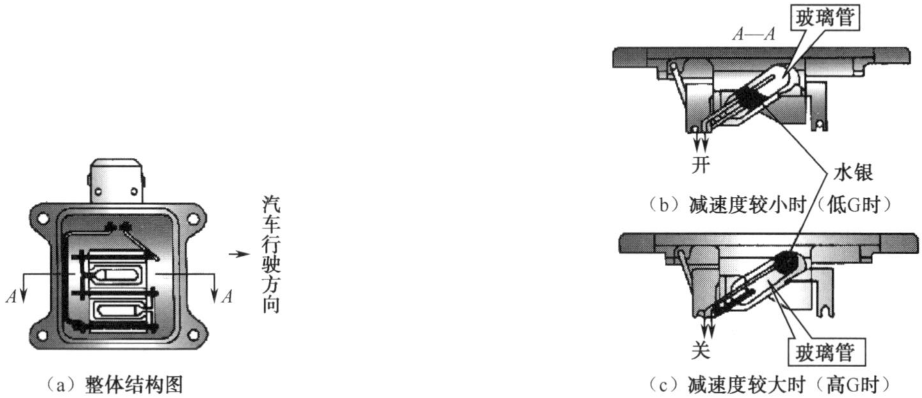

图 3-15 水银式减速度传感器结构

③ 制动开关

制动开关的安装位置如图 3-16 所示。

制动开关装在制动踏板上部，踩下制动踏板时，制动开关导通，给制动灯送电，制动灯点亮，同时将制动信号送到 ABS 电脑。

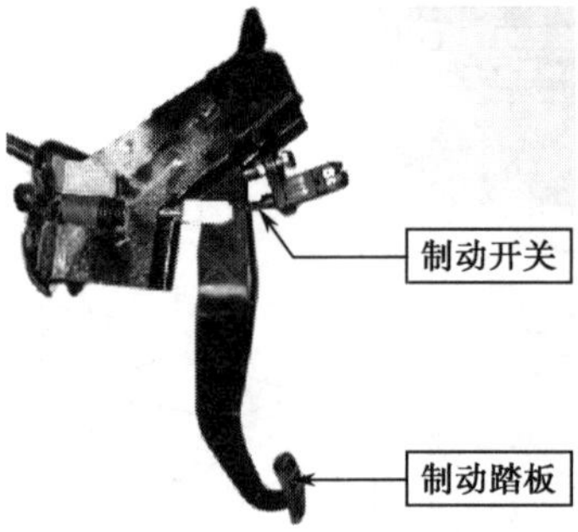

图 3-16　制动开关安装位置

制动信号对于 ABS 电脑来说是必需的。制动信号送到 ABS 电脑，表明制动系统开始工作，车轮随时可能出现抱死，接到该信号后，ABS 电脑进入准备工作状态。如果制动开关损坏或者制动灯保险丝烧断，制动信号送不到 ABS 电脑，这时如果车轮抱死，ABS 电脑会产生车轮意外抱死的故障码，同时 ABS 警告灯点亮，ABS 失去作用。

④ 手制动/制动液面开关

手制动开关和制动液面开关产生同一个信号。手制动开关和制动液面开关的安装位置如图 3-17 所示。

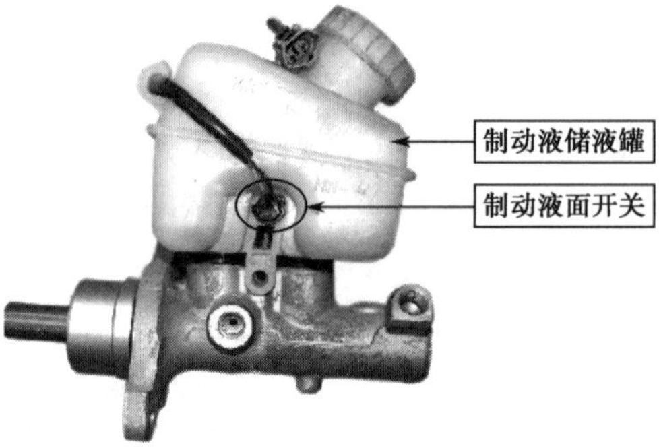

图 3-17　手制动开关和制动液面开关的安装位置

当拉起手制动或制动液液面不足时，仪表板上的手制动指示灯亮起，同时这个信号送到 ABS 电脑。如果该信号持续一定的时间，ABS 电脑将控制 ABS 失效。电脑停止工作的同时点亮黄色的 ABS 故障警告灯。在这种情况下，红色故障灯比黄色故障灯先亮。

（2）电控单元 ECU

ECU 由车速传感器的输入放大电路、运算电路、电磁阀控制电路、稳压电源、电源监控电路、故障反馈电路和继电器驱动路等组成，内部结构如图 3-18 所示。

① 轮速传感器的输入放大电路

安装在各车轮上的轮速传感器根据轮速输出交流信号，输入放大电路将交流信号放大成矩形波并整形后送往运算电路。

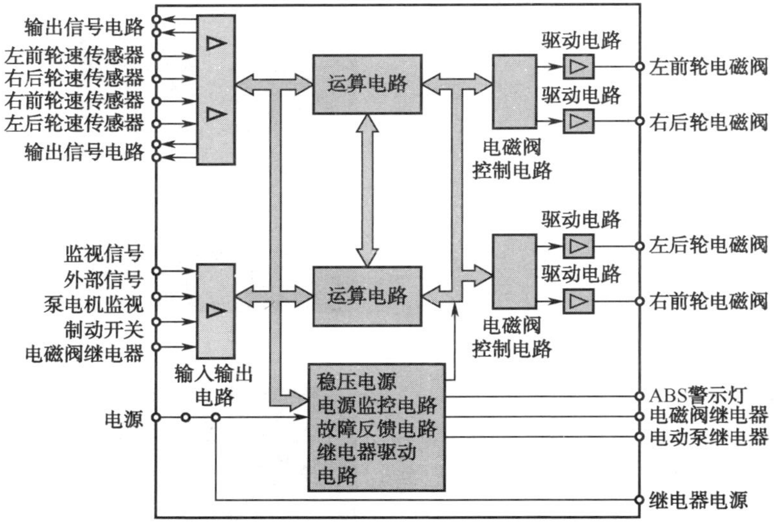

内部结构图

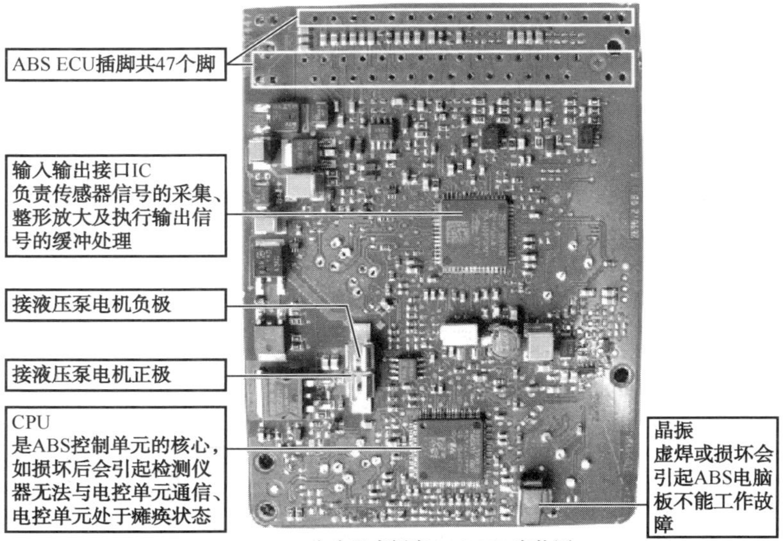

大众宝来轿车ABS ECU实物图

图3-18　ABS ECU的内部结构

不同的 ABS 系统中轮速传感器的数量是不一样的。每个车轮都装轮速传感器时，需要 4 个，输入放大电路也就要求有 4 个。当只在左右前轮和后轴差速器安装轮速传感器时，只需要 3 个，输入放大电路也就成了 3 个。但是，要把后轮的一个信号当作左、右轮的两个信号送往运算电路。

② 运算电路

运算电路主要进行车轮线速度、初始速度、滑移率、加减速度的运算，以及电磁阀的开启控制运算和监控运算。

安装在车轮上的传感器齿圈随着车轮旋转，轮速传感器便输出信号，车轮线速度运算电路接收信号并计算出车轮的瞬时线速度，再把初始速度和瞬时线速度进行比较运算，则得出滑移率及加减速度。电磁阀开启控制运算电路根据滑移率和加减速度控制信号，对电磁阀控制电路输出减压、保压或增压的信号。

③ 电磁阀控制电路

接收来自运算电路的减压、保压或增压信号，控制电磁阀的电流。

④ 稳压电源、电源监控电路、故障反馈电路和继电器驱动电路

在蓄电池供给 ECU 内部所用 5V 稳压电压的同时，上述电路监控着 12V 和 5V 电压是否在规定范围内，并对轮速传感器输入放大电路、运算电路和电磁阀控制电路的故障信号进行监视，控制着电动机继电器和电磁阀。出现故障信号时，关闭电磁阀，停止 ABS 工作，返回常规制动状态，同时仪表盘上的 ABS 警报灯变亮，让驾驶员知道有异常情况发生。

⑤ 安全保护电路

ECU 的安全保护电路具有故障状态外部显示功能。系统发生故障时，点亮仪表盘上的 ABS 警报灯，提示整个系统处于故障状态；同时停止 ABS 工作，恢复常规制动状态。

（3）输出执行元件

输出执行元件主要有故障指示灯、电动机、电磁阀等。

① 故障指示灯

ABS 系统带有两个故障指示灯，一个是红色制动故障指示灯，另一个是琥珀色（黄色）ABS 故障指示灯，如图 3-19 所示。

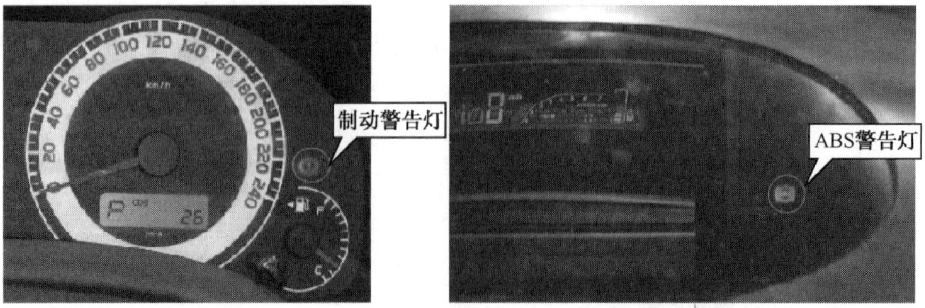

卡罗拉轿车制动警告灯　　威驰轿车ABS警告灯

图 3-19　故障指示灯

两个故障指示灯正常闪亮的情况如下：

当点火开关打开时，红色制动灯与琥珀色 ABS 灯几乎同时亮，制动灯亮的时间较短，ABS 灯会亮得长一些（约 3s）；启动汽车发动机后，蓄压器要建立系统压力，此时两灯会再亮一次，时间可达十几秒甚至几十秒钟。红色制动灯在停车驻车制动时也应亮。如果在上述情况下灯不亮，就说明故障指示灯本身及线路有故障。

琥珀色 ABS 故障指示灯常亮，说明电控单元发现 ABS 系统中有问题，要及时检修。

② 电动机

ABS 泵电动机是一个高压泵（图 3-20），它可在短时间内将制动液加压到 14 ~ 18MPa，并给整个液压系统提供高压制动液体。

③ 电磁阀

ABS 电磁阀有三位电磁阀和两位电磁阀两种。

a. 三位电磁阀

三位电磁阀因为可以有三个工作状态而得名，博世公司的很多 ABS 中使用了三位电磁阀，如图 3-21 所示。当给螺线管通电时，在螺线管路中心产生磁场，磁场强度与线圈匝数和通电电流之积成正比。若线圈带有铁芯，铁芯就会变成磁力很强的磁铁，产生吸引力。电磁阀就是根据这个原理制成的，它由螺线管、固定铁芯和可动铁芯组成。

图 3-20 ABS 泵电动机

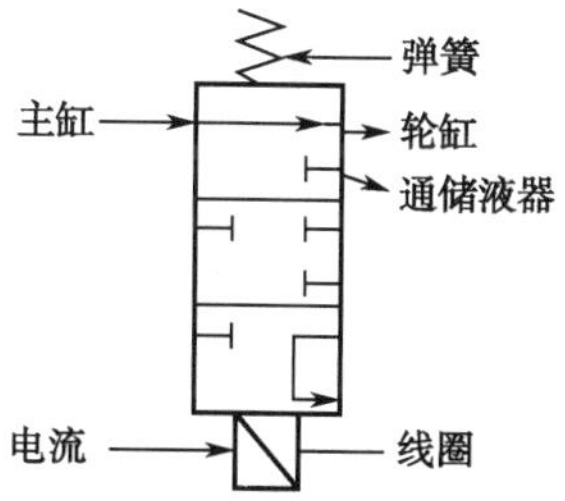

图 3-21 三位电磁阀

三位电磁阀的工作原理：

通过改变螺线管的电流改变磁场力，可以控制两铁芯之间的吸引力，该力与弹簧力方向相反，从而控制了柱塞的位置。如图 3-22 所示，柱塞上设有液体通道，柱塞位置决定了液体通道的开闭。根据电流的大小，可将柱塞控制在三个位置，改变三个阀口之间的通路。

b. 两位电磁阀

两位电磁阀有两个位置，它把柱塞控制在两个位置，改变制动液通路的导通和断开。如果球阀在电磁线圈未通电时处于开启状态，那么就称为两位两通常开电磁阀；如果电磁线圈未通电时，球阀处于关闭状态，那么就称为常闭电磁阀。

两位电磁阀主要由电磁铁机构、球阀、复位弹簧、顶杆、限压阀和阀体等组成，如图 3-23 所示。

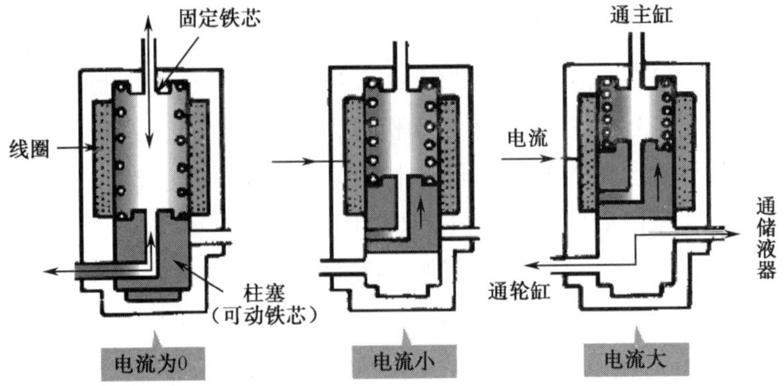

图 3-22　三位电磁阀的动作

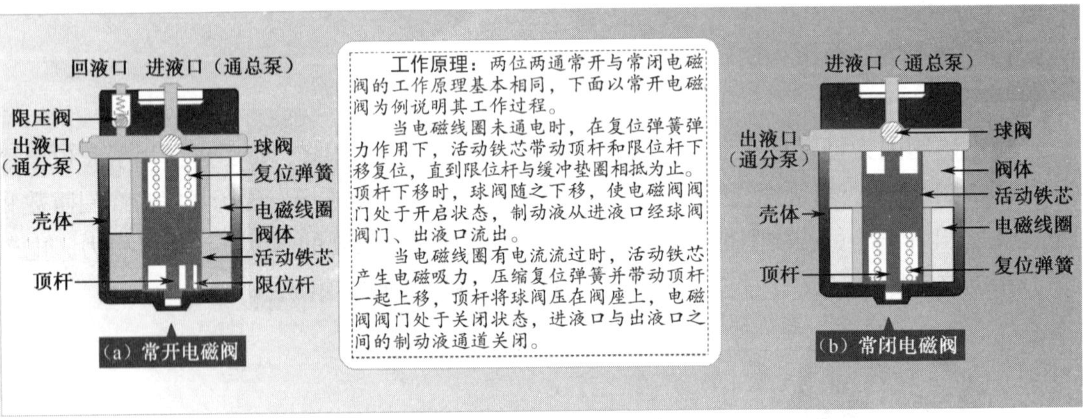

图 3-23　两位两通电磁阀的结构

在常开电磁阀中，设有一根顶杆，顶杆和限位杆与活动铁芯固定在一起，复位弹簧一端压在活动铁芯上，另一端压在与阀体相连的弹簧座上。限压阀的功用是限制电磁阀的最高压力。当制动液压力过高时，限压阀打开泄压，以免压力过高损坏电磁阀。在两位两通常闭电磁阀中，一般不设置限压阀。

④ 液压调节装置

a. 液压调节装置的作用

液压调节器装置的作用是按照电控单元（ECU）发出的控制指令，开闭制动防抱死系统的制动液通道，完成对各轮缸中制动液压力的调节。

b. 液压调节装置的结构

ABS 电动机、电磁阀做成一个总成，合称液压调节装置（图 3-24）。

有的液压调节装置中还包括蓄压器，在蓄压器的内部充有氮气，可存储高压并向制动系统提供高压。蓄压器被一个隔板分成上下两个腔室，上腔室充满了氮气，下腔室充满了来自电动泵的制动液（蓄压器下腔与电动泵泵油腔相通）。要特别注意的是，禁止拆卸、分解蓄压器，因为蓄压器中的氮气在平时有较大的压力（8MPa 左右）。

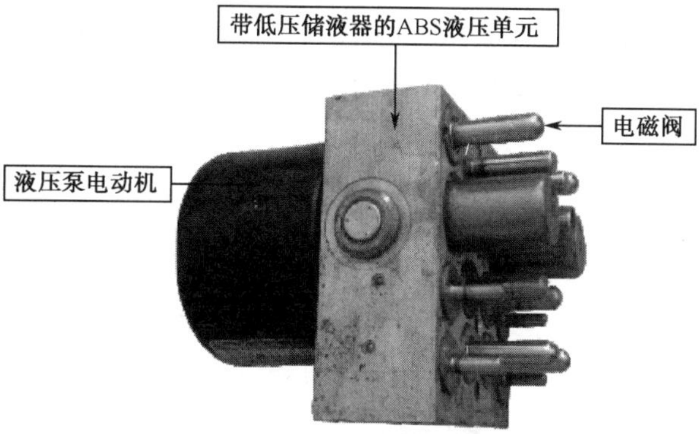

图 3-24 液压调节装置

电动泵给蓄压器下腔泵入制动液，使隔板上移，在蓄压器上腔的氮气被压缩后产生压力，反过来推动隔板下移，会使蓄压器下腔的制动液始终保持 14～18MPa 的压力。在普通制动系统工作的时候（防抱死制动系统没有工作），蓄压器就可提供较大压力的制动液到后轮制动分泵；当防抱死制动系统工作时，加压的制动液可进入前、后轮制动分泵。

c. 典型 ABS 液压调节装置的工作过程

ABS 系统典型的制动液压调节装置有循环式和变容积式。其中循环式又分三位电磁阀循环式和两位电磁阀循环式两种，下面分别介绍其工作过程。

● 三位电磁阀循环式调节装置

这种形式是在汽车原有的制动管路中串联进电磁阀，直接控制压力的增减。

常规制动过程。常规制动时电磁阀不通电，柱塞处于图 3-25 所示的位置，主缸和轮缸是相通的，主缸可随时控制制动压力的增减。这时，电动机也不需要工作。

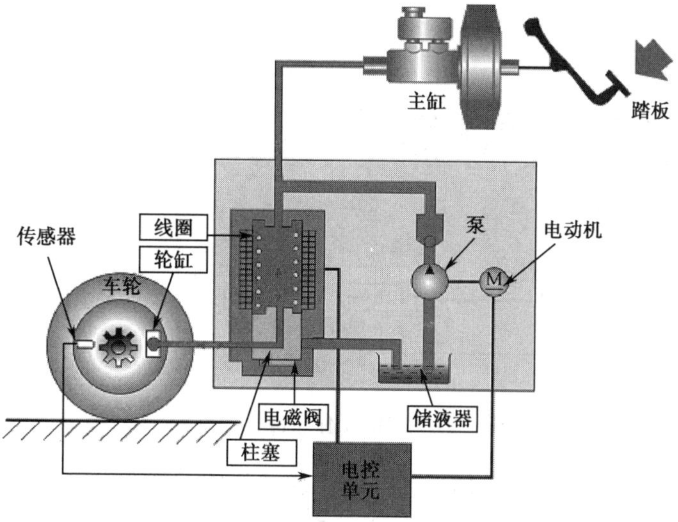

图 3-25 ABS 不工作（常规制动过程）

减压过程。当电磁阀通入较大的电流时，柱塞移至上端，主缸和轮缸的通路被截断，轮缸和液压油箱接通，轮缸的制动液流入液压油箱，制动压力降低。与此同时，驱动电动机启动，带动液压泵工作，把流回液压油箱的制动液加压后输送到主缸，为下一个制动周期做好准备，如图 3-26 所示。

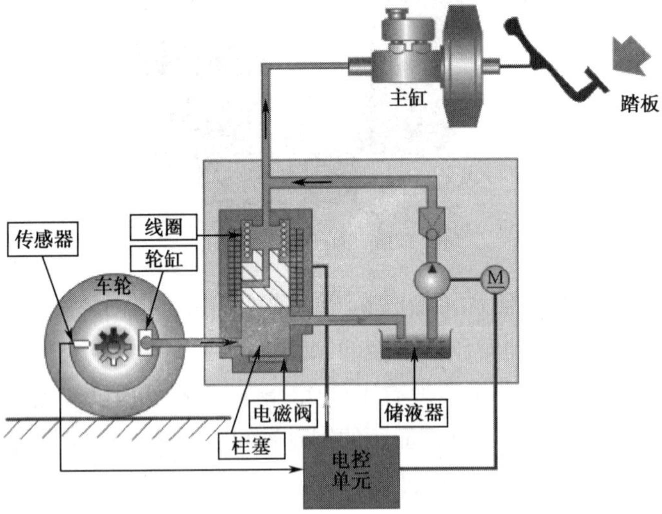

图 3-26　ABS 工作（减压过程）

保压过程。轮缸减压过程中，轮速传感器产生的电压信号较弱，电磁阀通入较小的电流，柱塞移至图 3-27 所示的位置，所有的通道都被截断，保持轮缸的制动压力。

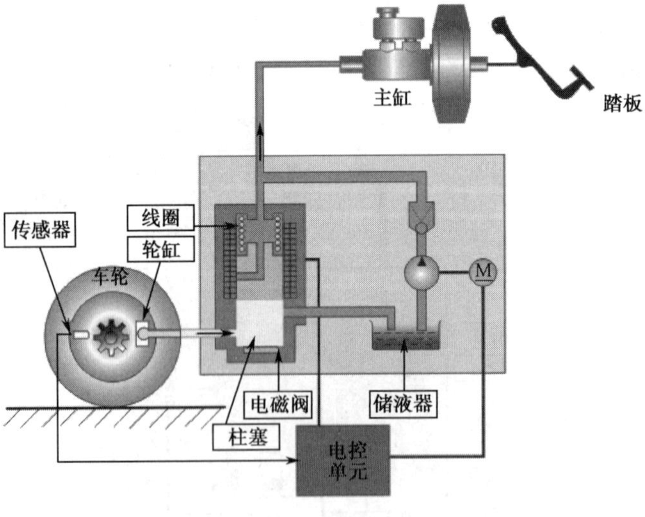

图 3-27　ABS 工作（保压过程）

增压过程。保压过程中，车轮转速趋于零，转速传感器感应的电压也趋于零，电磁阀断电，柱塞又回到图 3-28 所示的初始位置。主缸和轮缸再次相通，主缸端的高压制动液再次进入轮缸，增加了轮缸的制动压力，如图 3-28 所示。车轮又趋于接近抱死状态。

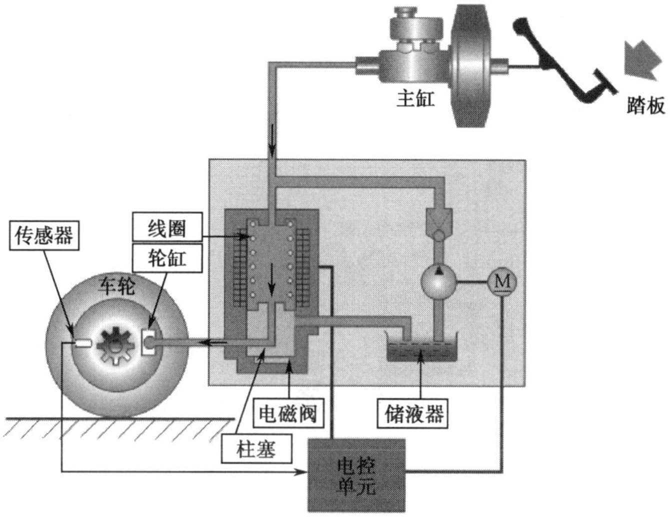

图 3-28 ABS 工作（增压过程）

● 两位电磁阀的循环调节装置

近年来 ABS 广泛使用了两位电磁阀，图 3-29 所示为典型的使用两位电磁阀的 ABS 油路/电路，该 ABS 适用于国产的一汽大众捷达、上海大众桑塔纳、东风日产颐达、广州本田雅阁等车型。

由图 3-29 可知，低压储液罐与电动液压泵合为一体装于液压调节装置上。

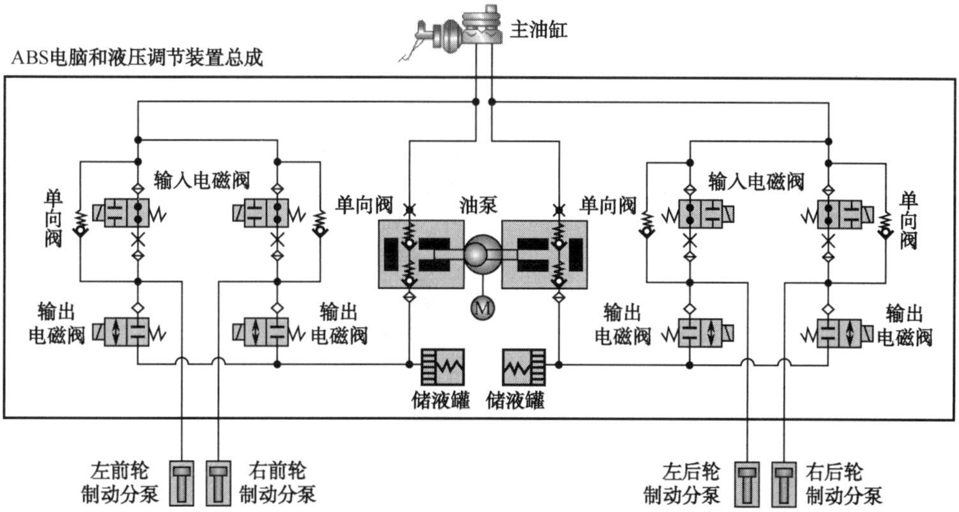

图 3-29 典型的两位电磁阀 ABS 油路/电路图

阀体内共 8 个电磁阀，每个回路一对。不通电的时候，进油阀常开，出油阀常闭。它在制动主泵、制动分泵和回油路之间建立联系，实现压力升高、压力保持和压力降低的功能，防止车轮抱死。

两位电磁阀的工作原理如下：

开始制动阶段（系统油压建立）。开始制动时，驾驶员踩制动踏板，制动主泵产生制动压力，经常开的进油阀到制动分泵。此时出油阀依然关闭，ABS 没有参与控制，整个过程和常规液压制动系统相同，制动压力不断上升，如图 3-30 所示。

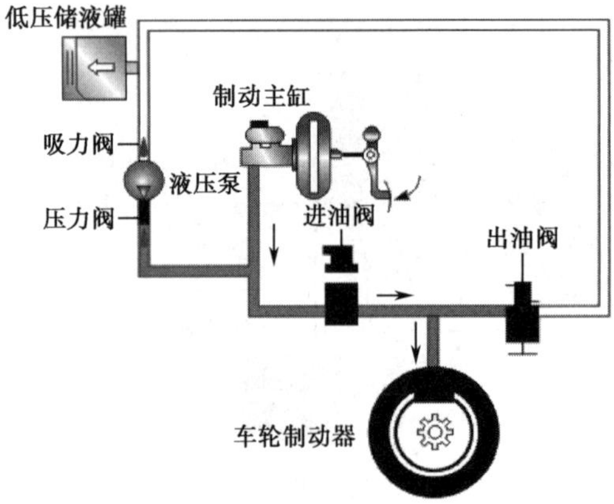

图 3-30　系统油压的建立

油压保持。当驾驶员继续踩制动踏板，油压继续升高到车轮出现抱死趋势时，ABS ECU 发出指令，使进油阀通电并关闭阀门，出油阀依然不带电压仍保持关闭，系统油压保持不变，如图 3-31 所示。

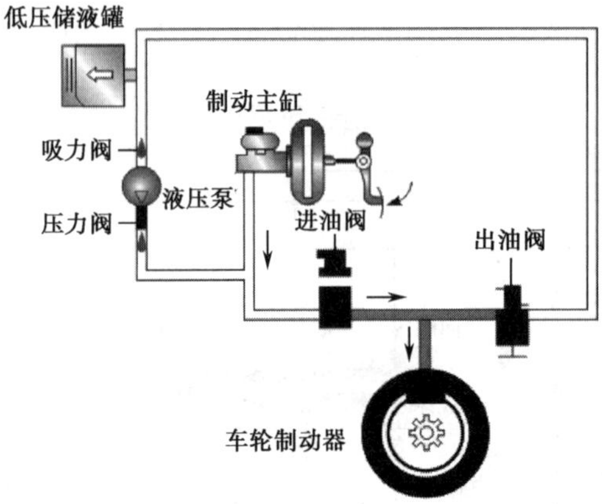

图 3-31　油压保持

油压降低。若制动压力保持不变，车轮有抱死趋势时，ABS ECU 给出油阀通电信号，打开出油阀。系统油压通过低压储液罐降低油压，此时进油阀继续通电保持关闭状态，有抱死趋势的车轮被释放，车轮轮速开始上升。与此同时，电动液压泵开始启动，将制动液由低压储液罐送至制动主泵，如图 3-32 所示。

油压增加。为了使制动最优化，当车轮轮速增加到一定值后，ECU 给出油阀断电信号，关闭此阀门，进油阀同样也不带电而打开，电动液压泵继续工作，从低压储液罐中吸取制动液泵入液压制动系统，如图 3-33 所示。随着制动压力的增加，车轮轮速又降低。这样反复循环地控制（工作频率为 5～6 次/秒），将车轮的滑移率始终控制在 20%左右。

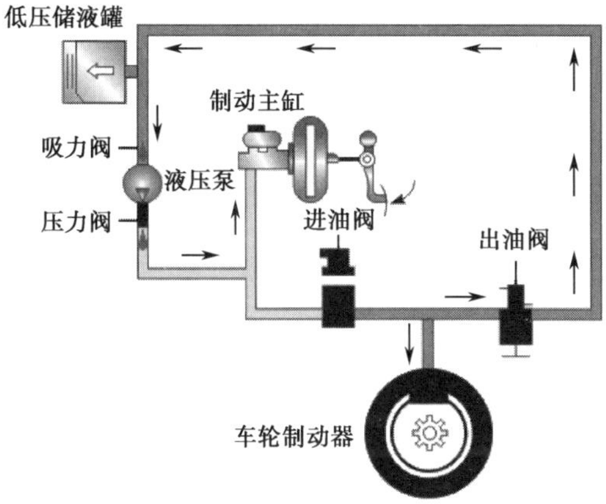

图 3-32 油压降低

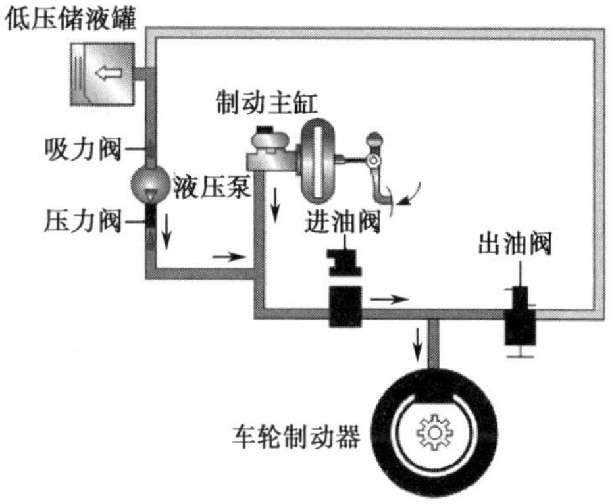

图 3-33 油压增加

如果 ABS 系统出现故障，进油阀始终常开，出油阀始终常闭，使常规液压制动系统继续工作而 ABS 系统不工作，直到 ABS 系统故障排除为止。

● 可变容积式调节器

可变容积式调节器是在汽车原有的制动管路上增加一套液压装置，用它控制制动管路容积的增减，以控制制动压力的变化。可变容积式调节器主要由电磁阀、动力活塞、液压泵、储能器等组成。下面就其工作原理作一说明。

常规制动过程。如图 3-34 所示，动力活塞在弹簧力的作用下被推至最左端，活塞顶端有一推杆顶开单向阀，使主缸和轮缸之间的管路接通。这种状态是 ABS 工作之前或工作之后的常规制动工况，主缸直接控制制动压力的增减。

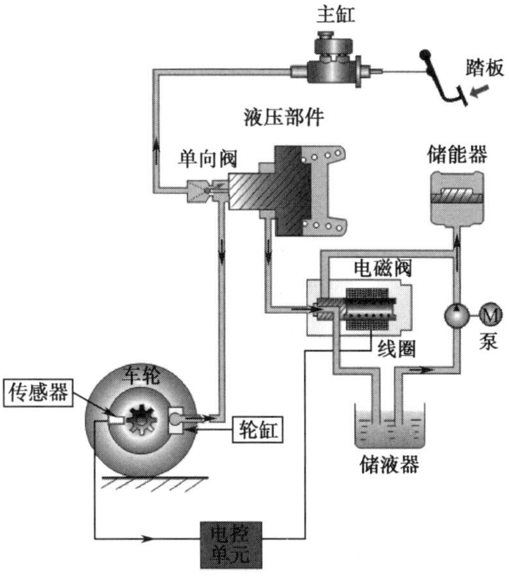

图 3-34 ABS 不工作（常规制动过程）

减压过程。减压过程如图 3-35 所示，电磁阀通入较大的电流，电磁阀内的柱塞移到右边，储能器中储存的高压液体通过管路作用在动力活塞的左侧，产生一个与弹簧力方向相反的作用力。动力活塞右移，单向阀关闭，主缸和轮缸之间的通路被切断。因动力活塞右移而使轮缸侧容积增加，制动轮压力降低，制动压力减少的幅度决定于轮缸侧管路容积的增加量。

保压过程。如图 3-36 所示，给电磁阀通入较小的电流，电磁阀柱塞移到左边，通过电磁阀的所有通路均被切断，动力活塞两端承受的作用力相等。因此动力活塞静止不动，管路容积也不发生变化，从而使轮缸中的制动压力保持不变。

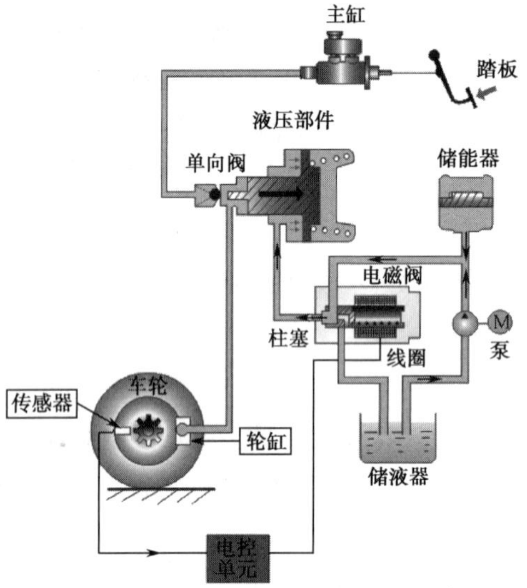

图 3-35　ABS 工作（减压过程）

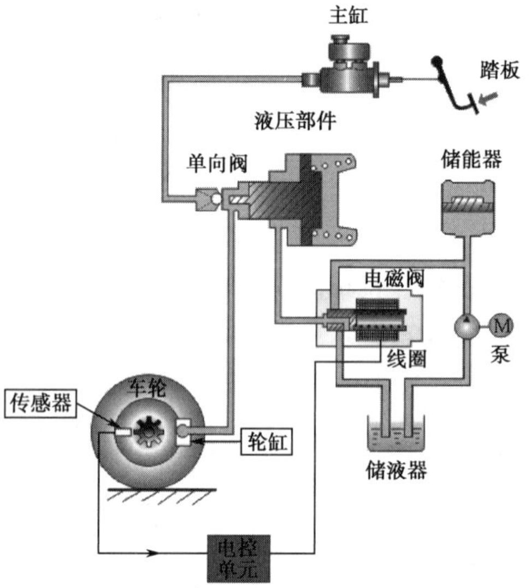

图 3-36　ABS 工作（保压过程）

增压过程。如图 3-37 所示，动力活塞准备左移，将要返回图 3-34 所示的初始位置。这时，由于电磁阀断磁，柱塞回到左端初始位置，作用在动力活塞左侧的高压被解除，制动液泄入液压油箱。动力活塞在其弹簧力的作用下左移，回复到初始位置，单向阀被顶开，主缸与轮缸之间的管路再次接通，主缸的高压制动液重新进入轮缸，使轮缸的压力增高。

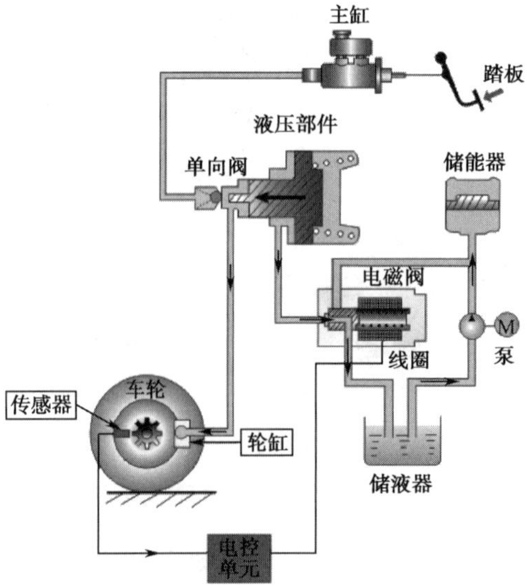

图 3-37　ABS 工作（增压过程）

2）ABS 系统零部件的检修

（1）ABS 系统的泄压

在修理液压控制装置（总成）以前要按一般方法泄压，如果要求用专用仪器和工具进行泄压时，维修手册中会有详细说明。

一般 ABS 泄压的方法是将点火开关关闭（“OFF”位置），然后反复踏制动踏板，踩踏的次数至少在 20 次以上，当感觉到踩踏板的力明显增加，即感觉不到踩踏板的液压助力时，ABS 系统泄压完成。有的 ABS 系统在泄压过程中需踩踏的次数较多，甚至需要 40 次以上。

通常修理下列部件时需要泄压：

① 液压控制单元中的任何装置。

② 蓄压器。

③ 电动泵。

④ 电磁阀体。

⑤ 制动液油箱。

⑥ 压力警告和控制开关。

⑦ 后轮分配比例阀和后轮制动分泵。

⑧ 前轮制动分泵。

⑨ 高压制动液管路。

（2）液压控制单元总成的拆装

除了泄压外，有的 ABS 系统还会要求进行规定的操作，以防修理液压总成时出现伤害人员的情况。下面以捷达轿车 ABS 为例说明修理过程。

① 用手动真空泵将制动液从储液罐中吸出，如图 3-38 所示。

② 拆卸主缸到液压单元的制动管，如图 3-39 所示。

③ 拆卸液压单元到右前制动器的制动管，并将其取出。

④ 拆卸制动总泵。

⑤ 将各制动管从液压单元拆出。

⑥ 拆卸液压控制单元体，如图 3-40 所示。

⑦ 按与拆卸相反的顺序装上液压控制单元总成。

图 3-38 吸出制动液

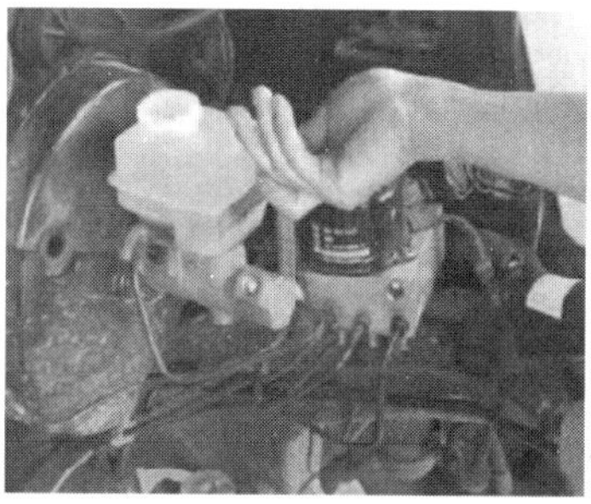

图 3-39 拆卸制动管

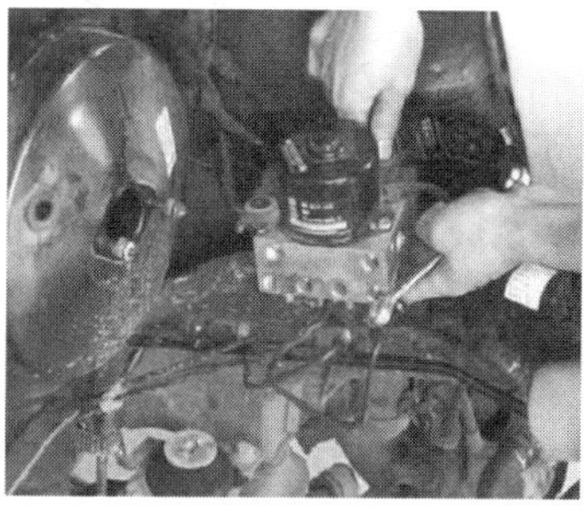

图 3-40 拆卸液压控制单元体

(3)电控单元的更换与编码

① 从液压控制单元总成上拔下线束插头。

② 拆下4个固定螺钉，如图3-41所示。

③ 将电控单元从液压控制单元上拆下，如图3-42所示。

④ 将新的电控单元重新装上。

⑤ 用4个新的固定螺钉将电子控制单元拧紧，拧紧力矩为3～4N·m。

⑥ 插好电动机线束插头。

⑦ 插接好液压控制单元插头。

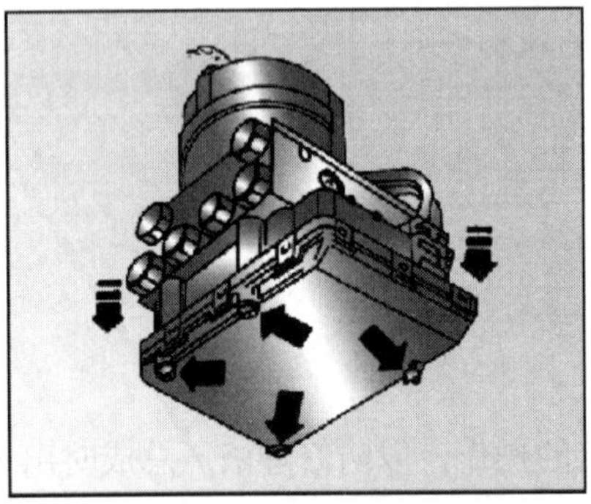

图3-41　拆下4个固定螺钉

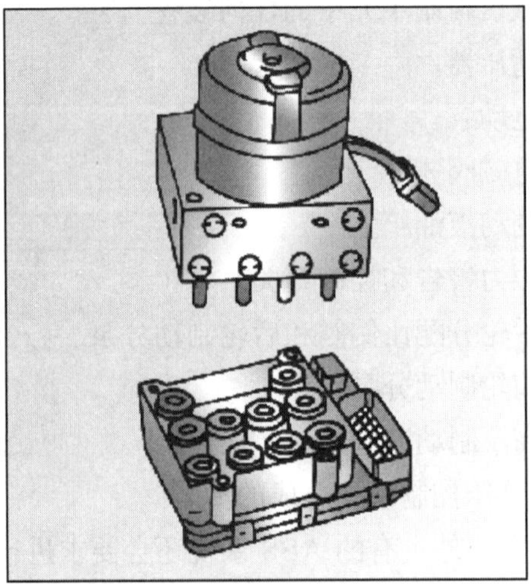

图3-42　拆下液压控制单元

更换ABS电子控制单元后须借助V.A.G1551进行编码。编码需按以下步骤进行：

① 连接V.A.G1551，选择地址码03“防抱死制动系统”，按“Q”键确认。

② 输入07“控制单元编码”功能，按“Q”键确认。

③ 输入编码03604，按“Q”键确认。

④ 按“→”键后，输入06“结束输出”，按“Q”键确认。

(4)前轮转速传感器的检修

① 先拔下传感器导线插头。

② 拧下固定传感器的内六角紧固螺栓。

③ 拆下前轮转速传感器，如图3-43所示。

④ 用万用表电阻挡测前轮转速传感器的电阻值，正常应为1.0～1.3kΩ，如不符合标准则更换前轮转速传感器。

⑤ 清洁传感器的安装孔内表面。

⑥ 清洁传感器端头，涂上润滑脂，然后装入安装孔内。

⑦ 拧紧内六角紧固螺栓，其拧紧力矩为10N·m。

⑧ 插上导线插头。

图 3-43 拆下前轮转速传感器

注意：前轮转速传感器左、右不能互换。

（5）前轮齿圈的检修

拆卸：

① 用 200mm 的拉力器的 2 个活动臂先钩住前轮轴承壳的两边，拆下带齿圈的前轮毂，如图 3-44 所示。

② 在前轮毂要压出的中心放一块专用压块。

③ 转动拉力器螺母，使拉力器头顶住专用压块，将前轮毂连同齿圈一起顶出。

④ 拆下齿圈的十字槽固定螺栓。

检查：

① 将前轮举升离地，用双手转动前轮感觉前轮摆动是否异常。

② 若轴向游隙过大，则要检查齿圈的轴向摆差，如图 3-45 所示。标准值为轴向摆差<0.3mm。

③ 若前轮轴承损坏或轴向游隙过大，则更换轴承。

④ 若出现齿圈轴向摆差过大，而引起传感器与齿圈擦碰，造成齿圈变形或齿数残缺不全，则应更换前轮齿圈。

⑤ 若前轮齿圈完好无损，但被泥土或脏物堵塞，应清除齿圈空隙中的脏物。

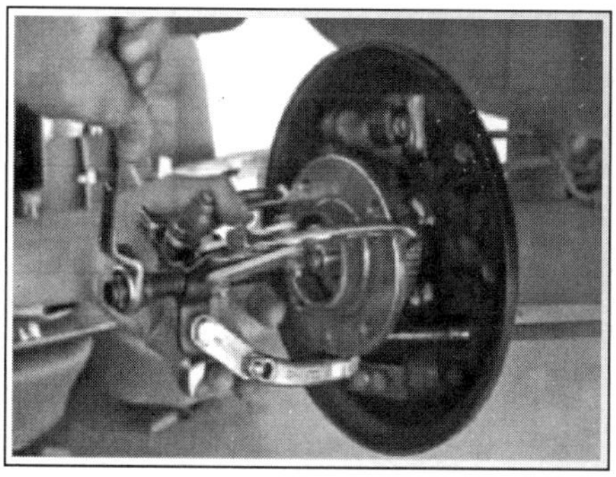

图 3-44 拆下带齿圈的前轮毂

图 3-45 检查齿圈的轴向摆差

（6）后轮转速传感器的检修

① 先拆下汽车后坐垫，拔下后轮转速传感器的连接插头。

② 拧下传感器的内六角紧固螺栓，拆下后轮转速传感器，如图 3-46 所示。

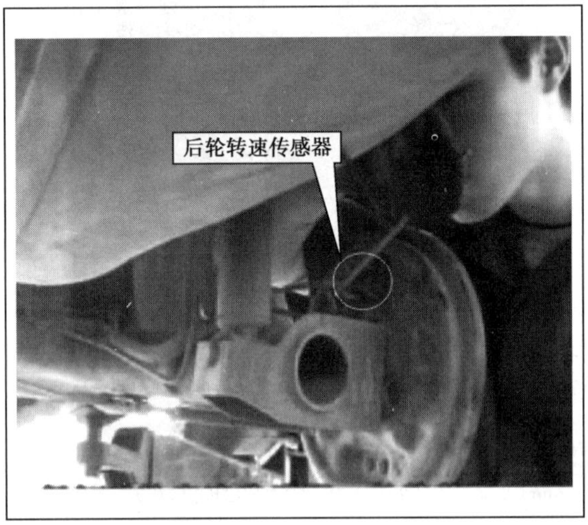

图 3-46　拆下后轮转速传感器

③ 取出后纵臂上的转速传感器导线保护罩，接出导线和导线插头。

④ 用万用表电阻挡测后轮转速传感器的电阻值，正常应为 1.0 ~ 1.3kΩ，如不符合标准则更换后轮转速传感器。

⑤ 按与拆卸相反的顺序进行安装。

注意：安装之前先清洁传感器安装孔内表面和传感器头，并在传感器头上涂抹润滑脂；拧紧力矩为 10N·m；后轮转速传感器左右件能互换。

（7）后轮齿圈的检查

当后轮轴承损坏或轴承径向跳动量过大，会影响后轮转速传感器的间隙，因此须定期检查。

① 将后轮升起离地，用双手转动后轮，检查后轮摆动是否正常。若后轮摆动过大，则要检查后轮轴承的径向跳动，如图 3-47 所示。

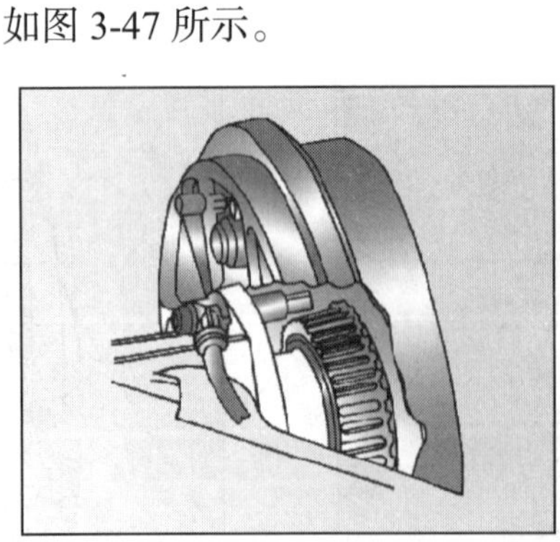

图 3-47　检查后轮轴承

标准值为径向跳动量≤0.05mm。

② 若后轮轴承径向跳动量过大，则需通过调整螺母调节后轴承间隙，或更换损坏的后轴承。

③ 若齿圈变形或有严重磨损痕迹则应更换后轮齿圈。

④ 若后轮齿圈被脏物堵塞，应清除齿圈空隙中的脏物。

2. ASR

1）ASR 的组成

ASR 汽车驱动防滑系统的作用是防止汽车加速过程中打滑，特别是防止汽车在非对称路面或转弯时驱动轮的空转。

同 ABS 一样，ASR 也由电控单元（ECU）、输入信号元件、输出执行元件三大部分组成。ASR 中的电控单元可以是独立的，也可以与 ABS 共用，轮速传感器可与 ABS 共用，制动压力调节器也可以共用。因此通常将 ASR&ABS 组合在一起，图 3-48 所示为 ABS 和 ASR 组合在一起的典型电路。

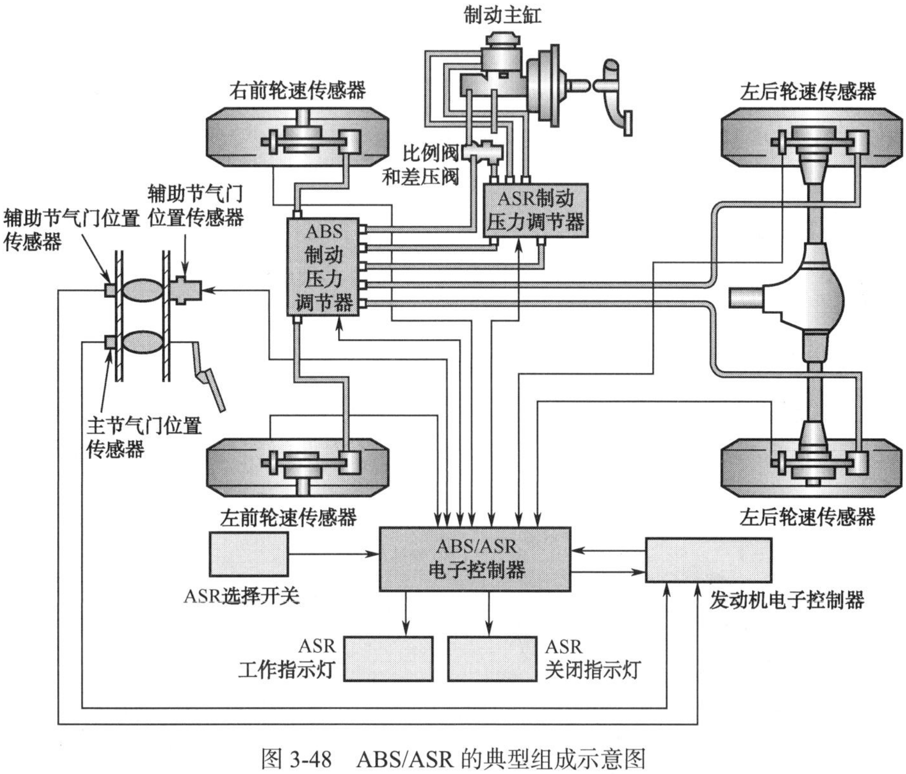

图 3-48 ABS/ASR 的典型组成示意图

（1）ASR 电控单元（ECU）

因 ASR 和 ABS 的一些信号输入和处理都是相同的，为了减少电子器件的应用数量，使结构更紧凑，ASR 电控单元和 ABS 电控单元通常组合在一起，如图 3-49 所示。

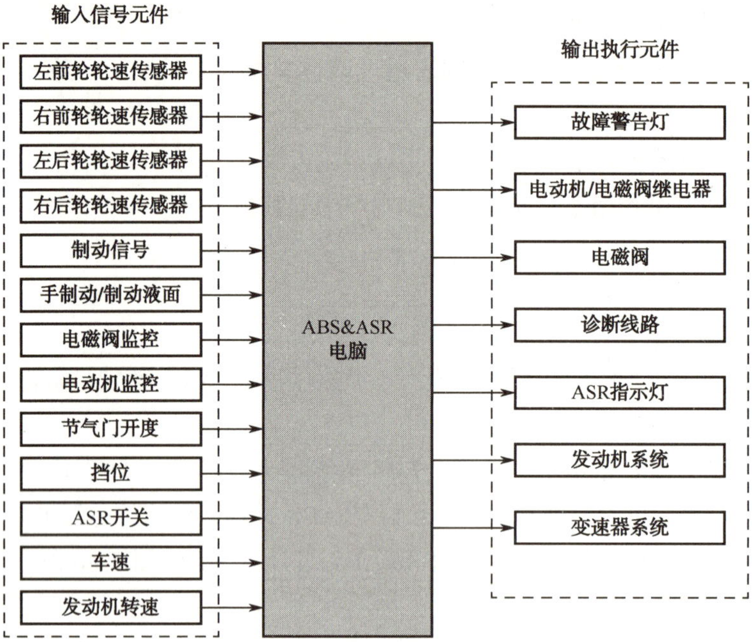

图 3-49　ABS&ASR 的组成

ASR&ABS 电控单元将 ABS 和 ASR 的控制功能结合为一体，用所输入的 4 个车轮轮速传感器的轮速信号，计算车轮空转情况和路面状态，用以减小发动机转矩和控制车轮制动力，从而控制车轮轮速。

（2）输入信号元件

有些部件（如 4 个车轮轮速传感器）既用于 ABS，又用于 ASR。下面仅介绍用于 ASR 的信号元件。

① 副节气门位置传感器

副节气门位置传感器安装在副节气门轴上，将副节气门开度转换为电压信号，并将这一信号经发动机＆变速器电脑发送至 ABS&ASR 电脑，其内部电路构成如图 3-50 所示。

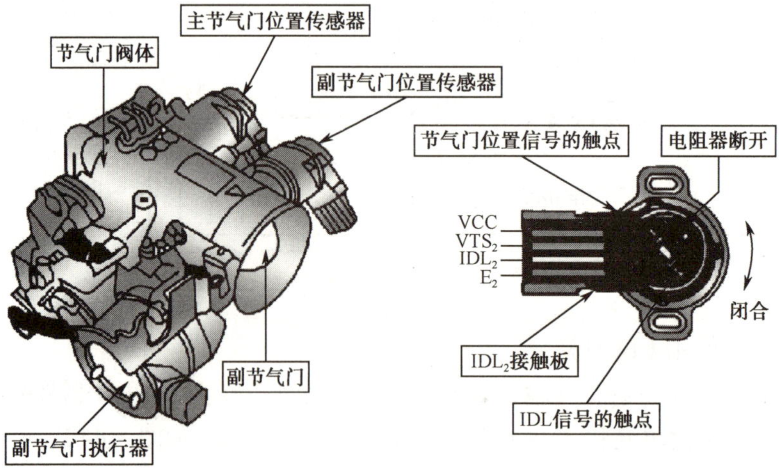

图 3-50　副节气门位置传感器的安装位置及结构图

副节气门开启/关闭的动作是由 ABS&ASR 电脑来操作的，但副节气门的开度信号却由发动机&变速器电脑感知。也就是说，在 ASR 工作期间，两个电脑要一起协调工作。

② 主节气门怠速触点信号

ASR 要起作用，主节气门的怠速触点必须断开，也就是说，油门踏板必须踩下，汽车处于加速状态。

③ 压力开关或压力传感器

压力传感开关或压力传感器安装在蓄压器及其油路中，安装位置如图 3-51 所示，它监测蓄压器中的压力，将这一信息发送至 ABS&ASR 电脑。点火开关打开后，电脑控制 ASR 电动机工作，给蓄压器加压，直到储存的高压制动液压力恢复正常。

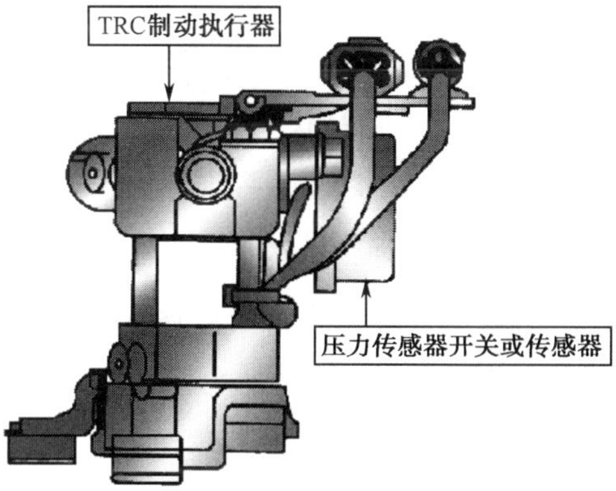

图 3-51 压力传感开关或传感器的安装位置

④ 挡位开关

挡位开关根据换挡杆的位置产生挡位信号，但它只将换挡杆“P”或“N”信号输入 ABS&ASR 电脑。当电脑感知挡位在“P”或“N”位置时，ASR 功能不起作用。

⑤ ASR 开关

ASR 开关是 ASR 专用的信号输入装置，关闭 ASR 开关，则可停止 ASR 的作用。如在汽车维修中需要将汽车驱动车轮悬空转动时，ASR 就可能对驱动车轮施以制动，影响故障的检查，这时，关闭 ASR 开关，停止 ASR 作用，就可避免这种影响。

（3）输出执行元件

① 副节气门执行器

如图 3-52 所示，副节气门执行器安装在节气门体上。ASR 工作期间，ABS&ASR 电脑通过控制副节气门执行器来控制副节气门的开度，从而控制发动机的输出功率。

副节气门执行器是由永久磁铁、线圈和转子轴组成的一个步进电动机，由 ABS&ASR 电脑控制转动，如图 3-53 所示。在转子轴末端安装一个小齿轮，使安装在副节气门轴末端的凸轮轴齿轮转动，从而控制副节气门开度。

如图 3-54 所示，当 ASR 不工作时，副节气门完全打开，对发动机的工作没有影响；当 ASR 部分工作时，副节气门打开一定角度；当 ASR 完全工作时，副节气门完全关闭。

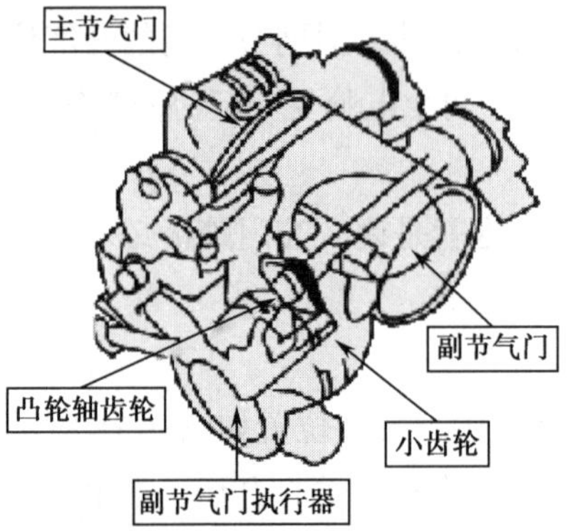

图 3-52　副节气门执行器

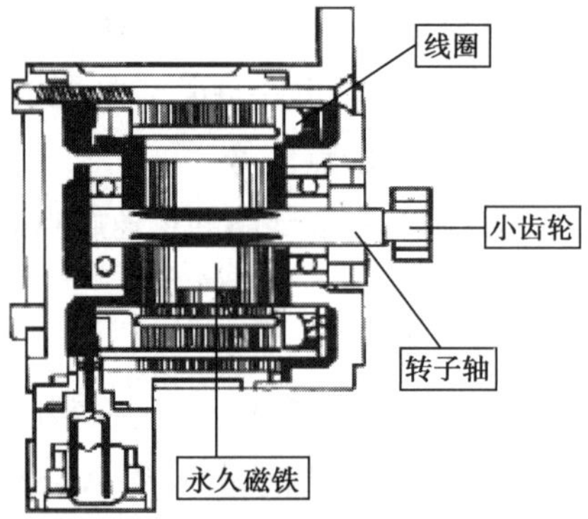

图 3-53　副节气门执行器的结构图

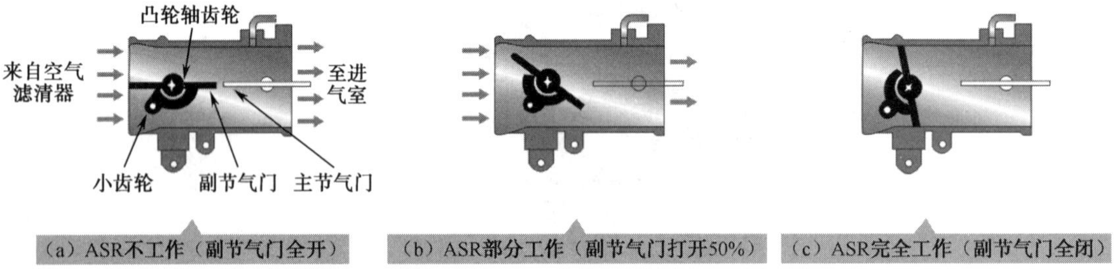

图 3-54　副节气门的工作状态

② ASR 制动压力调节器

制动压力调节器执行 ASR 电控单元的指令，对滑转车轮施加制动力并控制大小，以使滑转车轮的滑动率控制在目标范围之内。ASR 制动压力源是蓄压器，通过制动压力调节器中的电磁阀来调节驱动车轮制动压力的大小。

ASR 制动压力调节器的结构形式有独立式和组合式两种。

a. 独立式 ASR 制动压力调节器

独立式 ASR 制动压力调节器和 ABS 制动压力调节器在结构上各自分开，通过液压管路互相连接（图 3-55）所示，其工作原理如下。

● ASR 不起作用

在 ASR 不起作用时，电磁阀不通电，阀位于左侧位置，调压缸的右腔与储液器相通，由于右腔压力较低，调压缸的活塞被复位弹簧推到右边极限位置，ABS 制动压力调节器与驱动车轮的制动轮缸与调压缸左腔连通。因此，在 ASR 不起作用时，对 ABS 无任何影响。

● 轮缸增压

当驱动车轮出现滑转而需要对驱动车轮实施制动时，ASR 电子控制装置输出控制信号，使电磁阀线圈通电而移至右侧位置。此时调压缸右腔与储液室隔断而与蓄压器连通，蓄压器内具有一定压力的制动液推动调压缸的活塞左移，切断 ABS 制动压力调节器与驱动车轮制动轮缸之间的液压通道。同时随调压缸活塞左移压缩左腔内的制动液，使调压缸左腔和驱动车轮制动轮缸内的制动压力增大。

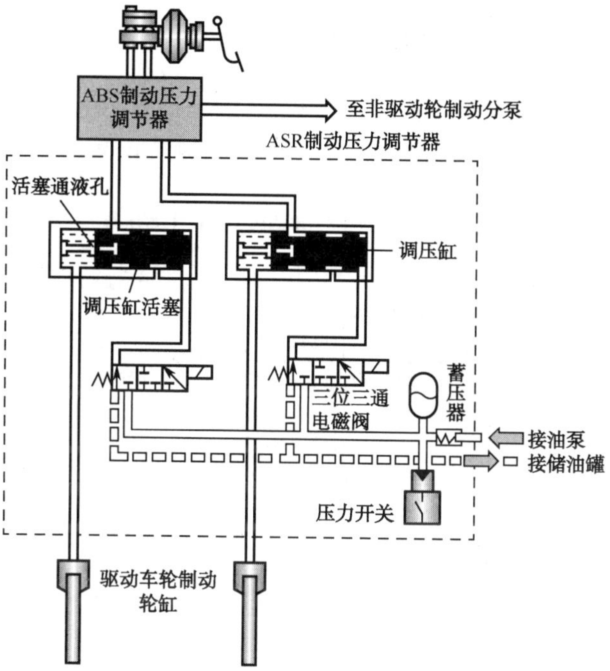

图 3-55 独立式 ASR 制动压力调节器原理图

● 轮缸保压

当需要保持驱动车轮的制动压力时，电子控制装置使电磁阀半通电（最大电流的一半），阀处于中间位置，调压缸与储液器和蓄压器的液压通道均被切断，于是，调压缸活塞保持原位置不动，使驱动车轮制动轮缸内的制动压力保持不变。

● 轮缸减压

当需要减小驱动车轮的制动压力时，电子控制装置使电磁阀断电，阀在复位弹簧力的作用下回到左侧位置，调压缸右腔与蓄压器隔断而与储液器连通。于是，调压缸右腔压力下降，其活塞在复位弹簧作用下右移，调压缸左腔和驱动车轮制动轮缸内的制动压力下降。

b. 组合式 ASR 制动压力调节器

组合式是指 ASR 制动压力调节器与 ABS 制动压力调节器在结构上组合为一个整体，也称 ABS/ASR 制动压力调节器，如图 3-56 所示。其工作原理如下。

● ASR 不起作用

在 ASR 不起作用时，电磁阀 I 不通电。汽车在制动过程中，如果车轮出现抱死现象，则 ABS 起作用，通过控制电磁阀 II 和电磁阀 III 来调节制动压力。

● 轮缸增压

当驱动车轮出现滑转时，ASR 电子控制装置使电磁阀 I 通电，阀移至右侧位置，电磁阀 II 和电磁阀 III 不通电，阀处于左侧位置，于是蓄压器的压力油进入驱动车轮制动轮缸，轮缸制动压力增大。

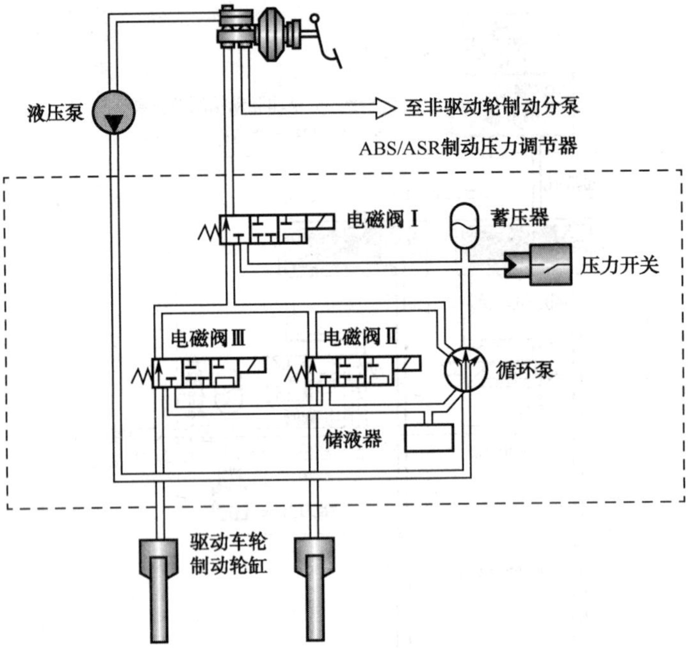

图 3-56 整体式 ABS/ASR 制动压力调节器原理图

- 轮缸保压

当需要减小驱动车轮的制动压力时，ASR 电子控制装置给电磁阀Ⅱ和电磁阀Ⅲ通电，电磁阀Ⅱ和电磁阀Ⅲ移至右侧位置，将驱动车轮制动轮缸与储液器连通，驱动车轮制动轮缸的压力降低。

如果需要对左右驱动车轮的制动压力实施不同的控制，ASR 电子控制装置则分别对电磁阀Ⅱ和电磁阀Ⅲ实施不同的控制。

- 轮缸减压

当需要保持驱动车轮轮缸的制动压力时，ASR 电子控制装置使电磁阀Ⅰ半通电，阀移至中间位置，切断蓄压器与制动轮缸的通道，则驱动车轮制动轮缸的制动压力保持不变。

2）ASR 控制方式

保持驱动轮始终处于最佳滑转率范围内的驱动防滑控制方式有发动机输出转矩控制和驱动轮制动力矩控制两种。

（1）发动机输出转矩控制

发动机输出转矩控制是最早应用的驱动防滑控制方式，它在附着系数较小的冰雪路面或高速行驶，驱动轮发生过度滑转时，该控制方式十分有效。图 3-57 所示的是通过发动机输出转矩调节的带有 ABS 的 ASR 系统结构图。

通过控制发动机输出转矩，可以达到控制传递到驱动轮力矩的目的，从而实现对驱动轮滑转率的调节。发动机输出转矩控制手段主要有供油量调节、点火参数调节和节气门开度调节。

① 点火参数调节：对汽油机而言，输出转矩的微量调节可以通过改变点火参数来实现，即减小点火提前角。

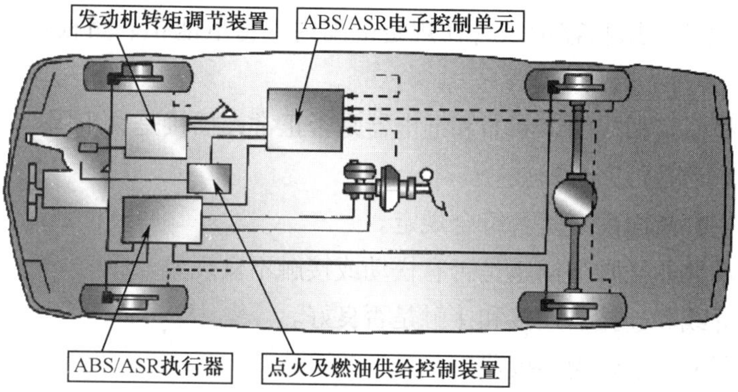

图 3-57 发动机输出转矩调节 ASR 系统结构图

② 供油量调节：是指减小供油或暂停供油，即当发现驱动轮发生过度滑转时，电子调节装置自动减小供油量，甚至中断供油，来减小发动机的输出转矩。

③ 节气门开度调节：是指在原节气门通道的基础上串联一个副节气门，通过传动机构控制其开度，从而使其有效节气门开度获得调节器，实际就是控制进入汽油机汽缸的空气量。

对柴油机而言，发动机输出转矩的调节一般只采用控制燃油喷射量的方法。这一方法在柴油机上容易实现，其实现形式与汽油机的节气门开度调节控制方式一致。

（2）驱动轮制动力矩控制

驱动轮制动力控制是利用制动器对发生滑转的驱动轮施加制动力矩，直接对滑动的车轮起制动作用，使车轮转速降至最佳的滑转率范围内，反应时间短，是防止滑转最迅速的一种控制方式。但是考虑到舒适性，制动力不能太大，因此这种控制方式可作为用发动机调节输出转矩控制方式的补充。图 3-58 所示的是有发动机输出转矩调节和驱动轮制动力控制的 ASR 系统结构图。

制动力矩调节的实质是控制差速作用，所以该控制方式对路面两侧附着系数差别较大，只有一个车轮滑转时效果较好。

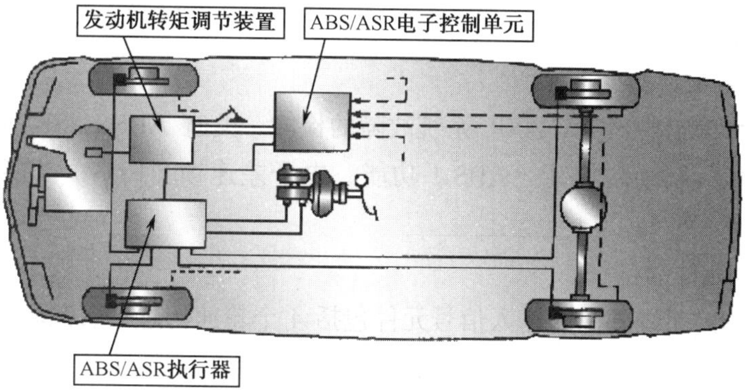

图 3-58 驱动轮制动力调节 ASR 系统结构图

3）ASR 系统故障检修步骤

（1）初步检查

在 ABS/ASR 系统出现故障而不能正常工作时，首先应进行初步检查。检查内容如下：

① 检查蓄电池的电压和容量是否在规定范围内，蓄电池正、负极柱的导线连接是否牢固可靠。

② 检查与电控系统相接的熔断器和继电器是否正常，插接是否牢固。

③ 检查驻车制动是否完全释放。

④ 检查制动主缸液面高度是否符合规定。

⑤ 检查电控单元的插脚与插座是否有松动或接触不良现象。

⑥ 检查下列导线和连接器连接和接触是否良好。

a. 液压调节器上的电磁阀连接器。

b. 液压调节器主控制阀连接器。

c. 压力警告开关和压力控制开关的连接器。

d. 制动液面高度指示开关的连接器。

e. 所有车轮速度传感器的连接器，对于四轮驱动汽车还有横向加速传感器连接器。

f. 电动油泵连接器。

⑦ 检查电控单元、液压控制装置的搭铁端是否良好。

⑧ 检查汽车轮胎花纹深度是否符合规定。

通过初步检查不能确定装置故障，需进行其他诊断和检查。

（2）系统故障自诊断

现代汽车电控系统都有故障自诊断功能，可以把系统电控装置出现的故障用故障码的形式存储在电控单元的存储器中，维修人员可以通过仪表板上的故障指示灯、专用的检测设备或其他方法把故障码调出，以确定故障的原因和部位。

（3）系统各装置的测试、检修

当根据故障码确定故障部位后，或出现故障自诊断系统并不能检测出的故障时，需要维修人员使用专用万用表和其他检测设备进行各部件的电阻、电压等参数的检测，以确定故障的最终部位和原因。

4）ASR 系统故障检修

下面以奥迪轿车为例介绍其 ASR 系统故障的检修。奥迪 ABS&ASR 系统融电子制动力分配（EBV）功能、制动防抱死（ABS）功能、电子差速锁（EDS）功能和驱动防滑调节（ASR）功能为一体。

（1）输入信号元件的检修

奥迪 ABS&ASR 系统外围的输入信号元件包括 4 个轮速传感器、制动开关和防滑控制开关。

轮速传感器、制动开关的工作原理与其他车型是一样的。

防滑控制开关电路如图 3-59 所示。

防滑控制开关是一个普通的开/断开关，分别连接电脑的 15、31 号端子。按下开关，触点断开，31 号端子为低电压；再次按压，开关弹起，触点导通，31 号端子即为高电压。

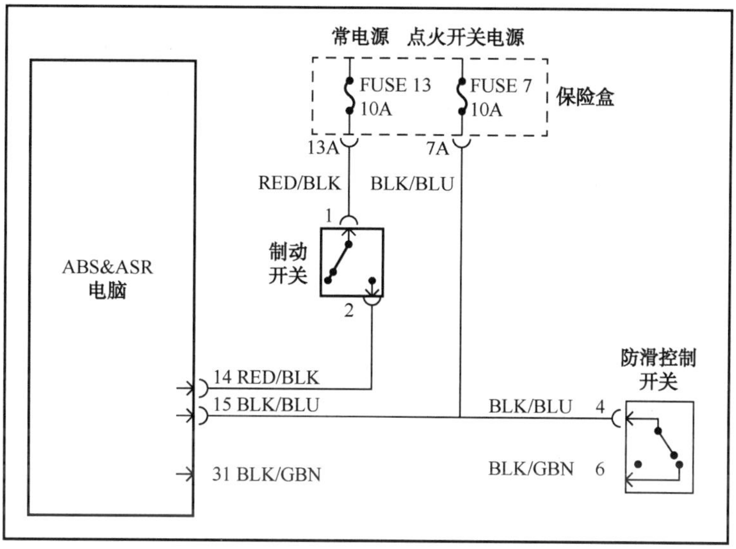

图 3-59 防滑控制开关信号

（2）输出执行元件的检修

用万用表检测执行元件，检测步骤及检测内容如表 3-1 所示。

表 3-1 ABS&ASR 系统万用表检测

检测步骤	V.A.G1598/20 插孔	检测对象	检测条件和附加工作	规定值	在偏离规定值时应采取的措施
1	5+33	左前进油阀 N101，出油阀 N102	电脑与液压单元间电气导线正常	9～22Ω	（1）检查电脑与液压单元间电气导线对正极或接地是否短路；（2）如果导线正常，则更换液压单元
2	54+26	右前进油阀 N99，出油阀 N100			
3	53+25	左后进油阀 N134，出油阀 N136	电脑与液压单元间电气导线正常	9～22Ω	（1）检查电脑与液压单元间电气导线对正极或接地是否短路（2）如果导线正常，则更换减压单元
4	6+34	右后进油阀 N133，出油阀 N130			
5①	3+55	浮式活塞回路出油阀 N169，推杆活塞回路出油阀 N167	电脑与液压单元间电气导线正常	12～28Ω	
6②	4+27	浮式活塞回路接向阀 N168，推杆活塞回路换向阀 N166	电脑与液压单元间电气导线正常	12～28Ω	（1）检查电脑与液压单元间电气导线对正极或接地是否短路（2）如果导线正常，则更换减压单元

续表

检测步骤	V.A.G1598/20插孔	检测对象	检测条件和附加工作	规定值	在偏离规定值时应采取的措施
7	9+10③ 9+10③ 35+10③ 36+10③	左前轮轮速传感器 G47	电脑与液压单元间电气导线正常	400～2300Ω	（1）检查电脑与液压单元间电气导线对正极或接地是否短路 （2）如果导线正常，则更换相应的轮速传感器
8	15+14 42+14④	右前轮轮速传感器 G45			
9	13+12	左后轮轮速传感器 G45			
10	11+38	右后轮轮速传感器 G44			
11	2+37	电磁阀继电器 J106	电脑与液压单元间电气导线正常	30～80Ω	（1）检查电脑与液压单元间电气导线对正极或接地是否短路 （2）如果导线正常，则更换继电器
12	2+7	油泵继电器 J105	电脑与液压单元间电气导线正常		（1）检查电脑与液压单元间电气导线对正极或接地是否短路 （2）如果导线正常，则更换继电器
13	跨接 1+2 28+37	左前进油阀 N101 和制动管路连接	（1）打开点火开关 （2）跨接 56+28 插孔 （3）操纵制动踏板，踩住不放 （4）取消跨接 （5）松开制动踏板	（1）用手可转动左前轮 （2）左前轮抱死	（1）如果车轮抱死，那么检查另外是否有车轮可转动。如果可转动，说明液压制动管路接错。检查制动管路连接和接头。确信功能完整，重复检测步骤 13 （2）如果所有车轮均抱死。说明进油阀的功能被干扰，见故障代码表故障代码 00257
14	跨接 1+2 28+37	右前进油阀 N100 和制动管路连接	（1）打开点火开关 （2）跨接 54+28 插孔 （3）踩住制动踏板 （4）取消跨接 （5）松开制动踏板	（1）用手可转动右前轮 （2）右前轮抱死	（1）如果车轮抱死，检查另外是否有车轮可转动。如可转动，说明液压制动管路接错。检查管路连接和接头，重复步骤 14 （2）如果所有车轮均抱死，见故障代码表故障代码 00259

续表

检测步骤	V.A.G1598/20插孔	检测对象	检测条件和附加工作	规定值	在偏离规定值时应采取的措施
15	跨接 1+2 28+37	左后进油阀N134和制动管路连接	（1）打开点火开关 （2）跨接54+28插孔 （3）踩住制动踏板 （4）取消跨接 （5）松开制动踏板	（1）用手可转动左后轮 （2）左后轮抱死	（1）如果车轮抱死，检查另外是否有车轮可转动。如可转动，说明液压制动管路接错。检查管路连接和接头，重复步骤15 （2）如果所有车轮均抱死，见故障代码表故障代码00274
16	跨接 1+2 28+37	左后进油阀N133和制动管路连接	（1）打开点火开关 （2）跨接6+28插孔 （3）踩下制动踏板 （4）取消跨接 （5）松开制动踏板	（1）用于可转动左后轮 （2）右后轮抱死	（1）如果车轮抱死，检查其他车轮是否可转动。如可转动，说明液压制动管路接错。检查管路连接和接头，重复步骤16 （2）如果所有车轮均抱死，见故障代码表故障代码00273
17	跨接 1+2 7+37 37+28	（1）油泵 （2）EDS换向阀 （3）EDS出油阀 （4）液压单元的限压阀N55 （5）左前出油阀 （6）右后出油阀	（1）在左前制动钳上接上压力表V.A.G1310A和放气工具 （2）跨接3+28插孔 （3）打开点火开关，最长10s，关闭点火开关 （4）跨接4+28插孔 （5）打开点火开关，最长10s，关闭点火开关 （6）拆下压力表V.A.G、1310A和放气工具	（1）开关换向阀 （2）油泵V39工作 （3）压力表压力最大500kPa （4）开关出油阀 （5）前轮驱动车型，17±2.5MPa；全轮驱动车型，9±2.5MPa	（1）油泵损坏，更换液压单元 （2）用电阻测量法检查换向阀和出油阀，检测步骤5+6。如损坏更换液压单元 （3）限压阀和/或右前出油阀和/或右后出油阀损坏，更换液压单元

续表

检测步骤	V.A.G1598/20插孔	检测对象	检测条件和附加工作	规定值	在偏离规定值时应采取的措施
18⑤	跨接 1+2 7+37 37+28	（1）油泵 V39 （2）EDS 换向阀 （3）EDS 出油阀 （4）液压单元的限压阀 N55 （5）右前出油阀 （6）左后出油阀	（1）V.A.G1310A 和放气工具 （2）跨接 55+28 插孔 （3）打开点火开关，最长 10s，关闭点火开关 （4）跨接 27+28 插孔 （5）打开点火开关，最长 10s，关闭点火开关 （6）拆下 V.A.G1310A 和制动器放气工具	（1）开关换向阀 （2）油泵 V39 工作 （3）压力表压力最大 500kPa （4）开关出油阀 （5）前轮驱动车型，17±2.5MPa；全轮驱动车型，9±2.5MPa	（1）油泵损坏，更换液压单元 （2）测量换向阀和出油阀电阻，检测步骤 5+6。如损坏更换液压单元 （3）限压阀和/或右前出油阀和/或左后出油阀损坏，更换液压单元

注：① 只在装备了 BOSCH5 ABS/EDS 以及 ASR 系统的车辆上；

② 只在装备了 BOSCH5 ABS/EDS 前轮驱动的车辆上；

③ 只在装备了 BOSCH5 ABS/EDS 前轮驱动的车辆上；

④ 只在装备了 BOSCH5 ABS/EDS 全轮驱动的车辆上；

⑤ 只在装备了 BOSCH5 ABS 前轮驱动的车辆上。

3．ESP

1）ESP 的作用

ESP 综合了 ABS 和 ASR 两大系统，功能更为强大。ESP 可以使车辆在各种状况下保持最佳的稳定性，尤其在转向过度或转向不足的情形下效果更加明显。

ESP 可以实时监控汽车行驶状态，必要时可自动向一个或多个车轮施加制动力，以保持车辆在正常的车道上运行，而且它还可以主动调控发动机的转速并可调整每个轮子的驱动力和制动力，以修正汽车的过度转向和转向不足。ESP 还有一个实时警示功能，当驾驶者操作不当和路面异常时，它会用警告灯提醒驾驶者。在 ABS 及 ASR 的共同作用下，ESP 最大限度地保证汽车不跑偏、不甩尾、不侧翻。

ESP 的作用可以在以下三种工况体现出来。

（1）在多变的路面上行驶

在多变的路面上行驶，没有装备 ESP 的车辆表现如图 3-60 所示，装备有 ESP 的车辆表现如图 3-61 所示。

（2）驾驶员转弯过快

当驾驶员转弯过快时，没有装备 ESP 的车辆表现如图 3-62 所示，装备有 ESP 的车辆表现如图 3-63 所示。

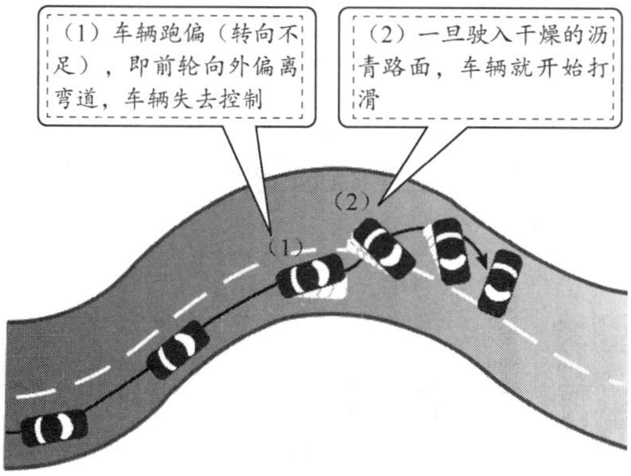

图 3-60　没有装备 ESP

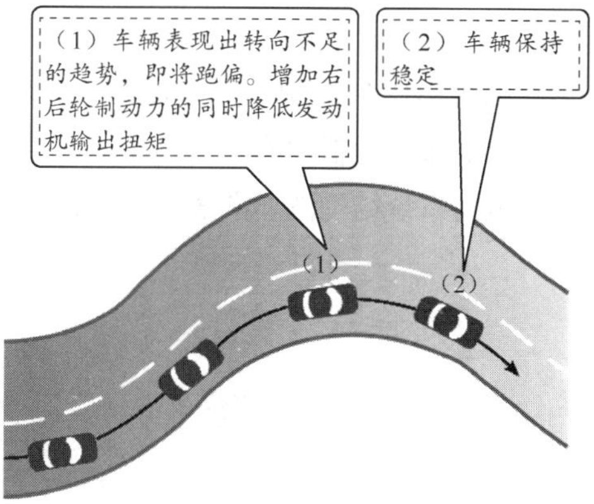

图 3-61　装备有 ESP

图 3-62　没有装备 ESP

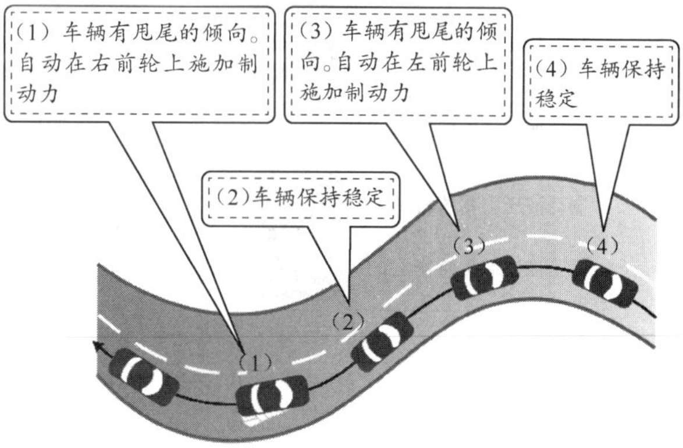

图 3-63　装备有 ESP

（3）避让障碍物

在避让障碍物时，没有装备 ESP 的车辆表现如图 3-64 所示，装备有 ESP 的车辆表现如图 3-65 所示。

图 3-64　没有装备 ESP

图 3-65　装备有 ESP

2）ESP 的组成

ESP 系统由中央控制单元（ECU）及转向角传感器、车轮转速传感器、减速度（G）传感器、横摆率传感器、制动液压力传感器和执行器等组成，图 3-66 所示的是大众宝来轿车 ABS/ASR/ESP 电控系统结构图。图 3-67 所示的是大众宝来轿车 ABS/ASR/ESP 系统部件位置图。

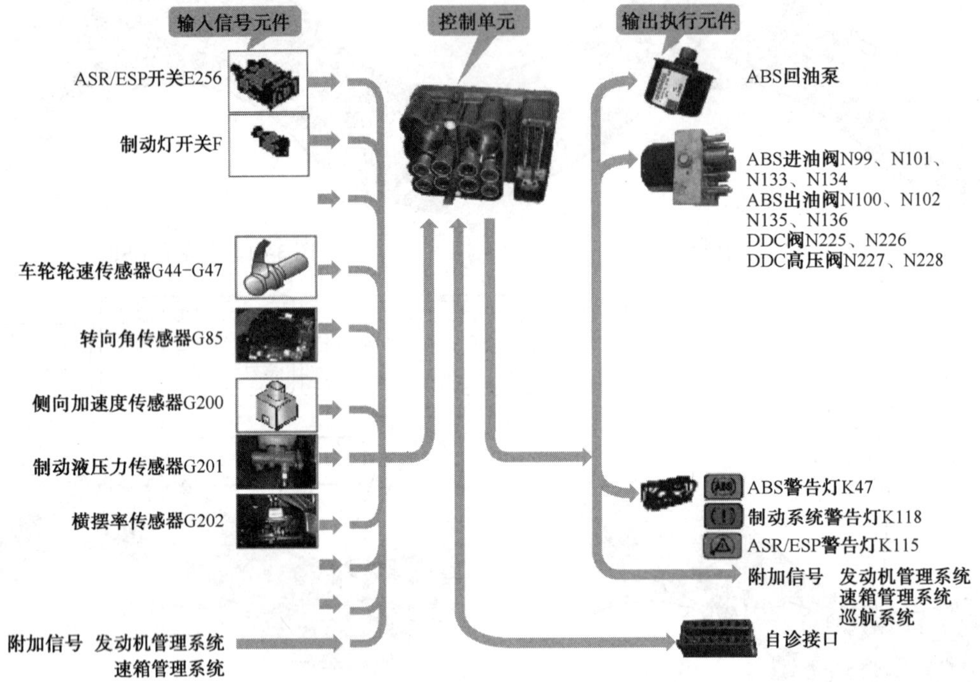

图 3-66　大众宝来轿车 ABS/ASR/ESP 电控系统结构图

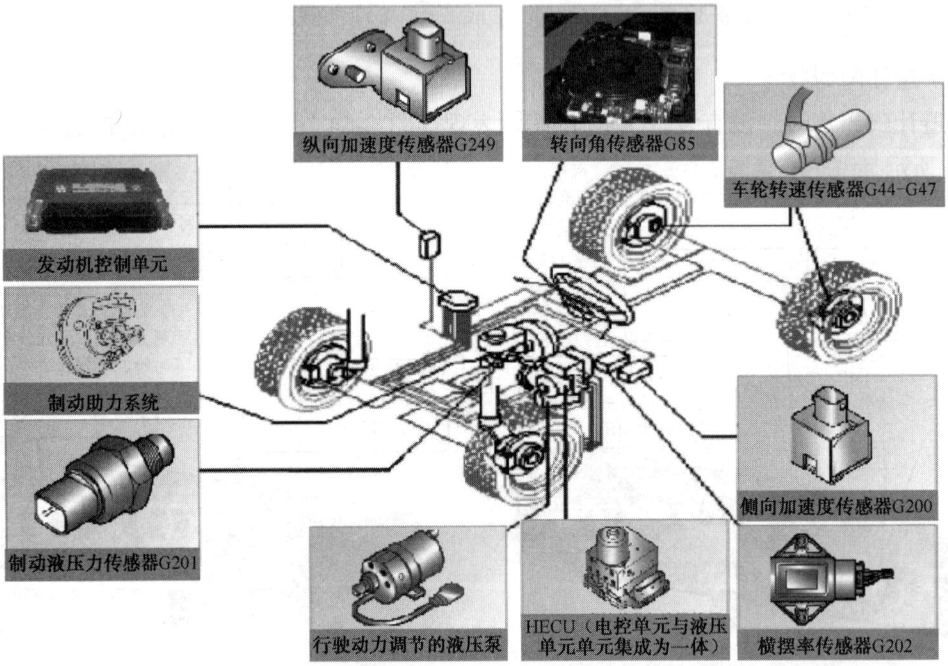

图 3-67　大众宝来轿车 ABS/ASR/ESP 系统部件位置图

（1）ABS/ASR/ESP 电控单元

ABS/ASR/ESP 电控单元通过线束与每个传感器和执行器相连，它接收传感器的信号，计算汽车侧滑状态和恢复到安全状态所需的旋转动量和减速度，并向执行器发出控制命令。

（2）输入信号元件

① 横摆率传感器

横摆率传感器也称偏率传感器、偏航率传感器，装在汽车行李舱前部，与汽车垂直轴线平行，它检测汽车绕垂直轴旋转的角速度，如图 3-68 所示。如果此传感器失效，控制单元将不能识别车辆是否发生转向，ESP 功能失效。

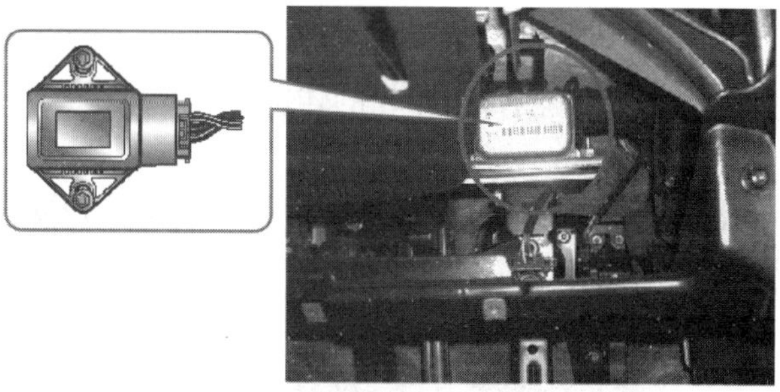

图 3-68 横摆率传感器

② 减速度（G）传感器

减速度（G）传感器水平地安装在汽车重心附近地板下方的中间位置，它检测汽车的纵向和横向加速度。有的车型（如丰田卡罗拉轿车）把横摆率传感器与减速度（G）传感器装在一起。

③ 转向角传感器（图 3-69）

转向角传感器安装在方向盘后侧，向带有 ESP/ASR 的 ABS 控制单元传递方向盘转角信号。如果该传感器失效，系统将不能识别车辆的预期行驶方向（驾驶员意愿），导致 ESP 不起作用。

图 3-69 转向角传感器

④ 制动液压力传感器

制动液压力传感器装在 ESP 液压控制装置内部（图 3-70），检测驾驶员进行制动操作时制动液压的变化。该传感器失效将会引起 ESP 功能不起作用。

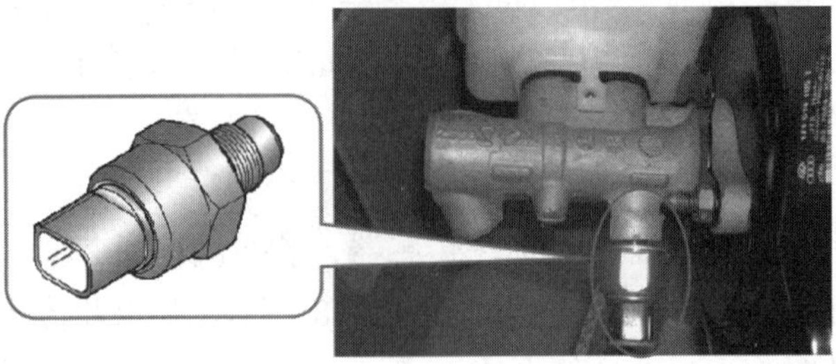

图 3-70　制动液压力传感器

⑤ 轮速传感器

轮速传感器装在每个车轮上，检测每个车轮的转速。

⑥ ESP OFF 开关

驾驶员可以通过 ESP OFF 开关手动关断 ESP 功能，奔驰 S600 ESP OFF 开关位置如图 3-71 所示。

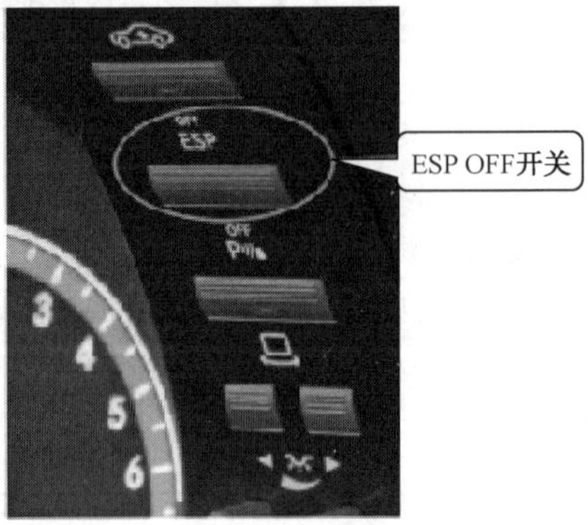

图 3-71　奔驰 S600 ESP OFF 开关

（3）输出执行元件

① 节气门体

节气门体装在发动机进气通道上，在 ESP 起作用期间，调节发动机输出功率，由节气门体上的节气门电动机来控制发动机节气门的开度。

② ABS、ASR&ESP 液压控制装置

ABS、ASR&ESP 液压控制装置装在发动机一侧，在正常情况下，制动时如果车轮抱死，它执行 ABS 的功能；当车轮在起步、加速下出现打滑空转时，它执行 ABS&ASR 功能；当汽车转向，出现侧滑时，它执行 ESP 功能。总之，在电脑的控制下，ABS、ASR&ESP 液压控制装置把受到控制的制动液压施加到每个车轮。

如图 3-72 所示，ESP 液压控制装置主要分 4 个部分。

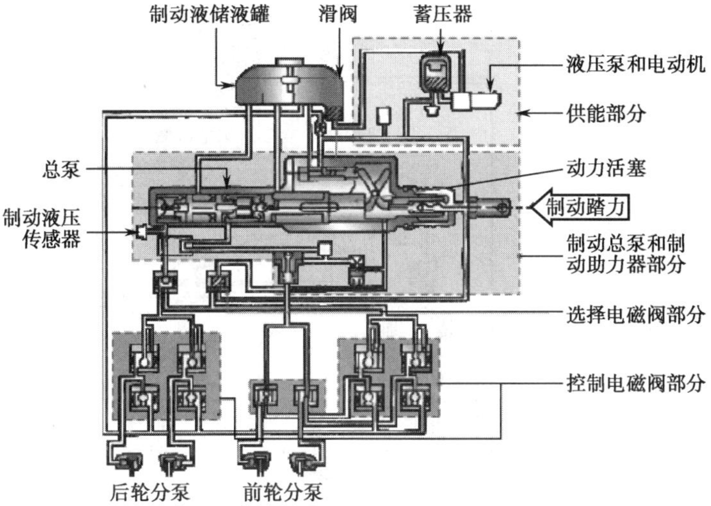

图 3-72 ESP 液压控制单元的结构

a. 液压制动力的产生部分：由电动机驱动液压泵和蓄压器组成。蓄压器储存由液压泵供应的制动液，作为本液压装置的压力源。

b. 制动总泵和制动助力器部分：根据驾驶员的制动操作产生液压，并进行助力。

c. 选择电磁阀部分：当 ABS、ASR 或 ESP 工作时，它关闭制动总泵的制动液，并把从液压制动力产生部分来的制动液或从制动助力器（调节液压）来的制动液送到控制电磁阀，从而控制每个车轮制动分泵的液压。

d. 控制电磁阀部分：当 ABS、ASR 或 ESP 工作时，它增加或降低每个车轮制动分泵的液压，以控制每个车轮的制动力。

3）ESP 的工作原理

（1）抑制前轮侧滑

当因前轮产生侧滑而出现转向不足现象时，ESP 系统把制动力施加到一个或两个后轮上（即使对两个后轮施加制动，制动也不是同步进行的），这时 ESP 液压控制装置的基本动作是把经调节的高压制动液送到两个后轮分泵。

如图 3-73 所示，通过操作选择电磁阀，从蓄压器来的动力制动液被导向到两个后轮，控制电磁阀由通/断占空比来驱动，以把高压制动液调节并控制到合适的水平。

（2）抑制后轮侧滑

当因后轮产生侧滑而使汽车过度转向时，ESP 系统立即把制动力加至正在转弯的外前轮上。这时 ESP 液压控制装置的基本动作就是把经调节的制动液送到正在转弯的外前轮上。

如图 3-74 所示，通过操作选择电磁阀，从蓄压器来的高压制动液被导向正在转弯的外前轮上。控制电磁阀由通/断占空比来驱动，以把高压制动液调节并控制到合适的水平。

4）ESP 的检修

ESP 具有自诊断功能，下面以丰田卡罗拉为例，介绍其 ESP 的检修。

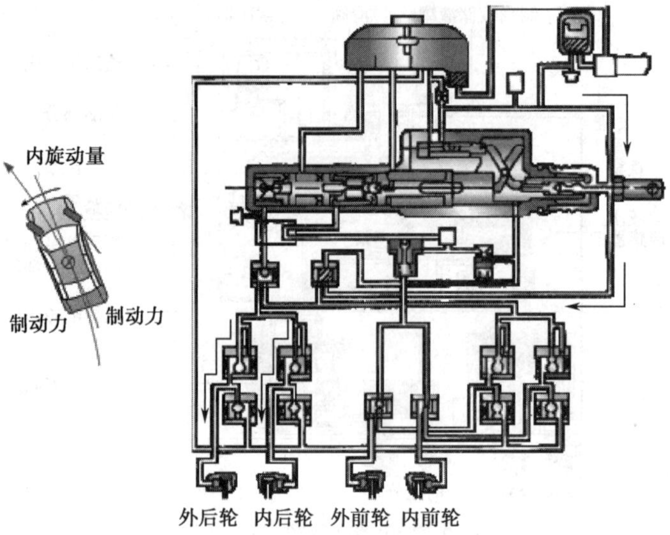

图 3-73　抑制前轮侧滑的制动液路图

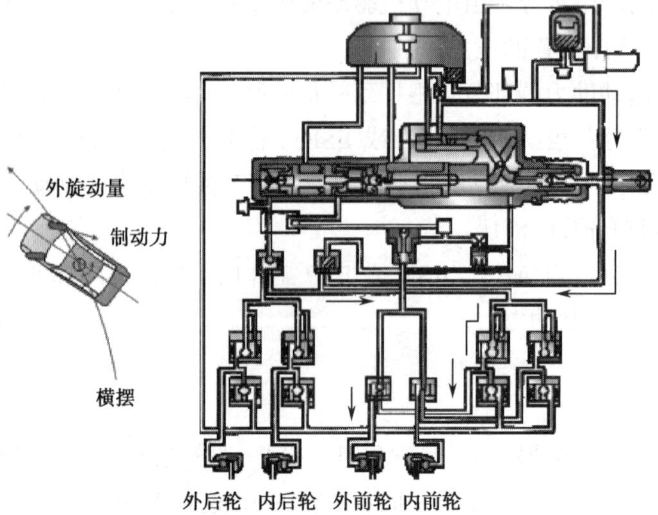

图 3-74　抑制后轮侧滑的制动液路图

注意：丰田车上称 ESP 为 VSC，ASR 为 TRC；卡罗拉轿车装备有 ABS、VSC（电子稳定控制系统）、TRC（驱动防滑系统）、BA（刹车辅助系统，也称 EBA 或 BAS）、EBD（电子制动力分配系统）。

（1）ESP 故障诊断表

使用故障诊断表（表 3-2），可帮助诊断故障原因，以递减的顺序表示故障的可能性，按顺序检查每个可疑部位。必要时维修或更换有故障的零件或进行调整。

表 3-2　车辆稳定性控制系统故障诊断表

故 障 症 状	可 疑 部 位
ABS、BA 和/或 EBD 不工作	再次检查 DTC，并确保输出正常系统代码

续表

故障症状	可疑部位
ABS、BA 和/或 EBD 不工作	IG 电源电路
	前轮转速传感器电路
	后轮转速传感器电路
	用故障检测仪检查制动器执行器总成（利用主动测试功能检查制动器执行器总成的工作情况）。如果异常，则检查液压回路是否泄漏
	如果上述可疑部位中的电路检查完毕且证明一切正常，而故障仍然存在，则更换制动器执行器总成（防滑控制 ECU）
ABS、BA 和或 EBD 不能有效工作	再次检查 DTC，并确保输出正常系统代码
	前轮转速传感器电路
	后轮转速传感器电路
	刹车灯开关电路
	用故障检测仪检查制动器执行器总成（利用主动测试功能检查制动器执行器总成的工作情况）。如果异常，则检查液压回路是否泄漏
	如果上述可疑部位中的电路检查完毕且证明一切正常，而故障仍然存在，则更换制动器执行器总成（防滑控制 ECU）
ABS 传感器 DTC 检查无法进行	再次检查 DTC，并确保输出正常系统代码
	TC 和 CG 端子电路
	如果上述可疑部位中的电路检查完毕且证明一切正常，而故障仍然存在，则更换制动器执行器总成（防滑控制 ECU）
ABS 警告灯和/或多信息显示屏异常（一直亮）	ABS 警告灯电路
	制动器执行器总成（防滑控制 ECU）
ABS 警告灯和/或多信息显示屏异常（不亮）	ABS 警告灯电路
	制动器执行器总成（防滑控制 ECU）
制动警告灯和/或多信息显示屏异常（一直亮）	制动警告灯电路
	制动器执行器总成（防滑控制 ECU）
制动警告灯和/或多信息显示屏异常（不亮）	制动警告灯电路
	制动器执行器总成（防滑控制 ECU）
VSC 和/或 TRC 不工作	再次检查 DTC，并确保输出正常系统代码
	IG 电源电路
	检查液压回路是否泄露
	前轮转速传感器电路
	后轮转速传感器电路
	横摆率和加速度传感器电路
	转向角传感器电路
	如果上述可疑部位中的电路检查完毕且证明一切正常，而故障仍然存在，则更换制动器执行器总成（防滑控制 ECU）

续表

故障症状	可疑部位
VSC 传感器 DTC 检查无法进行	再次检查 DTC，并确保输出正常系统代码
	TC 和 CG 端子电路
	如果上述可疑部位中的电路检查完毕且证明一切正常，而故障仍然存在，则更换制动器执行器总成（防滑控制 ECU）
VSC OFF 指示灯和/或多信息显示屏异常（一直亮）	VSC OFF 指示灯电路
	制动器执行器总成（防滑控制 ECU）
VSC OFF 指示灯和/或多信息显示屏异常（不亮）	VSC OFF 指示灯电路
	制动器执行器总成（防滑控制 ECU）
打滑指示灯异常（一直亮）	打滑指示灯电路
	制动器执行器总成（防滑控制 ECU）
打滑指示灯异常（不亮）	打滑指示灯电路
	制动器执行器总成（防滑控制 ECU）
无法进行传感器检查	TS 和 CG 端子电路
	制动器执行器总成（防滑控制 ECU）
防滑控制蜂鸣器异常	防滑控制蜂鸣器电路
	制动器执行器总成（防滑控制 ECU）

（2）ESP 故障自诊断

① 故障诊断

卡罗拉 ESP 可利用诊断系统对车辆进行故障排除。

如果防滑控制 ECU 检测到故障，则 ABS 警告灯、制动警告灯、VSS OFF 指示灯、打滑指示灯和主警告指示灯将亮起（图 3-75），多信息显示屏将显示警告信息以警告驾驶员。

表 3-3 所示的是当某项功能出现故障时，哪些灯将亮起。

图 3-75　故障警告灯和指示灯

表 3-3　当出现故障时相应的灯亮起

项目/故障部位	ABS	EBD	BA	TRC	VSC	防滑控制 ECU
ABS 警告灯				–	–	
制动警告灯	–	○	–	–	–	○

续表

项目/故障部位	ABS	EBD	BA	TRC	VSC	防滑控制 ECU
VSC OFF 指示灯	● （VSS OFF 开关置于“OFF”位置）	● （VSS OFF 开关置于“OFF”位置）	● （VSS OFF 开关置于“OFF”位置）	● （VSS OFF 开关置于“OFF”位置）	● （VSS OFF 开关置于“OFF”位置）	● （VSS OFF 开关置于“OFF”位置）
打滑指示灯	○	○	○	○	○	○
多信息显示屏	○	○	○	○	○	○

注：○：灯亮起或显示 ON

●：灯亮起（闪烁）

-：灯熄灭

说明：DTC 同时被储存在存储器中。可通过在 DLC3 的端子 TC 和 CG 之间连接检查线，观察 ABS 警告和 VSC OFF 指示灯的闪烁方式，阅读多信息显示屏或连接诊断仪来读取 DTC

② 故障码的读取与清除

a. 使用诊断仪时故障码的读取

- 将诊断仪连接到 DLC3。
- 将发动机开关置于“ON”（IG）位置。
- 接通诊断仪。
- 根据诊断仪屏幕上的提示读取 DTC。进入以下菜单项：Chassis/ABS/VSC/TRC/DTC。
- 检查 DTC 的详情。
- 清除 DTC。
- 将诊断仪连接到 DLC3。
- 将发动机开关置于“ON”（IG）位置。
- 接通诊断仪。
- 操作诊断仪清除代码。进入以下菜单项：Chassis/ABS/VSC/TRC/DTC/Clear。

b. 未使用诊断仪时故障码的读取

- 使用检查线连接 DLC3 的端子 TC 和 CG，如图 3-76 所示。

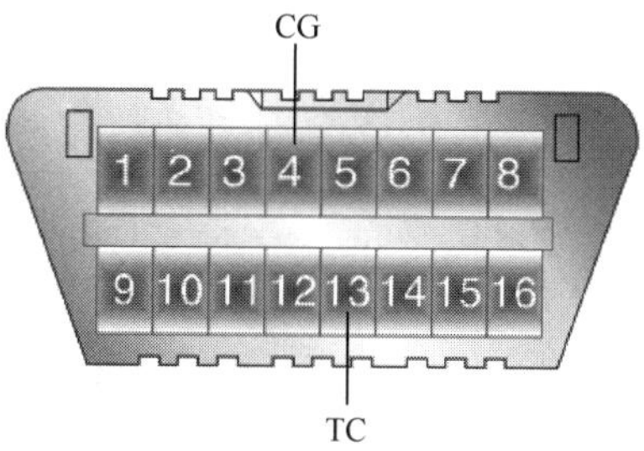

图 3-76 DLC3 连接器

- 将发动机开关置于“ON”（IG）位置。

● 观察 ABS 警告和 VSC OFF 指示灯的闪烁方式，读取多信息显示屏以识别 DTC。

提示：如果无代码出现，检查 TC 和 CG 端子电路以及 ABS 警告和 VSC OFF 指示灯电路。

例如：图 3-77 显示 ABS 警告和 VSC OFF 指示灯的正常系统代码和故障码 11 和 21 的闪烁方式，及 ABS 和 VSC 在多功能信息显示屏上故障码 32 的显示。

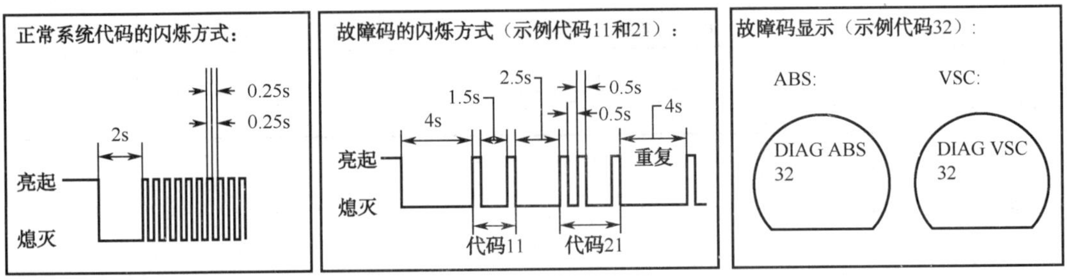

图 3-77 故障码的闪烁方式及故障码显示

● 检查完成后，断开 DLC3 的端子 TC 和 CG 以关闭显示屏。

如果同时检测到两个或更多个 DTC，则按升序显示 DTC。

c. 故障码读取/清除结束

● 将发动机开关置于“ON”（IG）位置。

● 检查并确认 ABS 警告灯在约 3s 内熄灭。

任务 2 汽车转向控制系统

1. 电控液压式动力转向系统的检修

1）概述

电子控制动力转向按动力转向的能源来分有：电控液压式动力转向系统和电控电动式动力转向系统两种（图 3-78）。

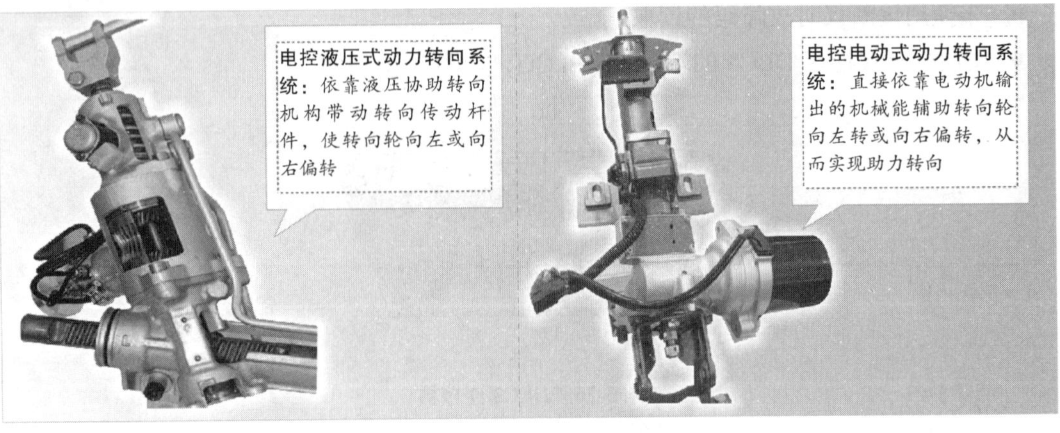

图 3-78 电子控制动力转向的分类

电控液压动力转向系统是在原先液压动力转向系统的基础上，增加了传感器、电子控制单元（ECU）和执行器（电磁阀）等所组成的系统，如图 3-79 所示。

现代电控液压动力转向系统的主要类型大多为车速响应型，即主要根据车速的变化，通过传感器向计算机模块或 ECU 传递信号，经过处理后控制电液转换装置，改变动力转向器转向的手力，使驾驶员的转向手力根据车速和行驶条件的变化而得到改变。也就是说，在低速行驶或转急弯时，能以很小的转向手力进行操作，以获得较轻便的转向；而在高速行驶时能以稍重的转向手力进行稳定的操作，以避免转向“发飘”，使转向的操纵性和稳定性达到最合适的平衡状态。

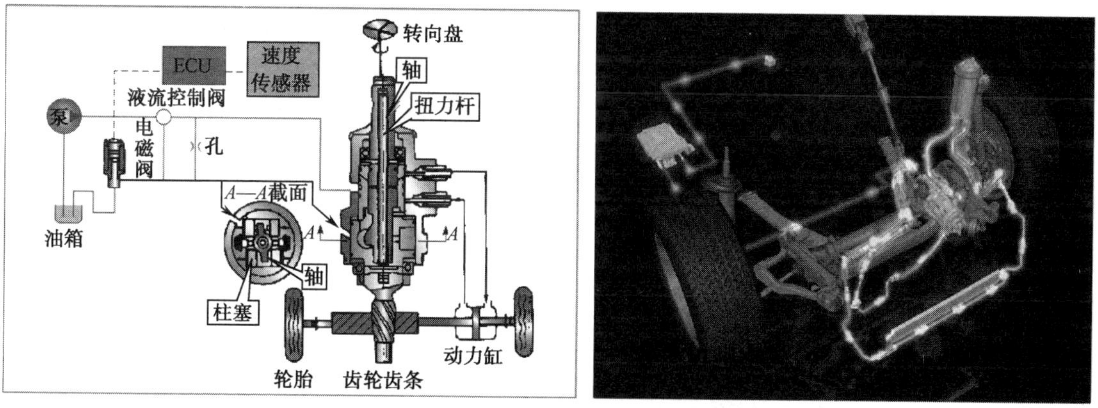

图 3-79 电控液压动力转向系统的组成

2）电控液压式动力转向系统的结构与工作原理

电控液压式动力转向系统的种类有可变量孔式液压动力转向、旁通式液压动力转向、反力式液压动力转向、电磁式液压动力转向和电动式液压动力转向五种。

其中，前四种转向系统的油泵都是由发动机直接驱动的，因此发动机在转向时和不转向时都要消耗功率来驱动油泵。电动液压动力转向（Electrically Powered Hydraulic Steering，EPHS）系统是利用电动机直接驱动液压转向泵的，与发动机不发生机械上的联系。上海大众生产的 2002 款波罗（POLO）轿车装备的是电动式液压动力转向系统。

（1）结构

图 3-80 所示的是波罗轿车电动液压动力转向系统示意图。

系统中的转向盘转角传感器是在转向管柱上安装了由 60 块磁铁组成的一个圆环，传感器是霍尔集成电路，产生的霍尔电压的大小取决于磁场强度的大小和方向，管柱中的转向轴旋转时，使磁场强度的强弱周期性变化，从而产生方波信号。

电动泵总成安装在发动机室左侧的车架纵梁上，采用橡胶减震悬架支撑，并且采用了消音罩进行密封，以达到隔音的效果。其组成包括齿轮泵、限压阀和电子控制单元（ECU）以及液压油的储油罐，它们都组合在一起。

动力转向的控制采用的是转阀。油泵的高压油从 d 出口（图 3-81）经过止回阀到转阀，从 c 流回储液罐，转阀的 a 出口通到工作缸右油室，转阀的 b 出口通往工作缸左油室。

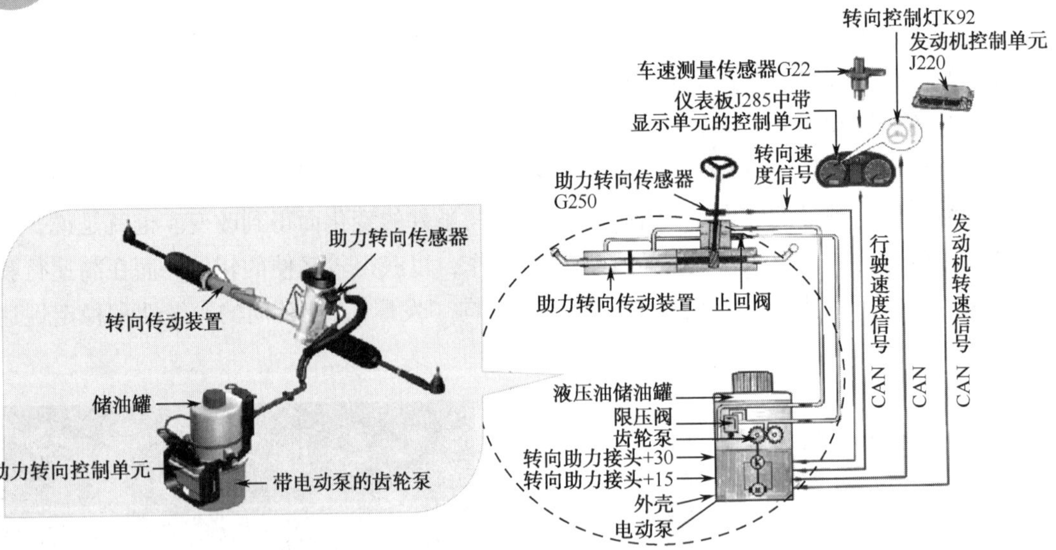

图 3-80　波罗轿车电动液压动力转向系统示意图

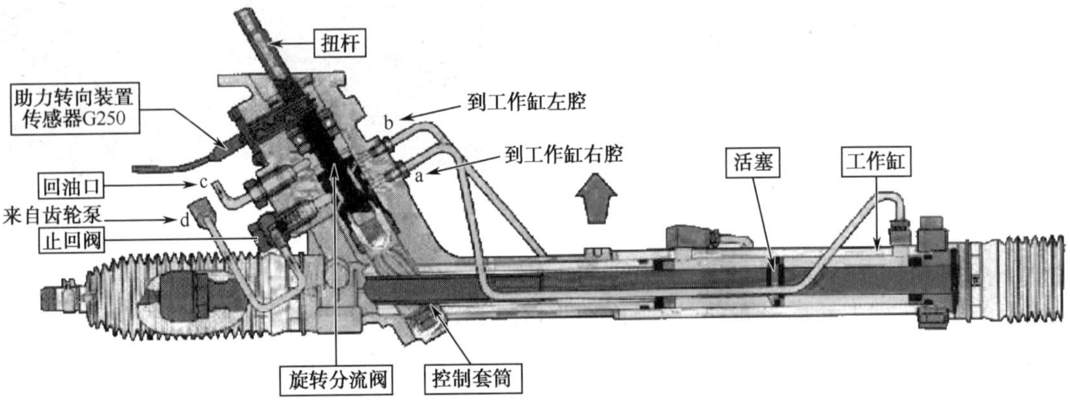

图 3-81　转向器剖面图

（2）工作原理

直线行驶时，扭力杆处于中间位置［图 3-82（a）］，当动力转向角度传感器测得转向角速度为 0 时，转阀的阀心与阀套之间无相对转角，其控制槽位于中央位置，液压油可以进入工作缸的左、右油室，这样液压油毫无压力地流回储液罐。左、右油室无压力差，不产生转向助力作用。

当汽车左转弯时［图 3-82（b）］，驾驶员转动转向盘使扭力杆扭转变形，阀心相对阀套旋转一个角度，如图中箭头所指方向，使得从 d 进油口的来油，只能流向 a 出口，进入工作缸右腔室，同时关闭转阀的 b 进油口，工作缸左腔室的油从 b 返回到 c 回油口，再回到储液罐。

在仪表盘上有一个指示灯，车辆点火开关接通时，该灯亮，表示系统进行自检；自检通过后，该灯灭。如该灯一直亮着，表示系统有故障。

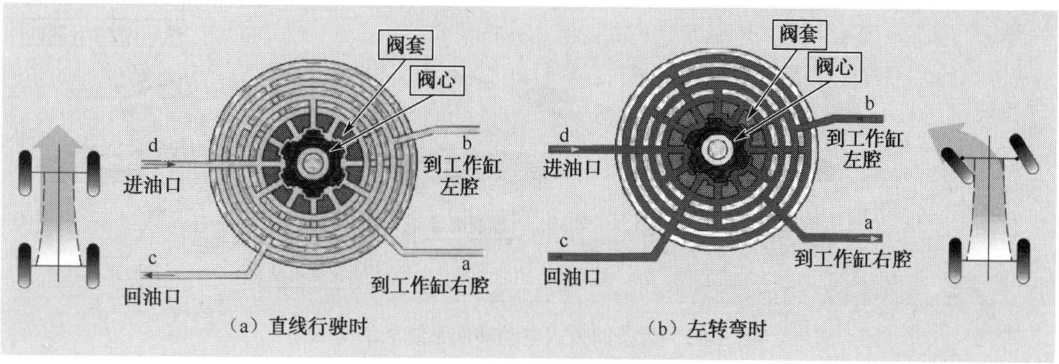

图 3-82 EPHS 的工作原理

2. 电控电动式动力转向系统

1）电控电动式动力转向系统的分类

根据电动机布置的不同，电控电动式动力转向系统可分为转向轴助力式、齿轮助力式及齿条助力式三种，如图 3-83、图 3-84、图 3-85 所示。

（1）转向轴助力式电动转向系统的电动机固定在转向轴一侧，由离合器与转向轴相连，直接驱动转向轴进行动力转向。

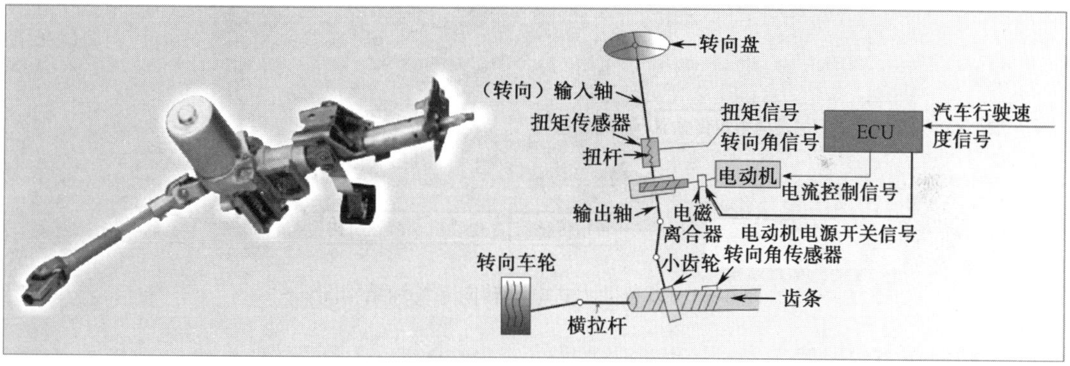

图 3-83 转向轴助力式电动转向系统和结构原理图

（2）齿轮助力式电动转向系统的电动机和离合器与小齿轮直接相连，从而直接驱动齿轮进行动力转向。

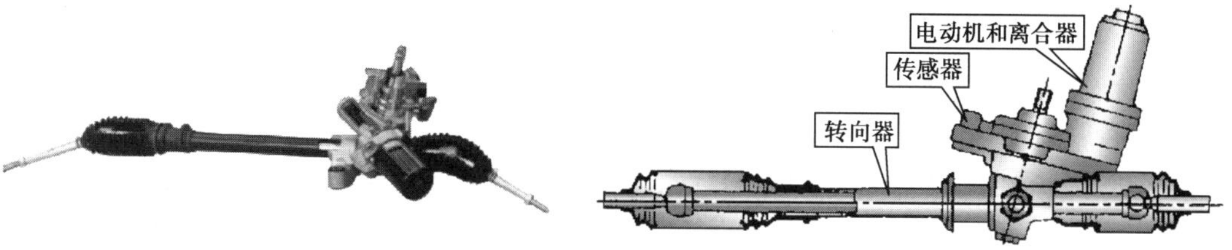

图 3-84 齿轮助力式电动转向系统和结构图

（3）齿条助力式电动转向系统的电动机与齿条为一体，电动机转动时带动循环螺母转动，使螺杆产生轴向位移，直接起动力转向作用。

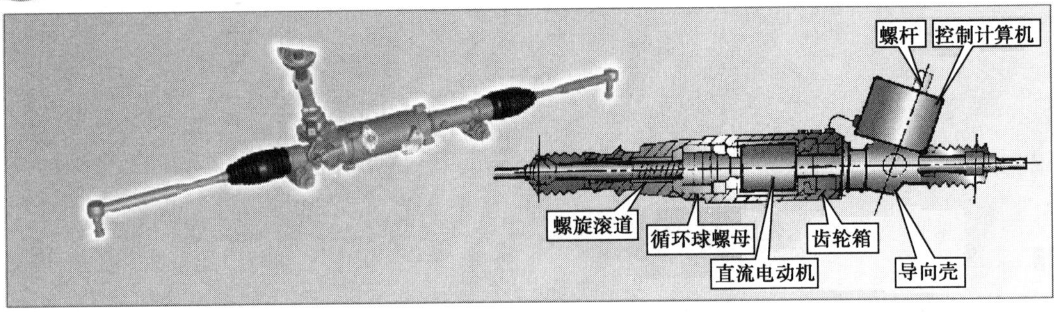

图 3-85　齿条助力式电动转向系统和结构图

2）系统结构与工作原理

下面以齿条式电动动力转向系统为例（图 3-86），说明它的基本结构和工作原理。

电控齿条式电动动力转向系统除机械转向系外，其他部件主要有转向扭矩传感器、转角传感器、车速传感器、电动机、减速机构、电控 ECU 等。

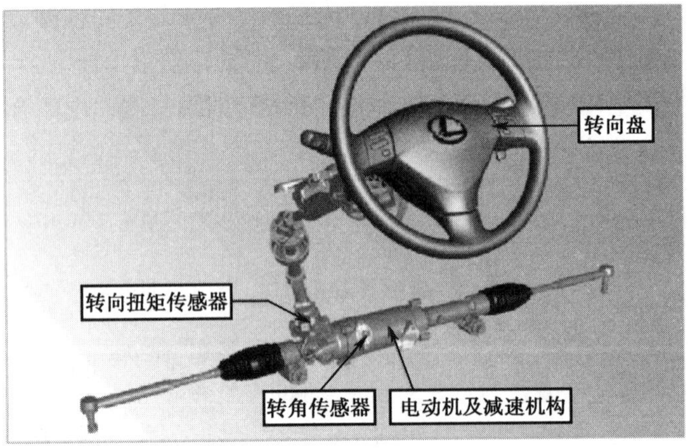

图 3-86　齿条助力式电动转向系统和结构图

（1）转向扭矩传感器

转向扭矩传感器的作用是检测转向盘的操纵方向和操纵力，它包括转子和定子两部分，分别安装在方向盘的输入轴和转向小齿轮的输出轴上，如图 3-87 所示。

① 转子部分

转子部分由上下两层构成，且均装有转矩传感器。输入轴和输出轴两者上部是刚性连接，由汽车方向盘的转轴即输入轴驱动。其下层转子带动小齿轮推动齿条的平移，驱动转向轮左右转向。

转向扭矩传感器的上层部分由方向盘直接驱动，由于下端没有负载，因此它的转动量与方向盘转轴完全同步。但转矩传感器的下层部分带有转向小齿轮（有一定阻力），中间通过细扭转杆驱动，导致下层转子的转动量相对较小，这就造成上、下层转子在机械上会产生相对角位移差。当汽车转向时，在不同的道路条件遇到不同的转向阻力，输入轴与输出轴这两个转轴会产生与转向转矩大小相应的角度差。

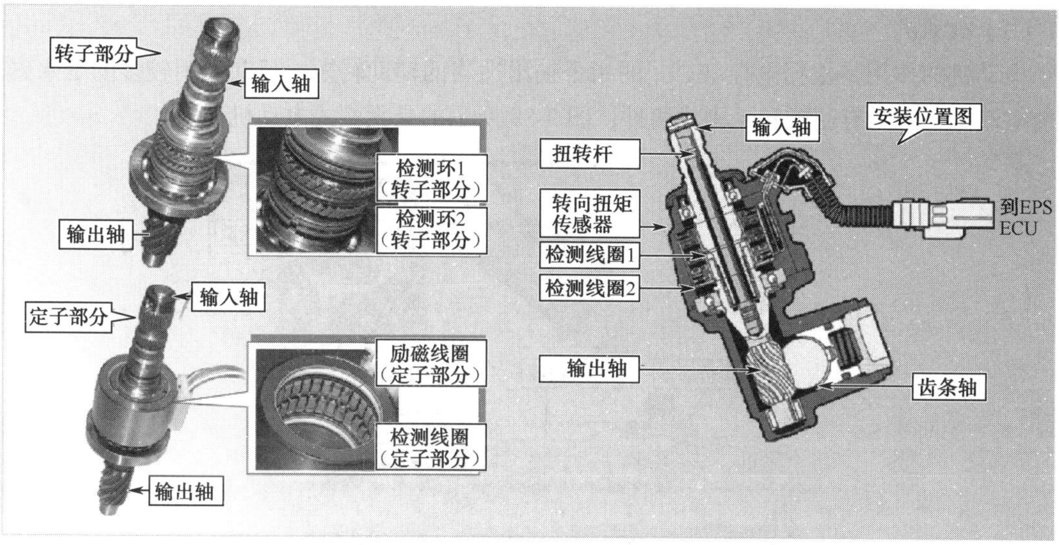

图 3-87 转向扭矩传感器结构及安装位置

② 定子部分

定子部分也有上下两层线圈，分别对应转子的上下部。定子线圈部分有两种线圈分布，分别是励磁线圈和检测线圈。其励磁线圈对转子部分的线圈通过电磁感应起励磁作用；检测线圈则将输入、输出轴的上下角差（转向转矩）检测出来，向电子控制单元输送电信号，这个电信号是以定子线圈上的两列正弦波的相位差，反映此时转矩传感器检测到的转矩大小。

（2）转角传感器

转角传感器的作用是检测电动机的旋转角，图 3-88 所示的是电磁感应式转角传感器，这个传感器转子为凸极式，转子与电机转子是连成一体的。定子线圈呈圆环状，套在转子外，通过电磁感应原理，检测出转子的转角。

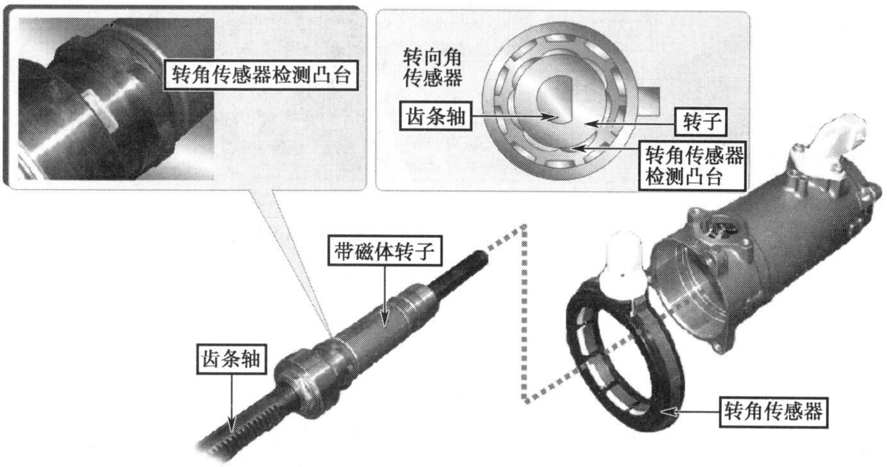

图 3-88 转角传感器的安装位置

（3）电动机

电动机的作用是根据电控 ECU 的指令输出适当的辅助转矩。目前采用较多的是永磁式直流电动机，分为有刷式和无刷式两种，图 3-89 所示的是无刷式电动机。

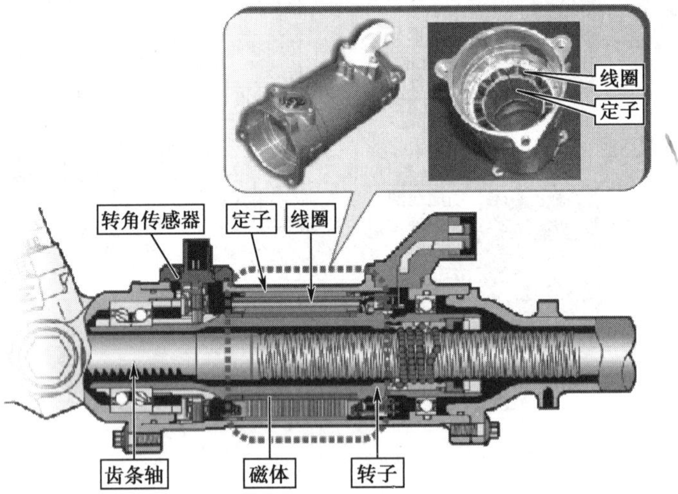

图 3-89　无刷式电动机

（4）减速机构

助力电动机转速高，转矩小，必须经由减速机构减速增转矩后驱动转向器。常用的减速机构有蜗杆涡轮传动、螺杆螺母传动、行星齿轮减速、滚珠式齿轮减速机构等。图 3-90 所示的是滚珠式齿轮减速机构。

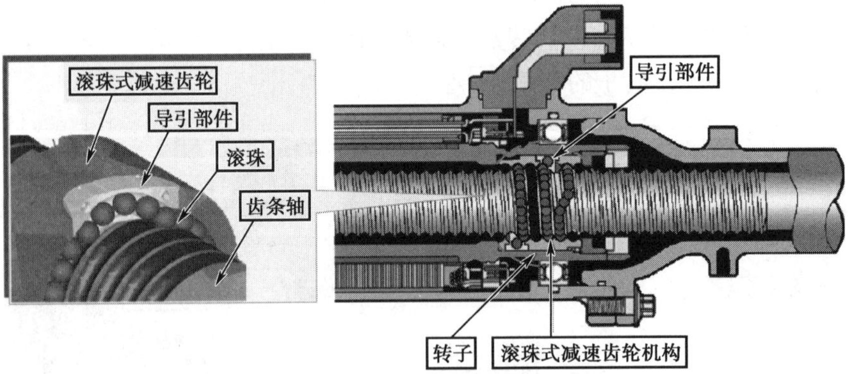

图 3-90　滚珠式齿轮减速机构

（5）电控 ECU

EPS 电子控制器（ECU）的基本组成如图 3-91 所示。

工作时，转向转矩和转向角信号被输入到中央处理器（CPU），中央处理器根据这些信号和车速计算出最优化的助力转矩。ECU 把已计算出来的参数值作为电流命令值转换为模拟量，再将其输入到电流控制电路；电流控制电路把来自微处理器的电流命令值同电动机电流的实际值进行比较，产生一个差值信号。该差值信号被送到驱动电路，该电路可驱动动力装置并向电动机提供控制电流，也即当转矩传感器和转向角传感器的信号经处理后，微处理器就在其内存中寻找与该信号相匹配的电动机电流值，然后将此值进行数字模拟转换，输送给驱动电路。微处理器同时给电动机驱动电路输出另一个信号，即决定电动机（左转或右转）的转动方向。

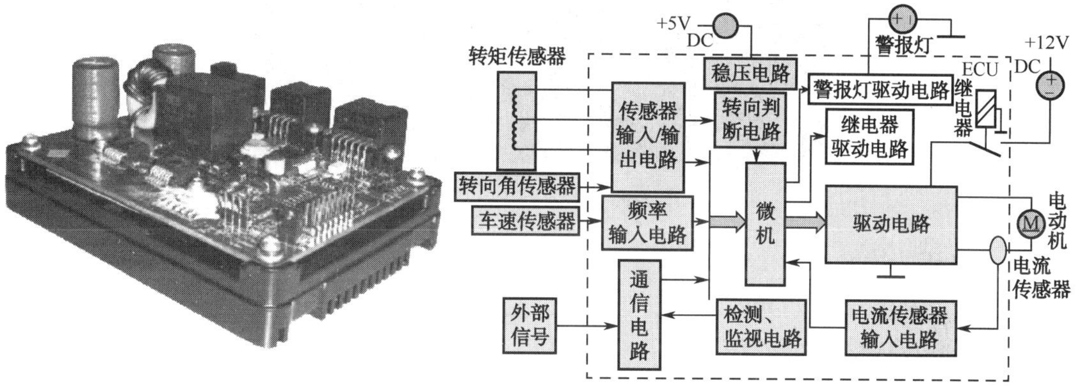

图 3-91　典型的 ECU 结构框图

3）电控电动式动力转向系统的检修

下面以丰田卡罗拉轿车为例，讲解电控电动式动力转向系统的检修。丰田卡罗拉轿车转向系统为转向轴助力式电动转向系统，如图 3-92 所示。

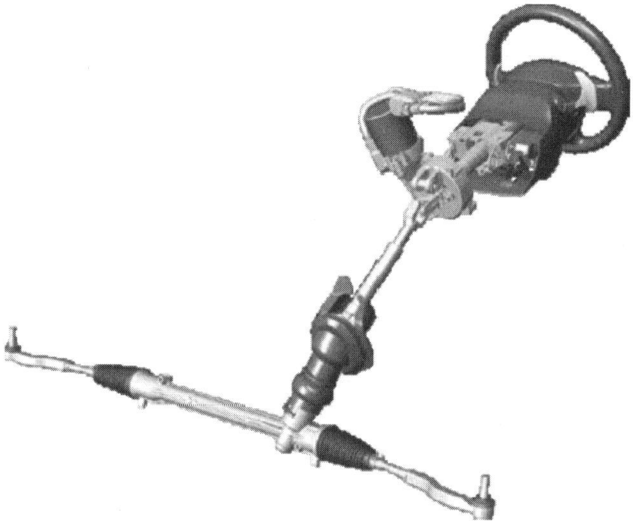

图 3-92　卡罗拉轿车转向系统

（1）故障自诊断

卡罗拉电控电动式动力转向系统具有自诊断功能，如果动力转向系统出现故障，组合仪表中的 P/S 警告灯会亮起以告知驾驶员出现故障。P/S 警告灯位置如图 3-93 所示。

图 3-93　卡罗拉 P/S 警告灯

① 故障码的读取

- 将点火开关置于“OFF”位置。
- 将诊断仪连接到 DLC3。
- 将点火开关置于“ON”（IG）位置并打开诊断仪主开关。
- 根据诊断仪的提示读取 DTC。

② 清除 DTC

- 将点火开关置于“OFF”位置。
- 将诊断仪连接到 DLC3。
- 将点火开关置于“ON”（IG）位置并打开诊断仪主开关。
- 根据诊断仪的提示清除 DTC。
- 将点火开关置于“OFF”位置。
- 从 DLC3 上断开诊断仪。

③ 故障码表

如果在故障码的检查过程中显示任何 DTC（故障码），检查这些 DTC 对应的电路，如表 3-4 所示。

表 3-4　故障码表

DTC 代码	检测项目	故障部位	恢复正常	P/S 警告灯
C1511	扭矩传感器电路故障	（1）转向柱总成（扭矩传感器） （2）动力转向 ECU	点火开关再次置于 ON（IG）位置	亮
C1512	扭矩传感器电路故障	（1）转向柱总成（扭矩传感器） （2）动力转向 ECU	点火开关再次置于 ON（IG）位置	亮
C1513	扭矩传感器电路故障	（1）转向柱总成（扭矩传感器） （2）动力转向 ECU	点火开关再次置于 ON（IG）位置	亮
C1514	扭矩传感器电路异常	（1）转向柱总成（扭矩传感器） （2）动力转向 ECU	点火开关再次置于 ON（IG）位置	亮

续表

DTC 代码	检 测 项 目	故 障 部 位	恢 复 正 常	P/S 警告灯
C1515	扭矩传感器零点调整来进行	（1）扭矩传感器零点校正 （2）转向柱总成	扭矩传感器零点校正后	亮
C1516	扭矩传感器零点调整来完成	（1）扭矩传感器零点校正失败 （2）转向柱总成	扭矩传感器零点校正正常后	亮
C1517	扭矩保持不正常	（1）转向柱总成（扭矩传感器） （2）动力转向 ECU	点火开关再次置于 ON（IG）位置	亮
C1524	电动机电路故障	（1）转向柱总成 （2）动力转向 ECU	点火开关再次置于 ON（IG）位置	亮
C1531	ECU 故障	动力转向 ECU	点火开关再次置于 ON（IG）位置	亮
C1532	ECU 故障	动力转向 ECU	点火开关再次置于 ON（IG）位置	亮
C1533	ECU 故障	动力转向 ECU	点火开关再次置于 ON（IG）位置	—
C1534	ECU 故障	动力转向 ECU	点火开关再次置于 ON（IG）位置	亮
C1535	ECU 故障	动力转向 ECU	—	亮
C1551	IG 电源电压故障	（1）ECU-IG No.1 保险丝 （2）IG 电源电路 （3）动力转向 ECU	点火开关再次置于 ON（IG）位置和正常校正后	亮
C1552	PIG 电源电压故障	（1）EPS 保险丝 （2）IG 电源电路 （3）动力转向 ECU	点火开关再次置于 ON（IG）位置和正常校正后	亮
C1553	PIG 电源过电压	（1）IG 和 PIG 电源电路 （2）动力转向 ECU	点火开关再次置于 ON（IG）位置和正常校正后	亮
C1554	电源继电器故障	（1）EPS 保险丝 （2）IG 电源电路 （3）动力转向 ECU	点火开关再次置于 ON（IG）位置	亮
C1555	电动机继电器焊接故障	动力转向 ECU	点火开关再次置于 ON（IG）位置	亮
C1581	ECU 故障	动力转向 ECU	—	亮
U0100	与 ECM/PCM “A” 失去通信	（1）CAN 通信系统 （2）ECM	点火开关再次置于 ON（IG）位置和正常校正后	亮
U0129	与制动系统控制模块失去通信	（1）CAN 通信系统 （2）防滑控制 ECU	点火开关再次置于 ON（IG）位置和正常校正后	亮

（2）故障诊断表

使用故障诊断表，可以查找故障部件，如表 3-5 所示。

注意：表中是以递减的顺序表示故障原因的可能性。按顺序检查每个可疑部件，必要时维修或更换有故障的零件或进行调整。

表 3-5　故障诊断表

症　状	可疑部位
转向困难	前轮胎（充气不当，磨损不均匀）
	前轮定位（错误）
	前悬架（下球节）
	转向机总成
	扭矩传感器（内置于转向柱）
	动力转向电动机
左右转向力矩不同或转向力矩不匀	前悬架（下球节）
	转向机总成
	扭矩传感器（内置于转向柱）
	转向柱总成
	动力转向电动机
	动力转向 ECU
行驶时转向力矩不随车速改变或方向盘不能正确回正	前悬架（下球节）
	转速传感器
	防滑控制 ECU（带 VSC）
	防滑控制 ECU（不带 VSC）
	扭矩传感器（内置于转向柱）
	动力转向电动机
	动力转向 ECU
	CAN 通信系统
转向困难	蓄电池和电源系统
	动力转向 ECU 电源电压和继电器
	动力转向 ECU
左右转向力矩不同或转向力矩不匀	转向中心点（零点）记录错误
	前轮胎（充气不当、磨损不均匀）
	前轮定位（错误）
动力转向工作时，前后转动方向盘时出现敲击（或摇动）鸣响	前悬架（下球节）
	转向中间轴
	动力转向 ECU
低速行驶期间，转动方向盘时出现噪声	动力转向机
	转向柱总成
低速行驶期间，转动方向盘时出现摩擦声	动力转向电动机
	转向柱总成
车辆停止期间，缓慢转动方向盘时出现尖锐的声音（吱吱响）	动力转向电动机
车辆停止时将方向盘左右转到底，方向盘出现振动和噪声	动力转向机
	转向柱总成
P/S 警告灯不亮或一直亮	动力转向 ECU 电源电压
	EPS 警告灯电路
	动力转向 ECU

（3）转向系统各部件的检查

① 转向扭矩传感器的检测

对于转向扭矩传感器的好坏，可通过检测传感器线圈的电阻和传感器的电压来进行判断。

a. 转向扭矩传感器线圈的检测

从转向器上拔开转向扭矩传感器插接器，其端子排列如图 3-94 所示，用万用表电阻（R）挡测 5 号与 8 号、7 与 8 号端子间的电阻值，若所测值不符合原厂标准值，则转向扭矩传感器损坏。

b. 转向扭矩传感器电压的检测

用万用表电压（U）挡对上述各端子之间的电压测试时，需将转向盘位于中间位置，正常电压值应为 2.5V，若电压值在 4.7V 以上为断路，0.3V 以下为短路。

② 电动机的检测

从转向器上断开电动机插接器（图 3-95），用万用表电阻挡测其两端子的电阻值，正常应在 0.08 ~ 0.15Ω之间。给电动机加上蓄电池电压（12V）时，电动机应有转动声音，若不正常，更换电动总成。

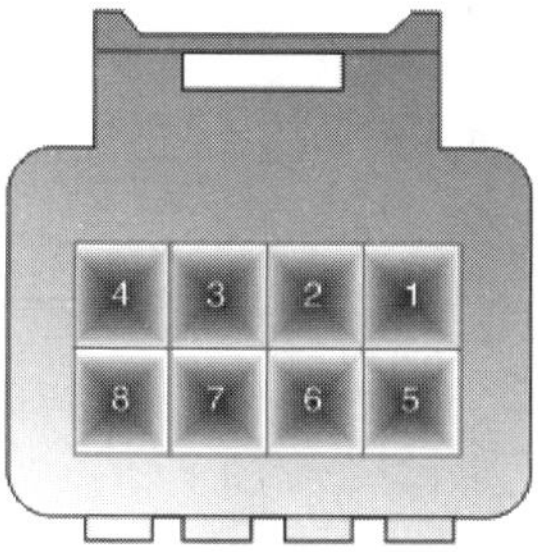

图 3-94　转向扭矩传感器插接器

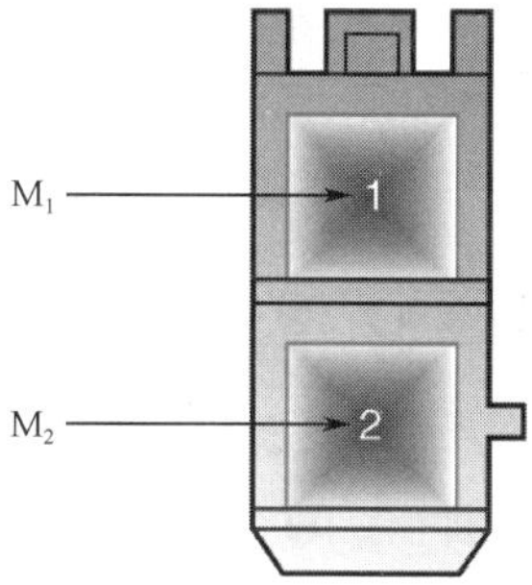

图 3-95　电动机插接器

4）电控动力转向系统故障维修实际操作

在掌握了电控电动式动力转向系统的维修知识后，以锐志乘用车转向异常沉重，同时 P/S 灯点亮故障为例，介绍维修过程。

读取故障代码为 C1525、C1526、C1528。其含义是转角传感器初始化未完成，以及电动机旋转角度传感器故障。维修资料指出，当出现 C1528 故障代码时，系统进入失效保护状态，动力转向系统停止工作。

用丰田专用检测仪 IT-II 清除故障代码，C1528 可以清除，而 C1525、C1526 始终无法清除。再对转角传感器进行初始化，结果检测仪显示初始化失败，说明电动机旋转角度传感器确实存在故障。在拔下转角传感器接插头时发现其内部有进水的痕迹，线插已覆盖了一层绿色的铜锈，出现电腐蚀现象。插头进水使传感器信号发生短路，电动转向控制单元接收不到角度传感器信号，使电动助力转向系统进入保护状态，转向助力停止工作，控制单元同时记录故障代码 C1528。清除插头内的水分和铜锈，再用 IT-II 对马达转角传感器进行初始化，故障彻底排除。P/S 灯不再点亮，方向盘转动轻松灵活，故障排除。

3. 电子控制四轮转向系统的检修

1）四轮转向系统的作用

汽车的四轮转向是指汽车在转向时，四个车轮都可相对车身主动偏转（图 3-96），使之起到转向作用，以改善汽车的转向机动性能。

图 3-96　汽车四轮转向

前后转向轮的转向控制有同向和反向两种情况（图 3-97）。

图 3-97　同向转向和反向转向

（1）反向转向

转向系统中后轮与前轮的转向方向相反，这种转向方式转弯半径比两轮转向的转弯半径小，提高了汽车停车或在狭小空间转向的机动性，适于汽车低速行驶时的调头或倒车的情况。

（2）同向转向

转向系统中后轮与前轮的转向方向相同，这种转向方式转弯半径比两轮转向的转弯半径大，减小了汽车调整行驶转向时的旋转和侧滑，适于汽车高速行驶时的转弯或变换车道的情况。

2）电控四轮转向系统的组成

按照后轮转向机构控制和驱动方式的不同，电控四轮转向可分为电控机械式、电控液压式和电控电动式三种，目前应用最广泛的是电控电动式，如图 3-98 所示。

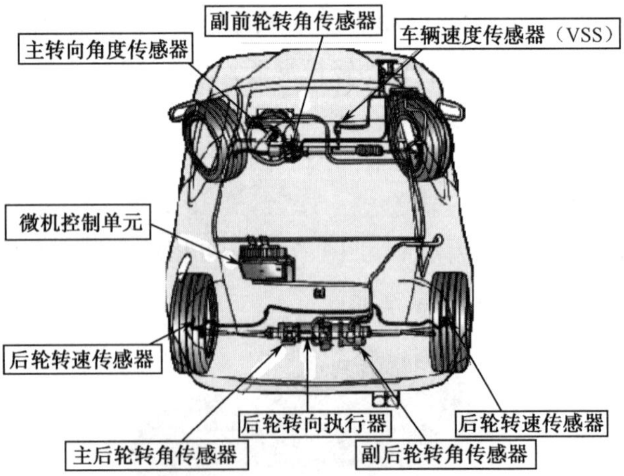

图 3-98　电控四轮转向系统

（1）主转向角度传感器

转向角度传感器也称转向盘转动传感器。主转向角度传感器安装在组合开关下方的转向柱上。主转向角度传感器内装有转动速度传感器和转向盘方向传感器。转向角度传感器包含一排在传感器下方转动的、变换极性的磁铁（图 3-99）。当转向盘转动时，转动速度传感器向控制单元发送与转向盘转速和前轮转角相关的信号。

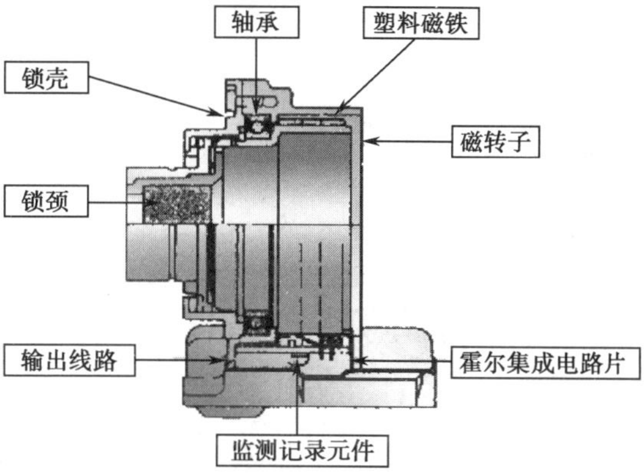

图 3-99 含有转动速度传感器和方向传感器的主转向角度传感器

转向盘方向传感器包含一只绕转向柱的环形磁铁。这只磁铁有一个北极，也有一小部分是南极。控制单元利用方向传感器传来的信号确定转向盘的转动方向。

（2）副前轮转角传感器

副前轮转角传感器安装在前齿轮齿条转向器内。这个传感器含有一个与副后轮角度传感器十分相似的锥形轴。这个副前轮转向传感器向控制单元发送与前转向角相关的信号。

（3）主后轮转角传感器

主后轮转角传感器位于后轮转向执行器的左侧。该传感器含有一个随循环球螺杆旋转的脉冲环。一只电子传感器直接安装在脉冲环上部（图 3-100）。当循环球螺杆与脉冲环旋转时，这个传感器向控制单元发出数字电压信号，显示后轮转角。

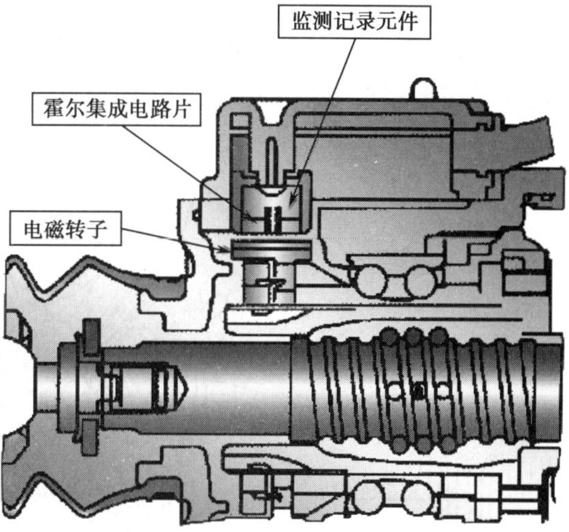

图 3-100 安装在后轮转向执行器上的主后轮转角传感器

（4）副后轮转角传感器

副后轮转角传感器安装在后轮转向执行器上与主后轮转角传感器相反的一侧。副后轮转角传感器含有一只连接在齿条轴上的锥形轴（图 3-101）。这只锥形轴与齿条一同水平移动。一根在副后轮转角传感器上的插棒与锥形轴锥面接触。当锥形轴水平移动时，锥面使传感器插棒来回运动。这根插棒的运动使传感器产生模拟电压信号，将转角信息传送到控制单元。

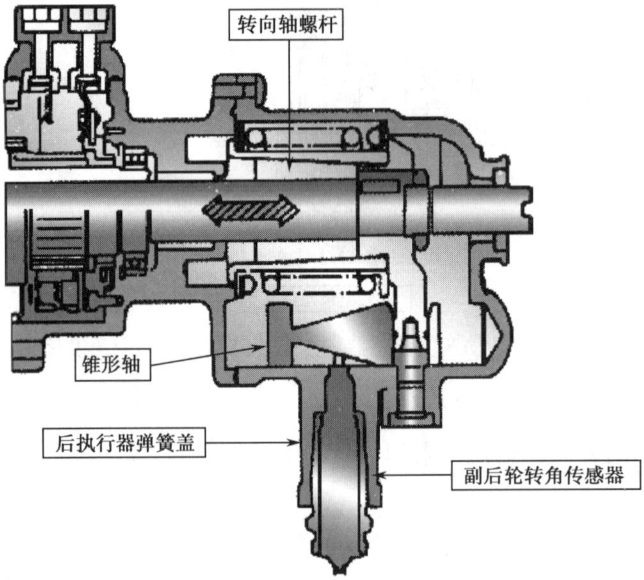

图 3-101　安装在后轮转向执行器上的副后轮转角传感器

（5）后轮转速传感器

后轮转速传感器安装在每个后轮上。这些传感器与防抱死制动系统（ABS）控制单元以及四轮转向控制系统相连接。每一只后轮毂上安有一只带槽的环，轮速传感器就直接安装在这些环的上方（图 3-102）。这些传感器包括一只绕有线圈的永久磁铁。当后轮转动时，带槽的环上的齿经过传感器，这样就在传感器内产生电压。

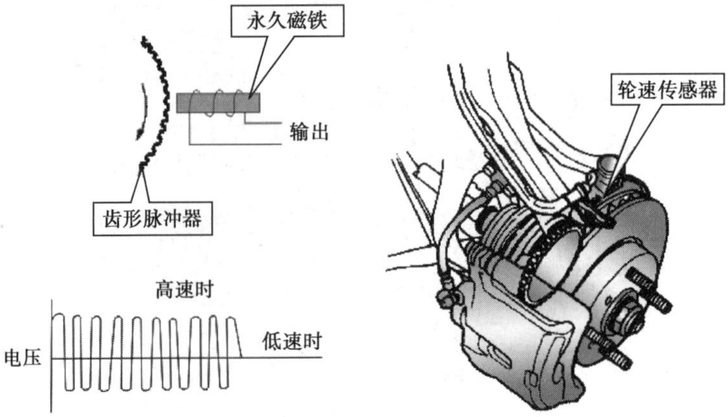

图 3-102　后轮转速传感器

（6）车速度传感器

车速度传感器将与车辆速度相关的电压信号送到四轮转向系统控制单元。这个车辆速度信息也被送到自动变速器控制单元。

（7）后轮转向执行器

后轮转向执行器与电动转向器相似，转向执行器通过拉杆与后轮转向臂和转向节相连。执行器包含一个通过球螺杆机构驱动转向齿条的电动机（图 3-103）。执行器内的回位弹簧在点火开关关闭时或四轮转向系统失效时将后轮推回直线行驶位置。执行器的顶端装有一个主后轮转角传感器和一个副后轮转角传感器。

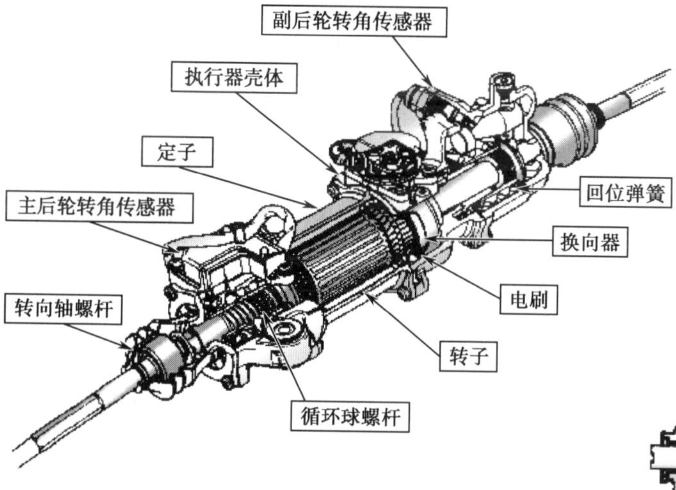

（a）构造

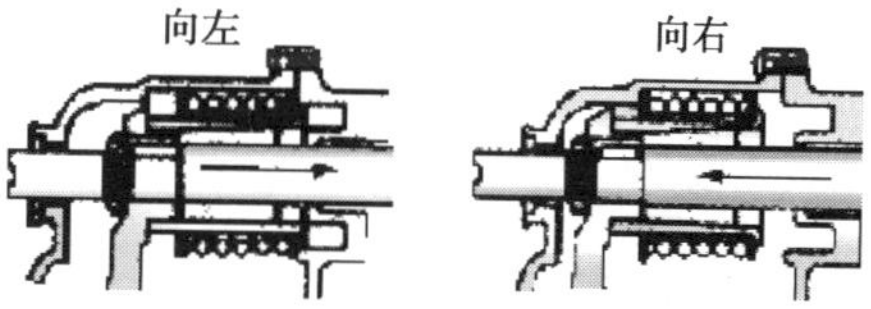

（b）回位弹簧的工作

图 3-103　后轮转向执行器构造

任务 3　汽车悬架控制系统

1. 汽车悬架的基本组成

汽车悬架（图 3-104）一般由弹性元件、减震器和导向机构（横向稳定杆、摆臂、纵向推力杆等）三部分组成。

1）弹性元件

弹性元件的作用是使车架（或车身）与车桥（或车轮）之间成为弹性连接和弹性的充气轮胎一起缓和不平路面对车辆的冲击，提高乘员的舒适性，避免货物损坏，延长汽车使用寿命。汽车悬架系统所用的弹簧主要有钢板弹簧、螺旋弹簧、扭杆弹簧、油气弹簧和空气弹簧等。

图 3-104　汽车悬架系统组成

（1）钢板弹簧

钢板弹簧是由若干片等宽但不等长（厚度可以相等，也可以不相等）的合金弹簧片组合而成的一根近似等强度的弹性梁（图 3-105）。钢板弹簧纵向安置时具有导向能力，所以采用纵置钢板弹簧的悬架不必另设独立的导向机构。多片钢板弹簧变形时，各片之间有相对滑动而产生摩擦，可以衰减车身的震动，因而在对舒适性要求不高的钢板弹簧悬架中，不安装减震器，以简化结构。

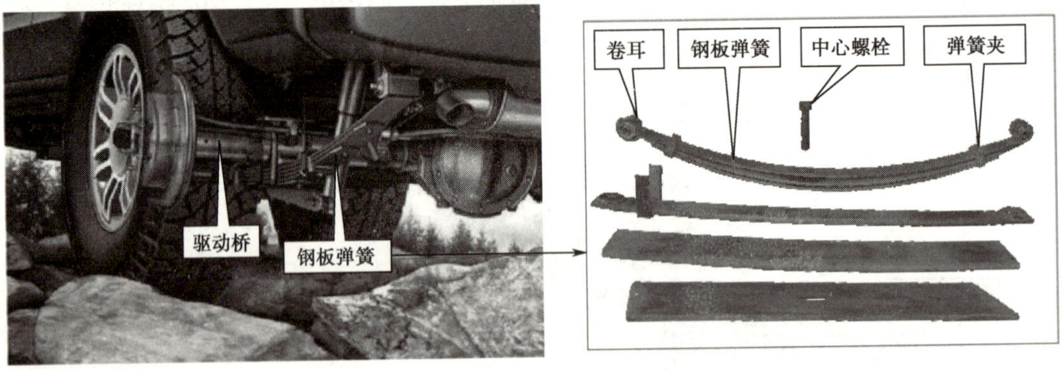

图 3-105　钢板弹簧

（2）螺旋弹簧

图 3-106　螺旋弹簧

螺旋弹簧和钢板弹簧比较，螺旋弹簧具有以下优点：无须润滑，不怕污泥；安置它所需的纵向空间不大；弹簧本身质量小。但螺旋弹簧只能承受垂直载荷，故必须装设导向机构以传递垂直力以外的各种力和力矩，并且螺旋弹簧本身没有减震作用，因此在螺旋弹簧悬架中必须另装减震器。螺旋弹簧实物图如图 3-106 所示

（3）扭杆弹簧

扭杆弹簧本身是一根由弹簧钢制成的杆（图 3-107）。扭杆断面通常为圆形，少数为矩形或管形。其两端形状可以做成花键、方形、六角形或带平面的圆柱形等，以便一端固定在车架上，另一端固定在悬架的摆臂上。摆臂则与车轮相连。当车轮跳动时，摆臂便绕着扭杆轴线而摆动，使扭杆产生扭转弹性变形，借以保证车轮与车架的弹性联系。有的扭杆由一些矩形断面的薄条（扭片）组合而成，这样，弹簧更为柔软。

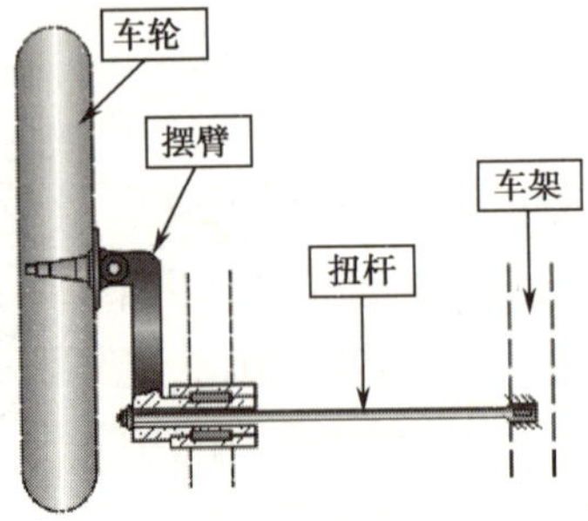

图 3-107　扭杆弹簧示意图

扭杆弹簧单位质量的储能量是钢板弹簧的 3 倍，比螺旋弹簧高。因此，采用扭杆弹簧的悬架质量较小，结构比较简单，也不需要润滑，并且通过调整扭杆弹簧固定端的安装角度，易实现车身高度的自动调节。

此外，扭杆弹簧在汽车上的布置比较方便，它可以与汽车纵轴线平行地布置，也可以横向布置。纵向布置时，可以方便地安装满足设计要求长度的扭杆，以保证悬架具有良好的性能。

（4）油气弹簧

油气弹簧以高压惰性气体（一般为氮气）作为弹性介质，以油液作为传力介质的气体弹簧，利用气体的可压缩性来执行弹簧缓冲的作用，如图 3-108 所示。

（5）空气弹簧

空气弹簧一般用于电子悬架系统中，空气弹簧以压缩空气作为弹性介质，利用气体的可压缩性实现弹簧的作用。空气弹簧又有囊式和膜式两种，如图 3-109 所示。

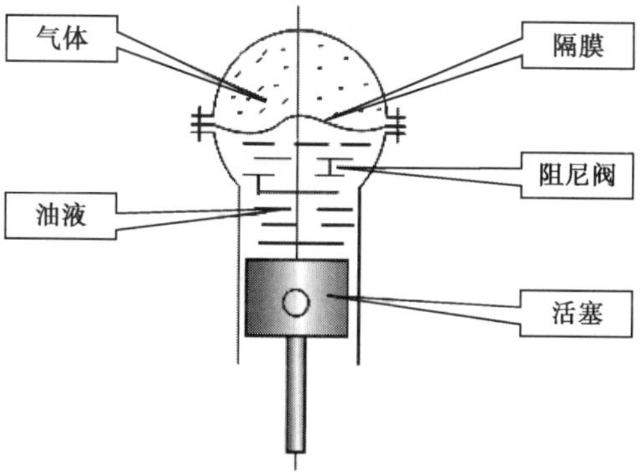

图 3-108 油气弹簧示意图

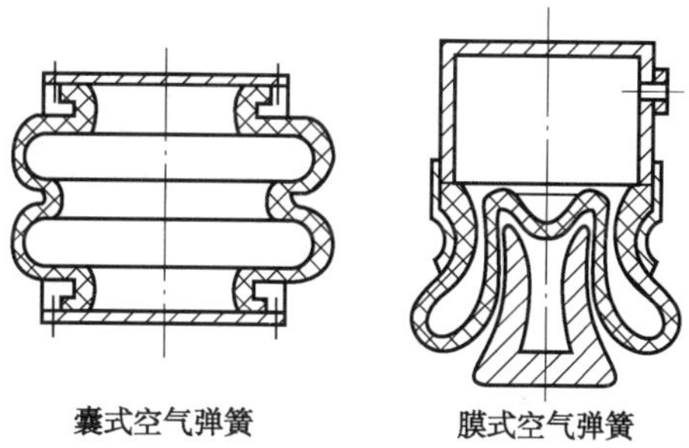

图 3-109 空气弹簧

2）减震器

弹性系统受到冲击会产生震动，持续的震动容易使乘员感到不舒适或疲劳，为了使弹性系统的震动迅速衰减，改善汽车行驶平顺性，悬架中还安装有减震器，使震动迅速衰减。

汽车减震器有液力式、充气式和阻力可调式几种。这里主要讲述液力式减震器。

目前汽车广泛采用筒式液力式减震器，并均能在压缩和伸张两个行程内起减震作用，故称为双向作用筒式减震器（图 3-110）。它一般具有四个阀：压缩阀、伸张阀、流通阀和补偿阀。流通阀和补偿阀是一般的单向阀，其弹簧很弱，当阀上的油压作用力与弹簧力同向时，阀处于关闭状态；而当油压作用力与弹簧力反向时，只要有很小的油压，阀便能开启。压缩阀和伸张阀是卸载阀，其弹簧较强，预紧力较大，只有当油压升高到一定程度时，阀才能开启。

双向作用筒式减震器的工作原理如下。

（1）压缩行程

如图 3-111 所示，当汽车车轮滚上凸起和滚出凹坑时，车轮移近车架（车身），减震器受压缩，减震器活塞下移。活塞下面的腔室（下腔）容积减小，油压升高，油液经流通阀流到活塞上面的腔室（上腔）。由于上腔被活塞杆占去一部分空间，上腔内增加的容积小于下腔减小的容积，故还有一部分油液推开压缩阀，流回储油缸。这些阀对油液的节流便造成对悬架压缩运动的阻尼力。

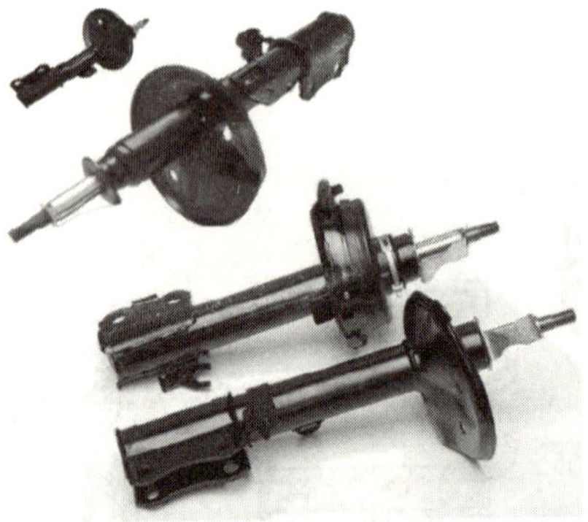

图 3-110　减震器

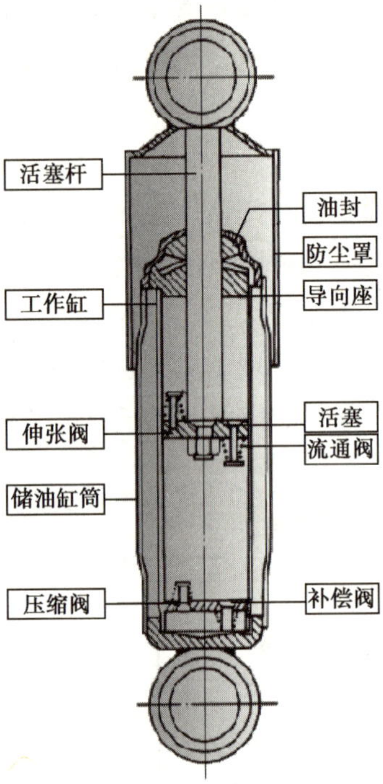

图 3-111　双向作用筒式减震器

（2）伸张行程

当车轮滚进凹坑或滚离凸起时，车轮相对车身移开，减震器受拉伸。此时减震器活塞向上移动。活塞上腔油压升高，流通阀关闭。上腔内的油液便推开伸张阀流入下腔。同样，由于活塞杆的存在，自上腔流来的油液还不足以充满下腔所增加的容积，下腔内产生一定的真空度，这时储油缸中的油液便推开补偿阀流入下腔进行补充。这些阀的节流作用造成对悬架伸张运动的阻尼力。

3）横向稳定杆

横向稳定杆的作用是防止车身在转向等情况下发生过大的横向倾斜。横向稳定杆位置如图 3-112 所示。弹簧钢制成的横向稳定杆呈扁平的 U 形，横向地安装在汽车的前端或后端。稳定杆中部自由地支承在两个固定在桥壳上的橡胶套筒内。横向稳定杆的两侧纵向部分的末端与下臂上的弹簧支座相连。

横向稳定杆的工作示意图如图 3-113 所示。

当车身只作垂直移动而两侧悬架变形相等时，横向稳定杆在套筒内自由转动，横向稳定杆不起作用。当两侧悬架变形不等而车身相对于路面横向倾斜时，车架的一侧移近弹簧支座，稳定杆的该侧末端就相对于车架向上移；而车架的另一侧远离弹簧支座，相应的稳定杆的末端则相对于车架向下移。然而，在车身和车架倾斜时，横向稳定杆的中部对于车架并无相对运动。这样在车身倾斜时，稳定杆两边的纵向部分向不同方向偏转，于是稳定杆便被扭转。弹性的稳定杆所产生的扭转的内力矩就妨碍了悬架弹簧的变形，起到了阻止车身倾斜的作用，因而减小了车身的横向倾斜和横向角震动。

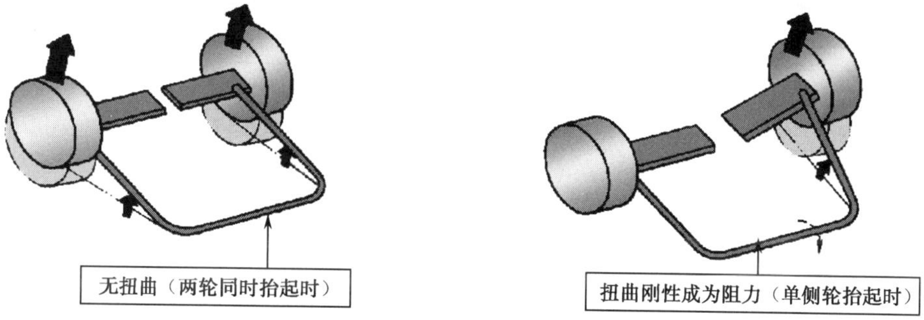

图 3-113　横向稳定杆工作示意图

2．悬架的分类

1）按照汽车导向机构分

按照汽车导向机构的不同，汽车悬架可分为独立式悬架（图 3-114）和非独立式悬架（图 3-115）。

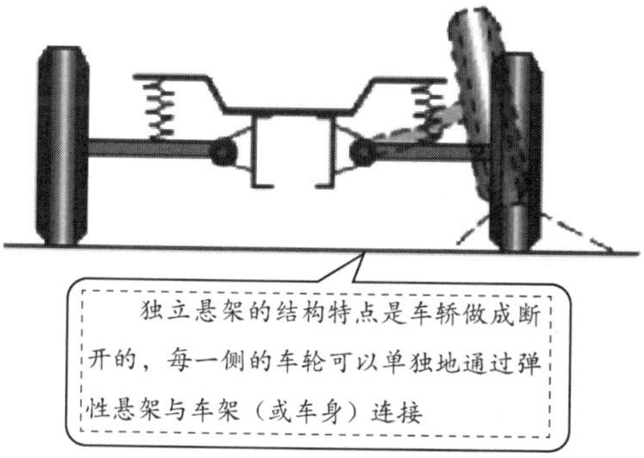

图 3-114　独立式悬架

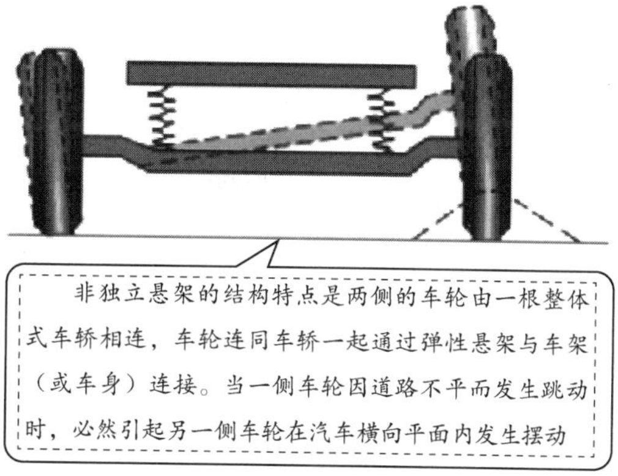

图 3-115　非独立式悬架

2）按照控制方式分

按照控制方式的不同，汽车悬架可分为被动悬架（图 3-116）和主动悬架（图 3-117）。

3．非独立悬架和独立悬架

1）非独立悬架

非独立悬架因其结构简单，工作可靠，被广泛应用于货车的前、后悬架，国产微型车以及微型客货车后桥基本采用钢板弹簧式非独立悬架。现代轿车中，很少采用或仅后悬架采用非独立悬架。

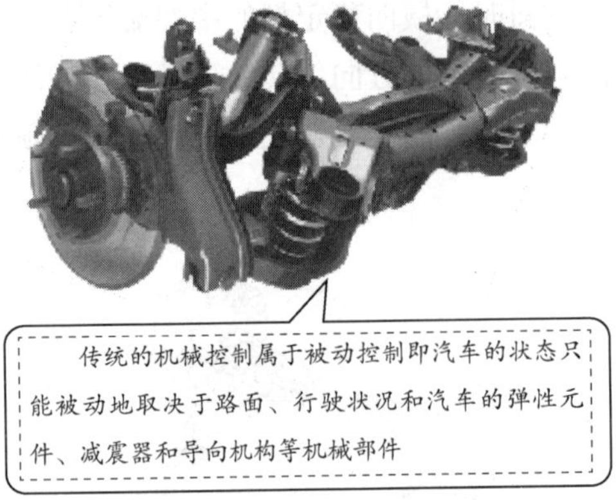

图 3-116　被动悬架

图 3-117　主动悬架

按所采用的弹性元件不同，非独立悬架分钢板弹簧式、螺旋弹簧式和空气弹簧式。

（1）钢板弹簧式非独立悬架

图 3-118 所示的是国产微型客货车广泛采用的钢板弹簧式非独立悬架。钢板弹簧纵向安置，中部用两个 U 形螺栓固定在前轴的工字梁上。钢板弹簧的主片（最上面的一片）的两端弯成卷耳，内装轴衬。前端卷耳用钢板弹簧销与前支架相连，形成固定的铰链支点；而后端卷耳则通过前板簧吊耳销与用铰链挂在吊耳支架上可以自由摆动的吊耳相连接，从而保证了弹簧变形时两卷耳中心线间的距离可变。

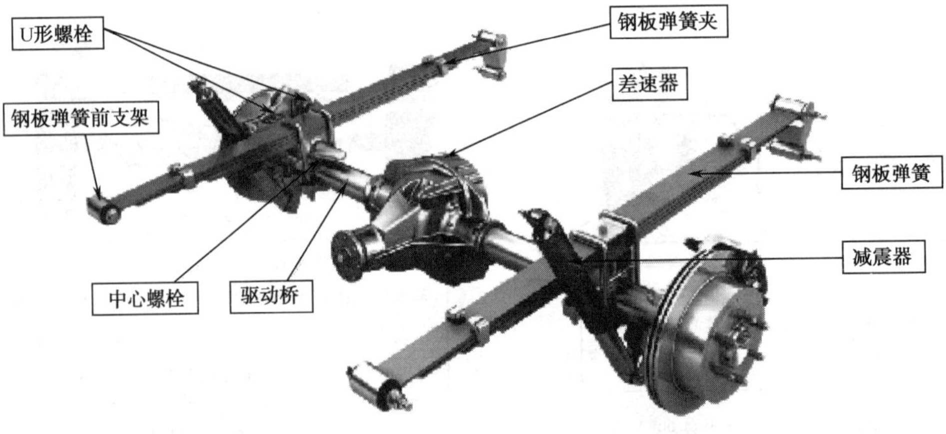

图 3-118　钢板弹簧式非独立悬架组成结构图

各弹簧片用中心螺栓加以连接，并用若干个弹簧夹定位，以防钢板弹簧反向变形，即反跳时使各片分开，以免主片单独承载，此外，还可防止各片横向错动。钢板弹簧在载荷作用下变形时，各片之间因相对滑动而产生摩擦，可以促使车架震动的衰减。

（2）螺旋弹簧式非独立悬架

螺旋弹簧非独立悬架具有纵向布置方便，便于维护和保养的特点，一般只用作轿车的后悬架（图 3-119）。两端车轮用整体式后桥相连，纵向上、下推力杆的一端和车桥固定在一起，另一端头部有孔，里边装有橡胶衬套，连接螺栓穿过橡胶衬套中间的孔和车身相连，并形成铰链点。汽车行驶过程中，整个后轴可以通过纵向上、下推力杆和车身连接的铰链点进行纵向摆动。由于铰链点处的橡胶衬套有一定的厚度和长度，橡胶本身又有弹性，因此后轴在铰链点摆动时，根据受力方向不同，橡胶衬套可以在各个方向产生较小的变形来防止运动干涉。

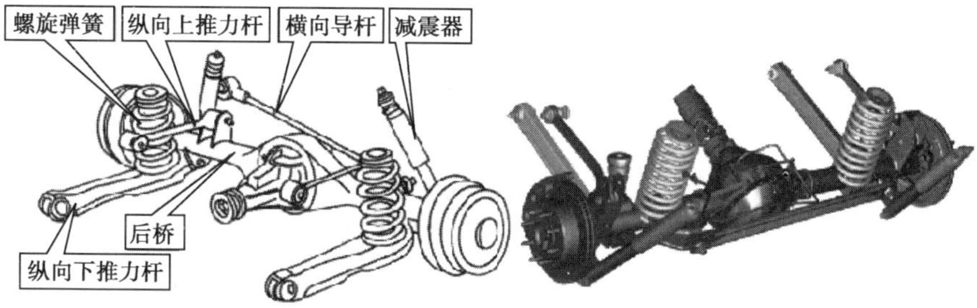

图 3-119 螺旋弹簧非独立悬架结构与实物图

左右两个螺旋弹簧的间距应尽可能大，以提高悬架的横向角刚度。横向导杆是用来传递车轴和车身之间的横向作用力及其力矩的。

（3）空气弹簧式非独立悬架

图 3-120 所示的是空气弹簧式非独立悬架。囊式空气弹簧的上下端分别固定在车架和车桥（或与车桥相连的支架）上。从压缩机产生的压缩空气经油水分离器和压力调节器进入储气筒。压力调节器可使储气筒中的压缩空气保持一定的压力。储气罐通过管路与两个（或几个）空气弹簧相通。储气罐和空气弹簧中的空气压力由车身高度控制阀控制。空气弹簧和螺旋弹簧一样只能传递垂直力，其纵向力和横向力及其力矩也是由纵向推力杆和横向推力杆（图中未画出）来传递的。

车身高度控制阀固定在车架上，通过控制杆与车桥相连。阀体内有两个阀：通气源的通气阀和通大气的放气阀。这两个阀均由控制杆操纵。当汽车载荷增加、车桥移近车架时，控制杆上升，通过摇臂机构打开充气阀，压缩空气便进入空气弹簧，使车架和车身升高，直到恢复车身与车桥的原定距离为止；而当载荷减小、车桥远离车架时，控制杆下移，打开放气阀，则空气弹簧内的空气排入大气，车身和车架随即降低至原定数值。

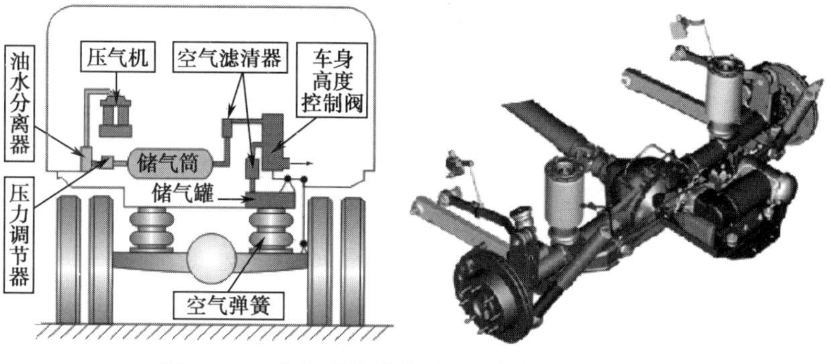

图 3-120 空气弹簧式非独立悬架结构与实物图

2）独立悬架

独立式悬架采用的车桥是断开式的。两侧车轮分别独立地与车架或车身弹性连接，当一侧车轮受到冲击时，其运动不会影响另一侧车轮。

按车轮运动形式，独立悬架可以分为横臂式独立悬架、纵臂式独立悬架、多连杆式悬架、烛式悬架和麦弗逊式悬架等几种。

（1）横臂式独立悬架

车轮可以在汽车横向平面内摆动的悬架称为横臂式独立悬架，横臂式独立悬架示意图如图 3-121 所示。横臂式独立悬架可分为单横臂式独立悬架和双横臂式独立悬架。单横臂式独立悬架的结构简单，多应用在后悬架上，但由于不能适应高速行驶的要求，目前已应用不多。

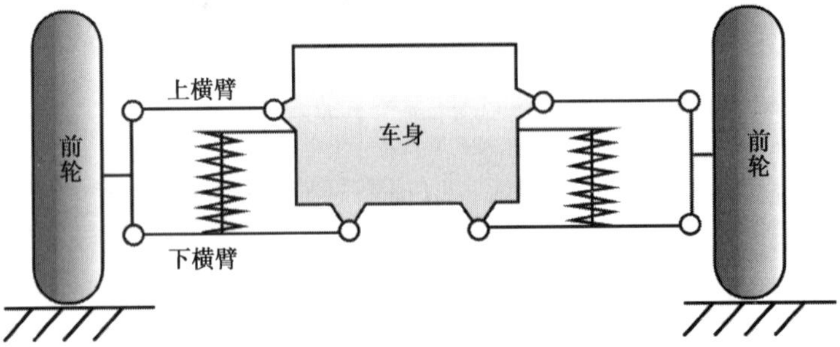

图 3-121　横臂式独立悬架示意图

双横臂式独立悬架按上下横臂是否等长，又分为等长双横臂式和不等长双横臂式两种悬架。等长双横臂式悬架在车轮上下跳动时，能保持主销倾角不变，但轮距变化大（与单横臂式相类似），造成轮胎磨损严重，现已很少应用。

不等长双横臂式独立悬架如图 3-122 所示，如两臂长度选择适当，可以使车轮和主销的角度及轮距的变化都不太大，不大的轮距变化在轮胎较软时可以由轮胎变形来适应。不等长的双横臂式独立悬架在轿车前轮上的应用较为广泛。

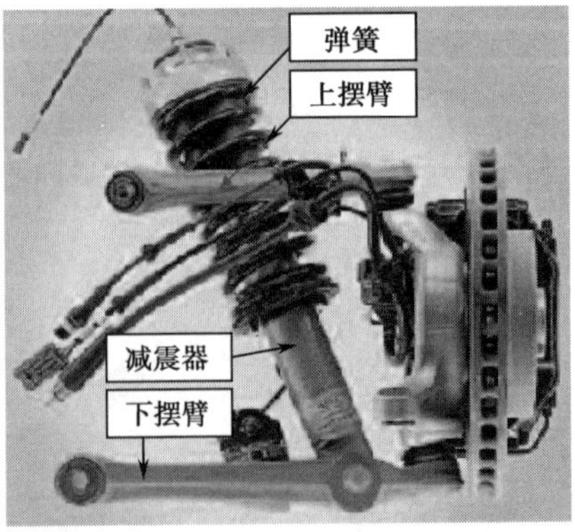

图 3-122　不等长双横臂式独立悬架

（2）纵臂式独立悬架

车轮可以在汽车纵向平面内摆动的悬架称为纵臂式独立悬架（图 3-123）。纵臂式独立悬架可分为单纵臂式独立悬架和双纵臂式扭杆弹簧独立悬架。

① 单纵臂独立悬架

转向轮采用单纵臂独立悬架时，车轮上下跳动将使主销后倾角产生很大变化。因此，单纵臂式独立悬架一般多用于不转向的后轮。图 3-124 所示的是桑塔纳、捷达轿车的后悬架，它也属于单纵臂式独立悬架，其弹性元件为螺旋弹簧。

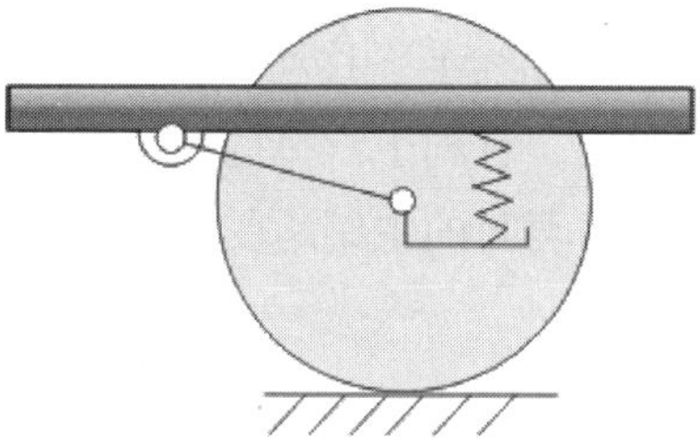

图 3-123 纵臂式独立悬架

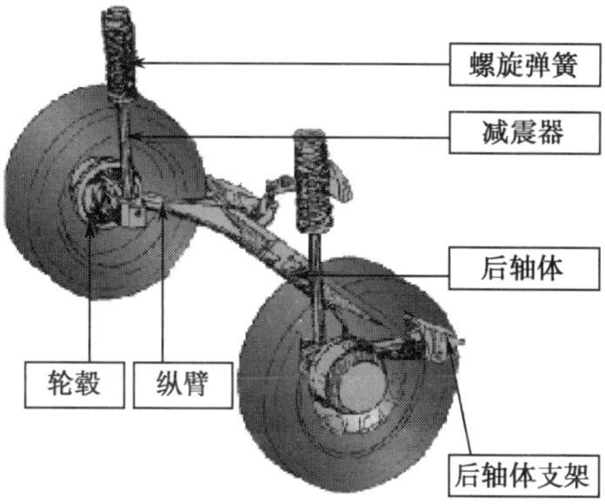

图 3-124 单纵臂式独立悬架

② 双纵臂式独立悬架

如图 3-125 所示的两个纵臂长度一般做成相等，形成平行四连杆机构。这样，在车轮上下跳动时，主销的后倾角保持不变，故这种形式的悬架适用于转向轮。双纵臂扭杆弹簧前独立悬架的转向节和两个等长的纵臂铰链式连接。在车架的两根管式横梁内部都装有若干层矩形断面的薄弹簧钢片叠成的扭杆弹簧。两根扭杆弹簧的内端用螺钉固定在横梁的中部，而外端则插入摆臂轴的矩形孔内。摆臂轴用衬套支承在管式横梁内。摆臂轴和纵臂为刚性连接。另一侧车轮的悬架与之完全相同而且对称。

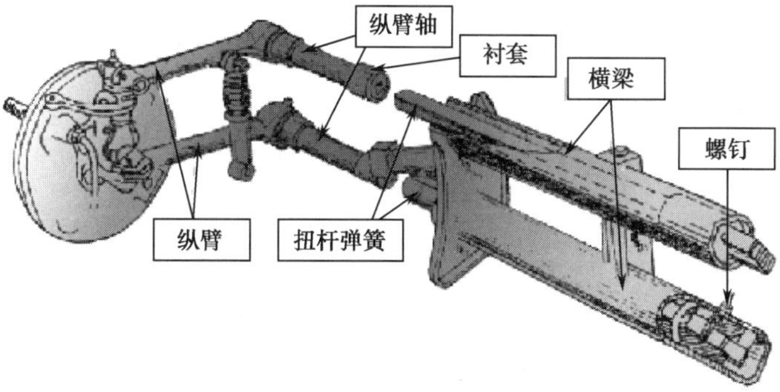

图 3-125 双纵臂式扭杆弹簧独立悬架

（3）多连杆独立悬架

多连杆独立悬架是车轮可以在由摆臂、推力杆等多杆件共同决定的斜向平面内摆动的悬架（图 3-126）。多连杆独立悬架能使车轮绕着与汽车纵轴线成一定角度的轴线内摆动，是横臂式和纵臂式的综合方案，适当地选择摆臂轴线与汽车纵轴线所成的夹角，可不同程度地获得横臂式与纵臂式悬架的优点，能满足不同的使用性能要求。其不足之处是汽车高速行驶时有轴摆动现象。

图 3-126　多连杆式独立悬架

（4）烛式悬架

烛式悬架如图 3-127 所示，其结构特点是车轮沿主销轴线上下移动。当悬架变形时，主销位置和定位角不会发生变化，仅是轮距、轴距稍有变化，有利于汽车的操纵性和稳定性。烛式悬架的缺点是汽车行驶时的侧向力会全部由套在主销套筒的主销承受，致使套筒与主销间的摩擦阻力加大，磨损也较严重。烛式悬架现已应用不多。

图 3-127　烛式悬架示意图

（5）麦弗逊式独立悬架

麦弗逊式独立悬架又称为滑柱摆臂式独立悬架，目前广泛应用于发动机前置前轮驱动轿车前悬架。麦弗逊式独立悬架如图 3-128 所示，由减震器、螺旋弹簧、横摆臂和横向稳定杆等组成。减震器与螺旋弹簧装于一体，作为引导车轮跳动的滑柱，有的还兼起转向主销作用。采用这种悬架的汽车前端空间大，有利于发动机布置，并可降低整车的重心。

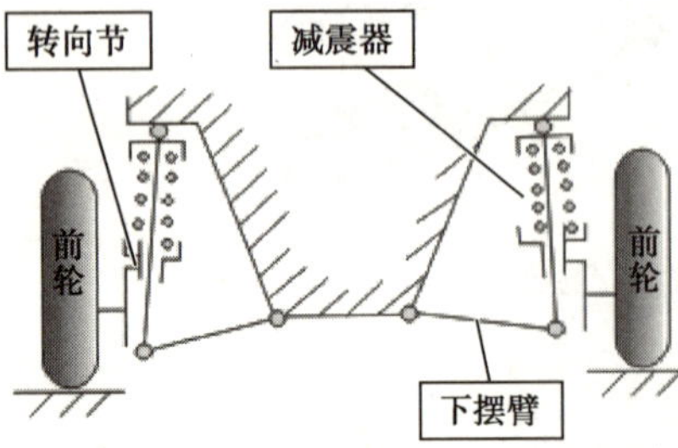

（a）示意图

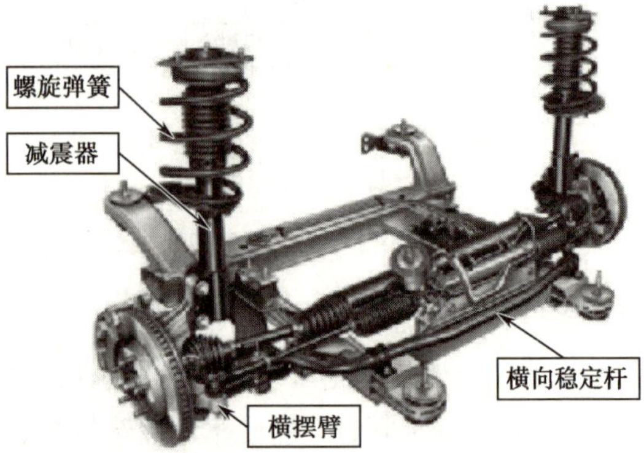

（b）实物图

图 3-128　麦弗逊式独立悬架

4. 悬架的检修

1）非独立悬架系统的检修

非独立悬架系统的检修主要是弹性元件和减震器的检修。

（1）弹性元件的检修

① 钢板弹簧的检修

钢板弹簧长期使用会产生弹性下降甚至折断，钢板销、支架与吊耳磨损等。

a. 钢板弹簧不能有裂纹、折断，如果有应更换新件。

b. 钢板弹簧弹性下降表现在钢板弹簧的弧高减小，一般在弹性实验器上检查有负荷或无负荷下弧高的减小。钢板弹簧弹性下降也表现在叶片的曲率半径变化，可用新片来进行靠合实验。

c. 左右两侧的钢板弹簧的总片数要相等，总厚度相差和弧高差不大于极限值。

d. 钢板弹簧的夹子、中心螺栓应完整，U 形螺栓要按规定的力矩拧紧。

② 螺旋弹簧的检修

螺旋弹簧的检修主要是检查螺旋弹簧的自由长度，如自由长度比标准长度缩短了 5%以上，则表示该弹簧已经永久变形，刚度变差，必须更换。

注意：更换时应同时更换左右两个螺旋弹簧，以保持车辆两侧高度相同。若螺旋弹簧上有裂纹也要更换。

（2）减震器的检查

车辆行驶时，如减震器发出异常的响声，则说明该减震器已损坏，应更换。减震器为免维护机构，外面有轻微的油迹，不必更换减震器。如有大量油迹即漏油，减震器在压缩到底或伸展时会产生跳动现象，这时只能更换减震器。

减震器应在专用性能试验台上进行试验。若无试验条件时，可往复推拉减震器 2～3 次，检查其阻力恢复情况，推拉时应有一定阻力，而且拉伸比压缩的阻力要大一些。推拉中无卡滞及明显的空行程。若阻力过大，应检查活塞杆是否弯曲；若无阻力，则表示减震器油已漏光或失效，必须更换。

2）独立悬架的检修

独立悬架系统的检修主要包括弹性元件、减震器、横向稳定杆等的检修。

（1）前减震器悬架轴承主橡胶挡块的检查

① 检查前减震器悬架轴承的磨损与损坏情况（图 3-129），轴承应能灵活转动，损坏时必须整体更换。

② 检查橡胶挡块的损坏与老化情况，如损坏应及时更换。

（2）副车架、横向稳定杆和下摆臂的检查

① 检查副车架（前托架）、横向稳定杆和下摆臂有无变形或裂纹。若存在变形或裂纹，应更换新件。

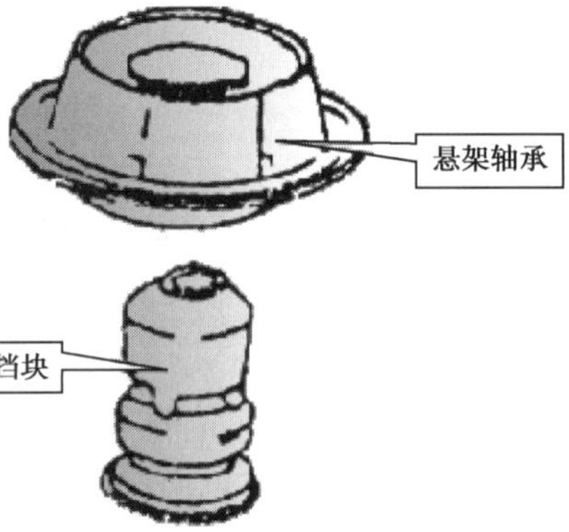

图 3-129　前减震器悬架轴承和橡胶挡块的检查

注意：不允许在前悬架支承装置和导向装置部件上进行焊接和矫直修复，只能更换新件；需要检查横向稳定杆的橡胶支座和橡胶衬套、下摆臂的前衬套和后衬套的损坏和老化情况，若损坏则需要及时更换。

② 检查下摆臂的下球铰，如损坏应更换新件。

任务 4　TPMS 轮胎压力检测系统

1. 胎压监测系统简介

TPMS 是汽车轮胎压力监测系统（Tire Pressure Monitoring System）的英文缩写形式（图 3-130），也就是直接式轮胎压力监测系统。TPMS 第一次作为专用词汇是在 2001 年 7 月，美国运输部和国家高速公路安全管理局（NHTSA），为响应美国国会对车辆安装 TPMS 立法的要求，联合对现有的两种轮胎压力监测系统（TPMS）进行了评价，并确认直接式 TPMS 优越的性能和准确的监测能力。由此 TPMS 汽车轮胎智能监测系统作为汽车三大安全系统之一，与汽车安全气囊、防抱死制动系统（ABS）一起被大众认可并受到应有的重视。

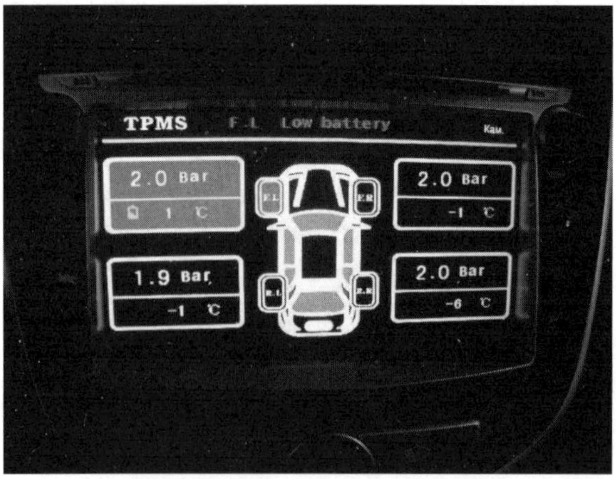

图 3-130　胎压监测系统

由于受到成本控制，目前将 TPMS 系统作为标准配置的还集中在高端车型上，如奥迪 A8、宝马 7 系、5 系、X5、奔驰 S 系列、E 系列等。在国内市场上把 TPMS 系统作为标配的汽车品牌主要有：别克君威、君越、克莱斯勒铂锐、新奥迪 A6L、荣威 550 等。

胎压监测系统按其功能来讲它是安全性配置当中比较重要的一项，只是在很长的一段时间内都没有被人们所重视。试想一下，无论发动机或者底盘性能有多出色，其终究要通过轮胎与地面的接触才能表现出来，而不正确的轮胎压力往往导致车辆性能不能完全发挥。有数据表明，由爆胎引起的车祸在恶性交通事故中所占的比例非常高，而所有会造成爆胎的因素中胎压不足当属首要原因。

当胎压过高时，会减小轮胎与地面的接触面积，而此时轮胎所承受的压力相对提高，轮胎的抓地力会受到影响。另外，当车辆经过沟坎或颠簸路面时，轮胎内因为没有足够空间吸收震动，除了影响行驶的稳定性和乘坐舒适性外，还会造成对悬挂系统的冲击力度加大，由此也会带来危害。所以合适的胎内气压，不仅有助于行车舒适性，更是对安全行车的极大保障。

2. 胎压监测系统原理

首先来了解一下胎压监测系统，它主要包括直接式胎压监测系统和间接式胎压监测系统两种。

1）直接式胎压监测系统（图 3-131）

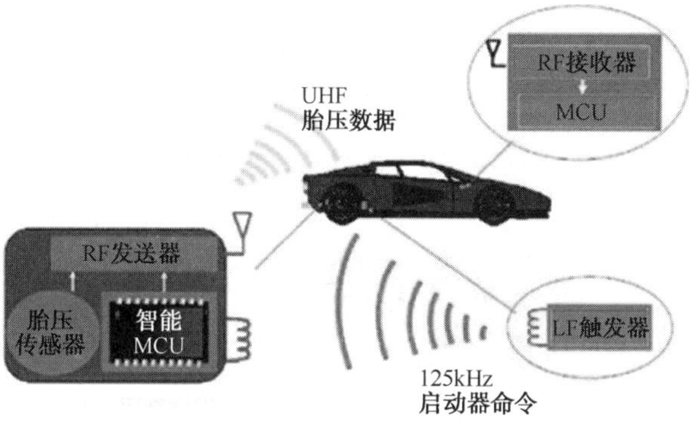

图 3-131 直接式胎压监测系统

直接式胎压监测系统是利用安装在每一个轮胎里的压力传感器来直接测量轮胎的气压，利用无线发射器将压力信息从轮胎内部发送到中央接收器模块上的系统，然后对各轮胎气压数据进行显示。当轮胎气压太低或漏气时，系统会自动报警。

直接式胎压监测系统的优点是：在每一个车轮上都安装有压力传感器和传输器，如果任何一个轮胎胎压低于驾驶员手册上推荐的冷胎胎压 25%时，便会警示驾驶员。其警示信号比较精确，而且如果轮胎被刺破，胎压快速降低时，直接式胎压监测系统也能提供立即的警示。

另外，即便是车胎缓慢地跑气，直接式胎压监测系统也能透过行车电脑感知到，直接让驾驶者从驾驶座上检视目前四只轮胎胎压数字，从而实时了解到四个车轮的真实气压状况。例如，别克新君威和吉普指南者上装备的就是这种胎压监测装置（图 3-132、图 3-133）。

图 3-132　别克新君威上的胎压监测

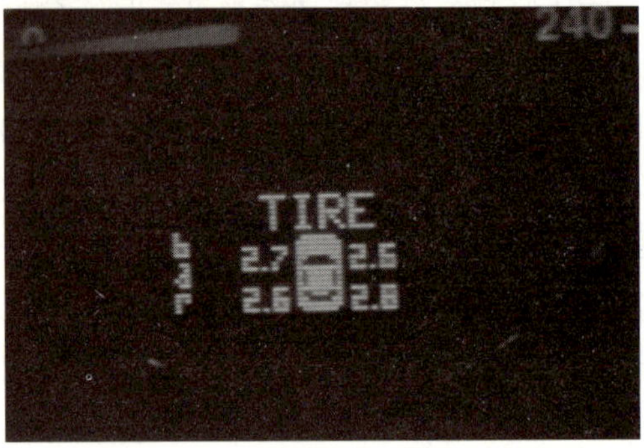

图 3-133　吉普指南者上的胎压监测

2）间接式胎压监测系统

间接式胎压监测（图 3-134）的工作原理是:当某个轮胎的气压降低时，车辆的重量会使该轮的滚动半径将变小，导致其转速比其他车轮快，这样就可以通过比较轮胎之间的转速差，达到监视胎压的目的。间接式轮胎报警系统实际上是依靠计算轮胎滚动半径来对气压进行监测。

图 3-134　间接式胎压监测系统

间接式胎压监测装置成本要比直接式低得多，它实际上是利用汽车 ABS 刹车系统上的速度传感器来比较四只轮胎的转动次数，如果其中一只轮胎胎压较低，这只轮胎的转动次数会和其他轮胎不同，如此采用 ABS 系统同样的传感器和感测信号，只要车内计算机在软件上作调整，便可以在行车计算机建立新功能，警告驾驶员一只轮胎和其他三只相比胎压较低的信息。

这样使用间接式胎压监测装置的车辆就会出现两个问题，一是绝大多数采用间接式胎压监测装置的车型都不能指示出具体是哪一只轮胎胎压不足；二是如果四只轮胎的胎压同时在下降，那么这种装置也就失效了，而这种情况一般在冬天气温下降时尤其明显。此外，当汽车驶过弯路时，外侧轮转动次数会大于内侧轮转动次数，或者轮胎在沙地或冰雪路面打滑，特定轮胎旋转数会特别高，所以这种计算胎压的监测方法有很多局限性。

3. 胎压监测系统的作用

1）预防事故发生

胎压监测系统属于主动安全设备的一种，它可以在轮胎出现危险征兆时及时报警，提醒驾驶员采取相应措施，从而避免严重事故的发生。

2）延长轮胎使用寿命

有了胎压监测系统，就可以随时让轮胎都保持在规定的压力、温度范围内工作，从而减少车胎的损毁，延长轮胎使用寿命。有资料显示，在轮胎气压不足时行驶，当车轮气压比正常值下降 10% ，轮胎寿命就减少 15%。

3）使行车更为经济

当轮胎内的气压过低时，就会增大轮胎与地面的接触面积，从而增大摩擦阻力，当轮胎气压低于标准气压值 30% ，油耗将上升 10%。

4）可减少悬架系统的磨损

轮胎内气压过足时，就会导致轮胎本身减震效果减低，从而增加车辆减震系统的负担，长期使用对发动机底盘及悬挂系统都将造成很大的伤害；如果轮胎气压不均匀，还容易造成刹车跑偏，从而增加悬架系统的磨损。

4. 常见故障诊断分析

故障 1

（1）故障现象：一辆上海通用别克新君越轿车，用户反映右前胎压没显示并且胎压灯亮。

（2）检查分析：维修人员试车后，发现仪表板上胎压监测系统警告灯点亮报警，右前胎压没有数据，并提示“请检修胎压监测系统”（图 3-135）。利用充气/放气方法对胎压监测重新读取，当读取到右前轮时，无法继续。尝试将两个前轮左右互换后进行胎压监测学习，发现左前轮胎压监测无法学习。很明显胎压传感器存在故障。经与用户沟通，得知几天前用户在外补胎，之后便出现了胎压警告灯点亮报警的情况。经检查，发现胎压传感器已经损坏

（图 3-146）。

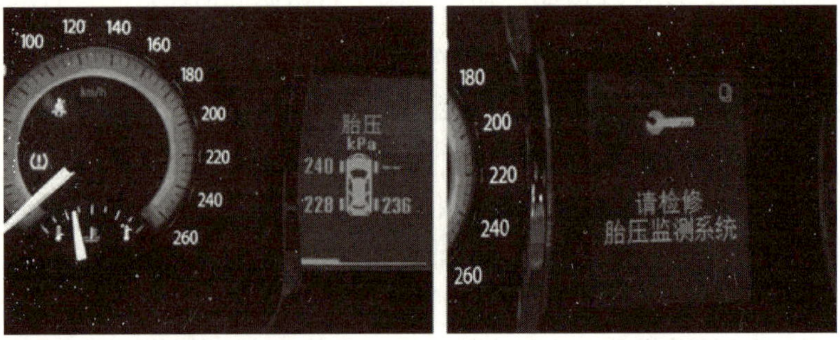

图 3-135　胎压报警提示

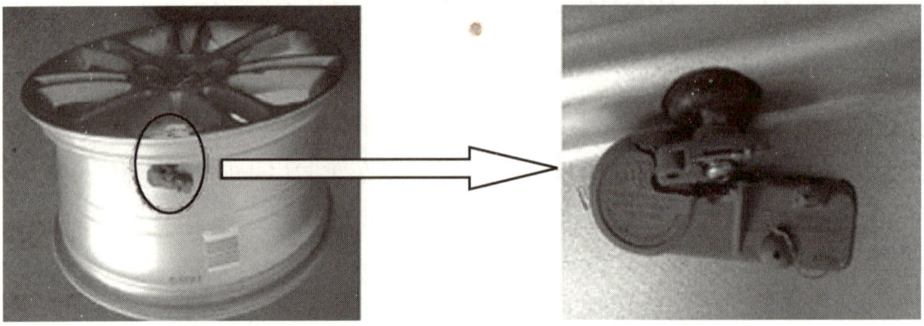

图 3-136　胎压传感器已经损坏

（3）故障排除：更换损坏的胎压传感器，重新对胎压监测学习，故障排除。

提示：由于很多维修人员对车辆配置不熟悉，造成在拆胎时没有注意传感器，使传感器损坏，引起不必要的经济损失。

故障 2

（1）故障现象：一辆新君威轿车，用户反映该车胎压监测警告灯经常点亮报警，并提示“请检修胎压监测系统”。

（2）检查分析：经维修人员检查，发现左后轮气压数值显示“--”（图 3-137），其他几个车轮正常。对胎压监测系统重新学习后交予用户使用，在几天之后用户再次进厂，故障还是左后轮气压数值没有显示。为了确定故障，尝试左后、右后轮胎换位，并对胎压监测学习。此时发现用户改装过导航，告知用户改装的导航也会引起此故障，但用户有点不接受。为此，只能让用户继续使用观察，1 周后用户来电称故障依然存在，且还是左后轮故障。用户再次进厂后，断开导航系统并对胎压监测再次学习，行驶 10 天左右，故障没有再现。

（3）故障排除：在更换一台新导航仪后，故障排除。

提示：这种情况很多用户首先不接受，后来经过维修验证确为加装导航引起。目前各导航厂家为了跟进生产厂家而推出各种相应配套产品，存在着技术、质量及数据差异，会引发很多异常故障，需要维修人员注意。

图 3-137 左后轮气压数值显示异常

故障 3

（1）故障现象：一辆上海通用别克新君威轿车，用户反映该车仪表板上经常出现“请检修胎压监测系统”的提示。

（2）检查分析：维修人员检查后，发现右后轮气压数值显示“--”，其他几个车轮正常。在对胎压监测系统进行重新学习后，试车故障未出现，将车交付用户使用。几天后，用户打电话称故障再现，同时仪表板上的胎压显示会出现几个车轮气压值没有数据，但车辆行驶几分钟后又会恢复正常。车辆进厂后，仪表显示一切正常，但检测有故障码。根据此现象，首先怀疑是干扰，因为几个传感器同时出现间歇性故障的可能性较小（用户看到不是固定一个轮没有数值）。查看车辆没有发现有任何改装情况（包括太阳膜），那么只能是车辆本身的故障。检查遥控接收模块、车身控制单元的电源、搭铁及数据线，均无异常。于是与试驾车辆对换遥控接收模块及车身控制单元，长时间试车故障未出现。

只能将车再次交付用户使用。几天之后，用户打电话称故障再次出现。约用户再次来店，仪表还是显示正常，检测故障码与之前一致。根据之前的检查结果，判定问题应该出在线路上。根据电路图决定对其控制电源进行重点检查。

（3）故障排除：在对发动机舱熔丝盒 X2 上的车身控制单元电源插接器针脚，重新处理后，试车故障未再出现。

提示：此故障为车身控制单元间歇性断电，与遥控接收模块失去通信，接收不到胎压数据。供电恢复后，车身控制单元又可以重新获得胎压数据，所以进店后仪表会显示正常，只存在故障码。人为模拟故障不易再现，对于间歇性故障，最好能够在故障出现时捕捉当时的各种数据，这样可为诊断提供可靠数据，避免浪费时间，走不必要的弯路。

情境四 SRS辅助安全系统

1．安全气囊的作用

安全气囊系统的全称是辅助防护系统（Supplemental Restraint System，SRS）或辅助防护安全气囊系统。

安全气囊是一种当汽车遭到冲撞而急剧减速时能很快膨胀的缓冲垫，通常它与座椅安全带配合使用，可以为乘员提供十分有效的防撞保护。当汽车发生碰撞时，迅速在乘员和汽车内部结构之间打开一个充满气体的袋子，使乘员撞在气袋上，避免或减缓碰撞，从而达到保护乘员的目的，如图 4-1 所示。由于乘员和气囊相碰时容易因震荡造成乘员伤害，因此在气囊的背面开两个直径 25mm 左右的圆孔。这样，当乘员和气囊相碰时，借助圆孔的放气可减轻震荡，放气过程同时也是一个释放能量的过程，因此可以很快地吸收乘员的动能，有助于保护乘员。

图 4-1　安全气囊对乘员的保护作用

2．安全气囊的分类

安全气囊的种类很多，按下面的方式可分为多种。

1）按数量分类

按数量分类包括单气囊系统（只装在驾驶员侧）、双气囊系统（驾驶员侧和副驾驶员侧各有一个安全气囊）、多气囊系统（前排安全气囊、后排安全气囊、侧面安全气囊），如图 4-2 所示。

图 4-2　按数量分类的安全气囊

2）按大小分类

按大小分类包括安全气囊（保护全身）、大型气囊（保护整个上身）、小型护面气囊（主要保护面部）。

3）按总体结构分类

按总体结构分类包括机械式安全气囊、电子式安全气囊。

4）按照保护对象的不同分类

按照保护对象的不同分类包括驾驶员防撞安全气囊、前排乘员防撞安全气囊、后排乘员防撞安全气囊、侧面防撞安全气囊。

各种安全气囊的位置如图 4-3 所示。

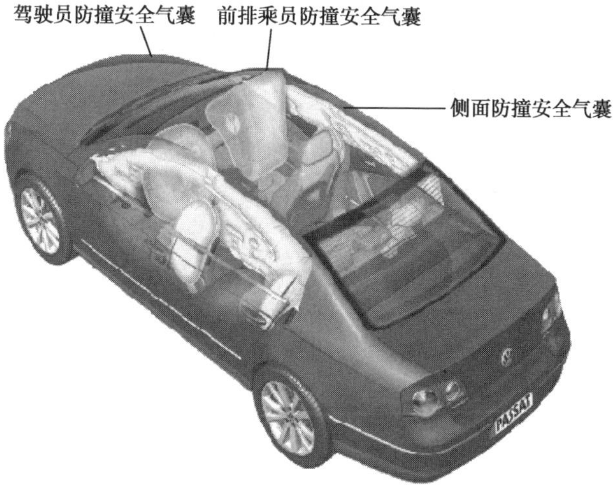

图 4-3　各种安全气囊的位置图

（1）驾驶员防撞安全气囊

驾驶员防撞安全气囊装在方向盘上，按体积的大小分两种。一种气囊是考虑到驾驶员没有系座椅安全带时汽车相撞，其体积较大，约 60L；另一种气囊是设定驾驶员系座椅安全带而设计的，其体积较小，约 40L。日本的安全气囊就属于此类，近年来，由于安全气囊的生产成本下降，日本防撞安全气囊规格有所增加。如本田的驾驶员防撞安全气囊的体积为 60L。

（2）前排乘员防撞安全气囊

由于乘员在车内位置不固定，因此为保护其撞车时免受伤害，设计的防撞安全气囊也较大，有两种规格，一种 160L 左右，另一种 75L 左右（后者考虑了乘员受座椅安全带的约束）。

（3）后排乘员防撞安全气囊

后排乘员防撞安全气囊一般装在前排座椅上，防止后排乘员在撞车时受到伤害。

（4）侧面防撞安全气囊

侧面防撞安全气囊装在车门上，防止乘员受侧面撞击。

3. 安全气囊的组成

机械式安全气囊主要由传感器、气囊组件等组成。电子式安全气囊主要由传感器、气囊组件、电控 ECU 等组成，图 4-4 所示的是丰田卡罗拉安全气囊零部件位置图。

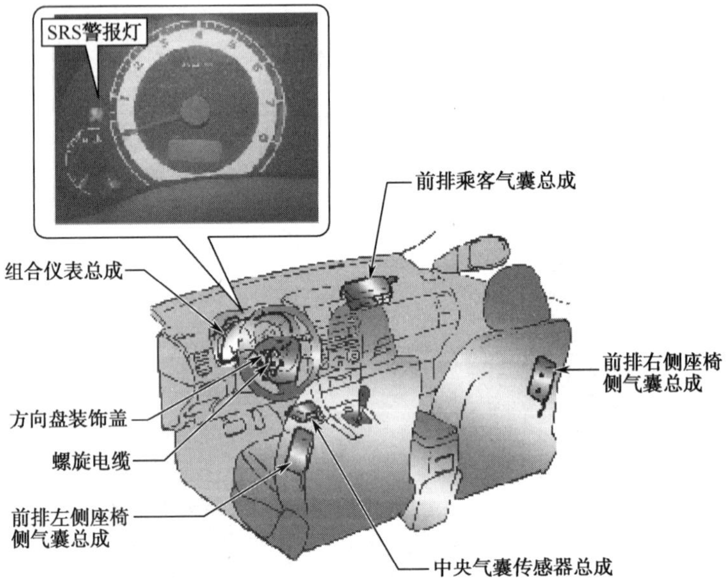

图 4-4　丰田卡罗拉安全气囊零部件位置图

1）传感器

传感器用于检测、判断汽车发生事故后的撞击信号，以便及时启动安全气囊。

（1）传感器按功能分为碰撞传感器和安全传感器两种

① 碰撞传感器

碰撞传感器负责检测碰撞的强度，看气囊是否需要打开。如果汽车以 40km/h 的车速撞到一辆正在停放的同样大小的汽车上，或者以不低于 22km/h 的车速迎面撞到一个不可变形的固定障碍物上，碰撞传感器便会运作，接通接地回路。

② 安全传感器

安全传感器也称为触发传感器，其闭合的减速度要稍小一些，起保险作用，防止因碰撞传感器短路而造成误打开。

（2）传感器按结构分为机械式和电子式两种

① 机械式传感器

机械式传感器有偏心锤式、滚轴式、水银开关式等。

a. 偏心锤式传感器

偏心锤式传感器一般安装在保险杠与挡泥板之间，用来感知低速碰撞的信号。传感器安装在一个密封的防震保护盒内，其结构如图 4-5 所示。

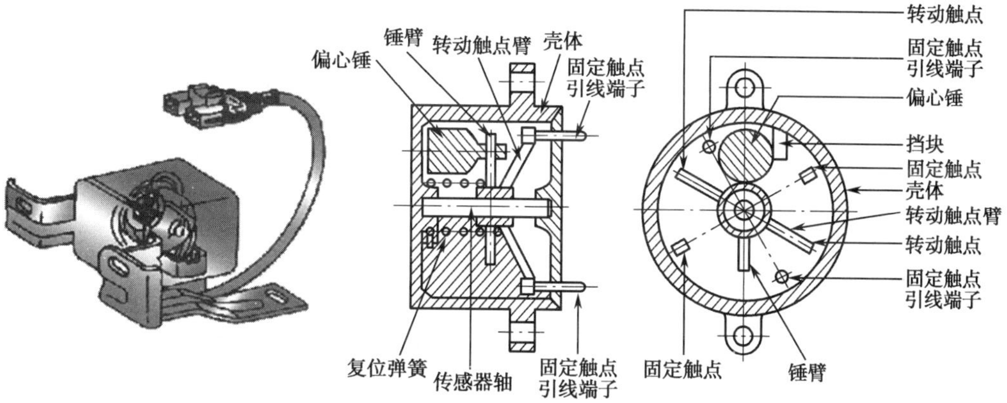

图 4-5 偏心锤式碰撞传感器的结构

偏心锤式传感器的工作原理如图 4-6 所示。当传感器处于静止状态时，在复位弹簧的弹力作用下，偏心锤与挡块保持接触，转子总成处于静止状态，转动触点与固定触点处于断开状态，如图 4-6（a）所示。

当汽车遭受碰撞使偏心锤的惯性力矩大于复位弹簧的弹力力矩时，惯性力矩就会克服弹簧力矩使转子总成转动，从而带动转动触点臂转动，使转动触点与固定触点接触，如图 4-6（b）所示，接通 SRS 气囊的搭铁回路。

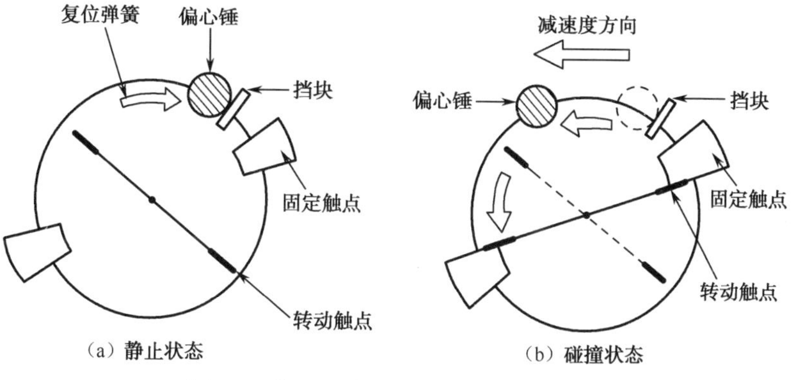

图 4-6 偏心锤式碰撞传感器的工作原理

b. 滚轴式传感器

滚轴式传感器的结构如图 4-7 所示，主要由止动销、滚轴、滚动触点、固定触点、底座和片状弹簧组成。片状弹簧与传感器的一个引线端子连接，一端固定在底座上，另一端绕在滚轴上，滚动触点固定在滚轴部分的片状弹簧上，并可随滚轴一起转动。固定触点与片状弹簧绝缘固定在底座上，并与传感器的另一个引线端子连接。当传感器处于静止状态时，滚轴在片状弹簧的弹力作用下滚向止动销一侧，滚动触点与固定触点处于断开状态，如图 4-7（a）所示。

当汽车遭受碰撞，使滚轴的惯性力大于片状弹簧的弹力时，惯性力就会克服弹簧弹力使滚轴向前滚动，将滚动触点与固定触点接通，如图 4-7（b）所示，从而接通 SRS 气囊的搭铁回路。

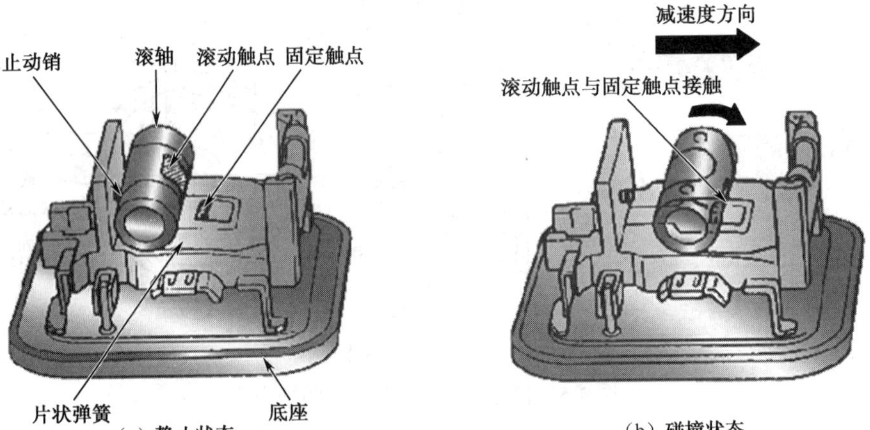

（a）静止状态　（b）碰撞状态

图 4-7　滚轴式传感器结构和工作原理

c. 水银开关式传感器

水银开关式传感器一般用做防护传感器（安全传感器），用来防止系统在非碰撞状况引起气囊的误动作，通常安装在中央控制器内。水银开关式传感器的结构如图 4-8 所示。

当汽车发生碰撞时，减速度将使水银产生惯性力，惯性力在水银运动方向上的分力会将水银抛向传感器电极，使两个电极接通，从而接通安全气囊点火器电路的电源。

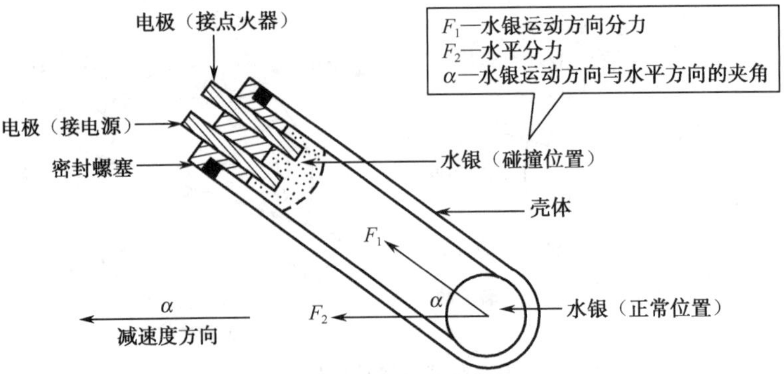

图 4-8　水银开关式传感器的结构

② 电子式传感器（中央安全气囊传感器）

中央安全气囊传感器是一个半导体压力传感器的结构，如图 4-9（a）所示。其悬臂架压在半导体应变片的两端。当汽车发生碰撞时，半导体应变片在悬臂减速惯性力的作用下发生弯曲应变，受压后的电阻发生变化，电阻的变化引起动态应变仪输出电压发生变化。

中央安全气囊传感器的原理线路如图 4-9（b）所示。中央安全气囊传感器装在中央控制器内，用来感知高速碰撞的信息，并将其输送到 CPU，引爆气囊传爆管，使气囊打开。同时前方另有一个传感器也引爆了预紧器的传爆管，即安全带预紧器和气囊同时起作用。有的前方传感器有两对动、静触头，在低速碰撞时，第一对触头闭合引爆安全带预紧器，在高速碰撞时第二对触头接通，安全带预紧器及气囊同时动作。中央安全气囊传感器的作用是增加可靠性。

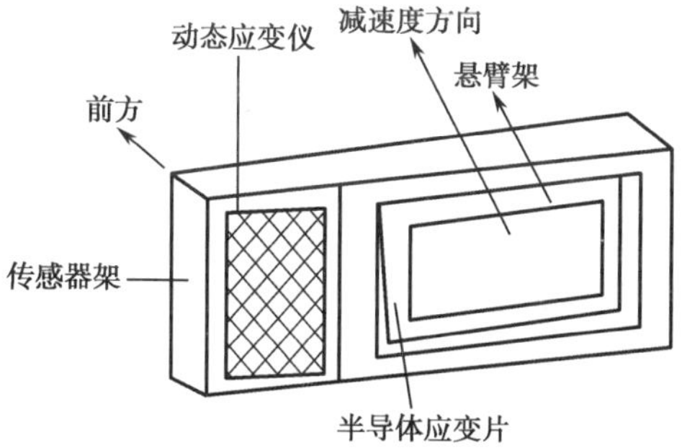

（a）结构图

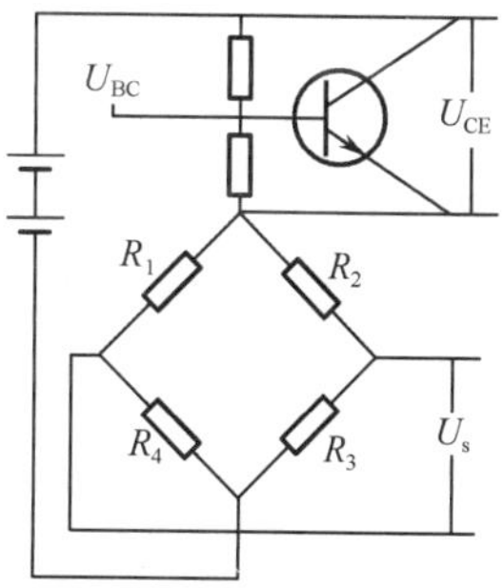

（b）原理线路图

图 4-9 中央安全气囊传感器（半导体压力传感器）

2）气囊组件

气囊组件由 SRS 气囊、点火器和气体发生器等组成，驾驶席与乘员席气囊组件一般都用同一个 SRS 电控 ECU 控制。驾驶席气囊组件安装在方向盘的中央，前排乘员席气囊组件安装在副驾驶员座椅下前方的仪表台下。图 4-10 所示的是丰田威驰驾驶席气囊组件和前排乘员席气囊组件安装位置。

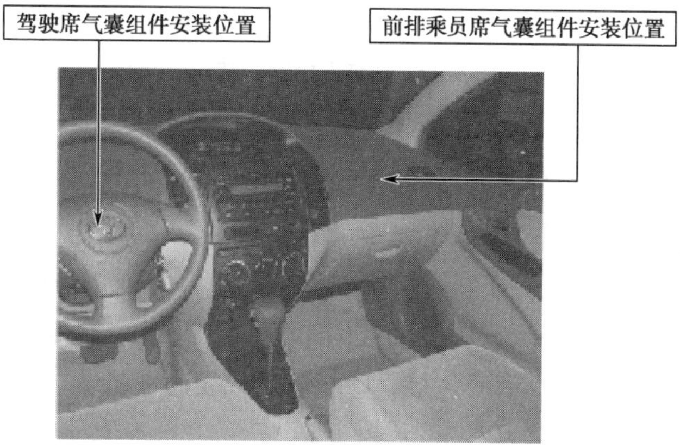

图 4-10 驾驶席与前排乘员席气囊组件安装位置

（1）驾驶席气囊组件的结构

驾驶席气囊组件主要由气体发生器、点火器、气囊、装饰盖等组成，结构如图 4-11 所示。

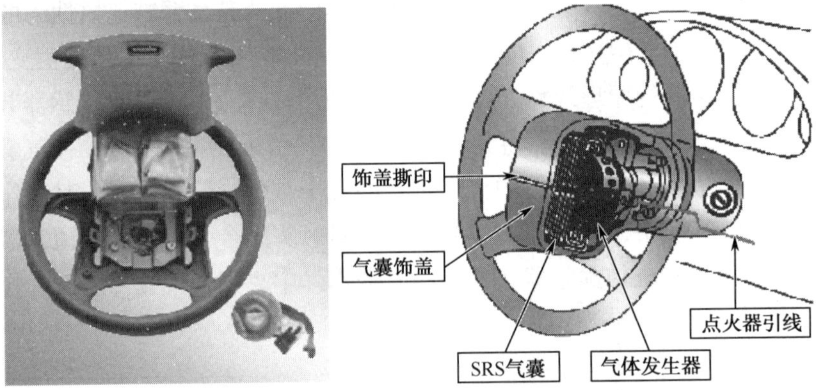

图 4-11　BOSCH 公司驾驶席气囊组件结构

① 气体发生器

气体发生器的作用是在点火器引爆点火剂时产生气体向气囊充气使气囊胀开。如图 4-12 所示，当碰撞传感器向 SRS 电脑输送撞击信号，SRS 电脑向点火器发出指令，点火器点燃点火剂并传到充气剂，使其产生大量的氮气，通过金属过滤器的冷却、降压，迅速充胀气囊，使气囊爆胀。

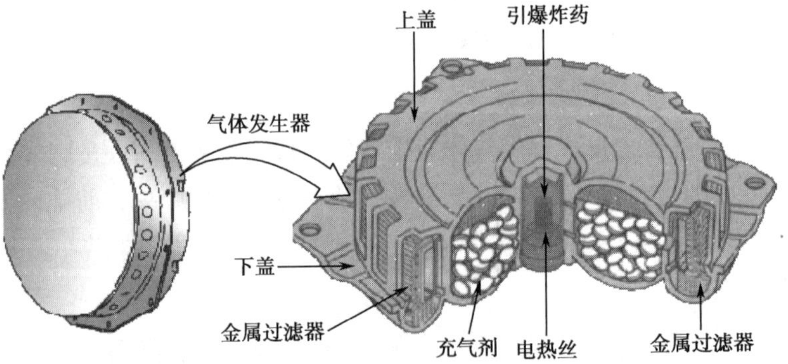

图 4-12　气体发生器的结构

② 点火器

点火器外包铝箔，安装在气体发生器内部中央位置。其功用是在前碰撞传感器和防护传感器将气囊电路接通时，引爆点火剂，产生热量使充气剂分解。点火器的结构如图 4-13 所示，它的所有部件均装在药筒内。点火剂包括引爆炸药和引药。引出导线与气囊连接器插头连接，连接器（一般都为黄色）中设有短路片（铜质弹簧片）。当连接器插头拔下或插头与插座未完全结合时，短路片将两根引线短接，防止静电或误通电将电热丝电路接通而造成气囊误胀开。

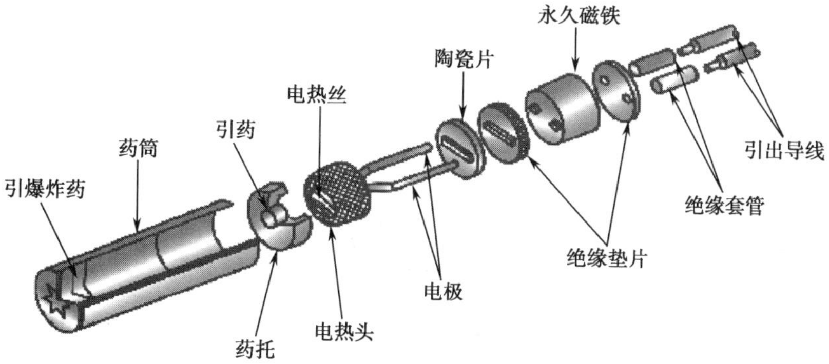

图 4-13 点火器的结构

③ 气囊

气囊由尼龙丝制成，完全充气后，驾驶席气囊约 65L，乘客席气囊为 120～150L。气囊的后面有几个溢气孔，这些孔在人的身体上部压向气囊时，可以使气囊均匀而又缓慢地泄气，有效地保证在碰撞大约 110ms 后，吸收驾驶员与气囊碰撞的动能，使人体不致受到伤害。

（2）乘员席 SRS 气囊组件的结构

前排乘员席 SRS 气囊组件（图 4-14）的组成和工作原理与驾驶席 SRS 气囊组件基本相同，仅结构有所不同，下面仅介绍其结构特点。

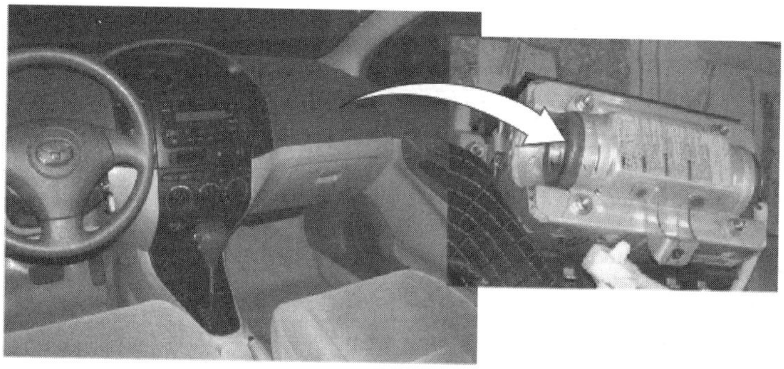

图 4-14 乘员席气囊组件

① 气囊

乘员席 SRS 气囊用专用螺栓安装在气囊组件支架上。由于乘员席 SRS 气囊距离乘员的距离比驾驶席 SRS 气囊距离驾驶员的距离远，因此乘员席气囊的体积比驾驶席气囊的体积要大。

② 气体发生器

乘员席气囊组件的气体发生器为长筒形，内部装药质量一般为 500g 左右。SRS 电控 ECU 触发点火器后，点火器点燃点火剂，点火剂加热充气剂，产生气体从充气孔冲入气囊，如图 4-15 所示。

3）电控 ECU

安全气囊电控 ECU 又称为“气囊电脑”“中央气囊传感器总成”“气囊控制模块”“气囊

控制装置”等。

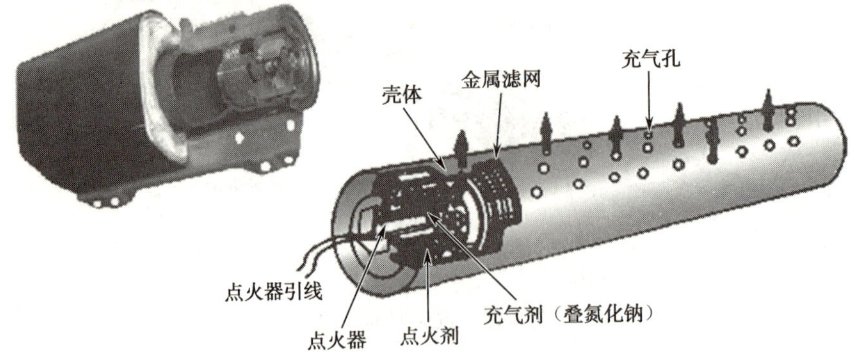

图 4-15　乘员席气体发生器结构

电控 ECU 内部电路包括内部碰撞传感器（包括中央气囊传感器和安全传感器）、CPU 诊断电路、点火控制和驱动电路、后备电源、记忆电路和安全电路，如图 4-16 所示。

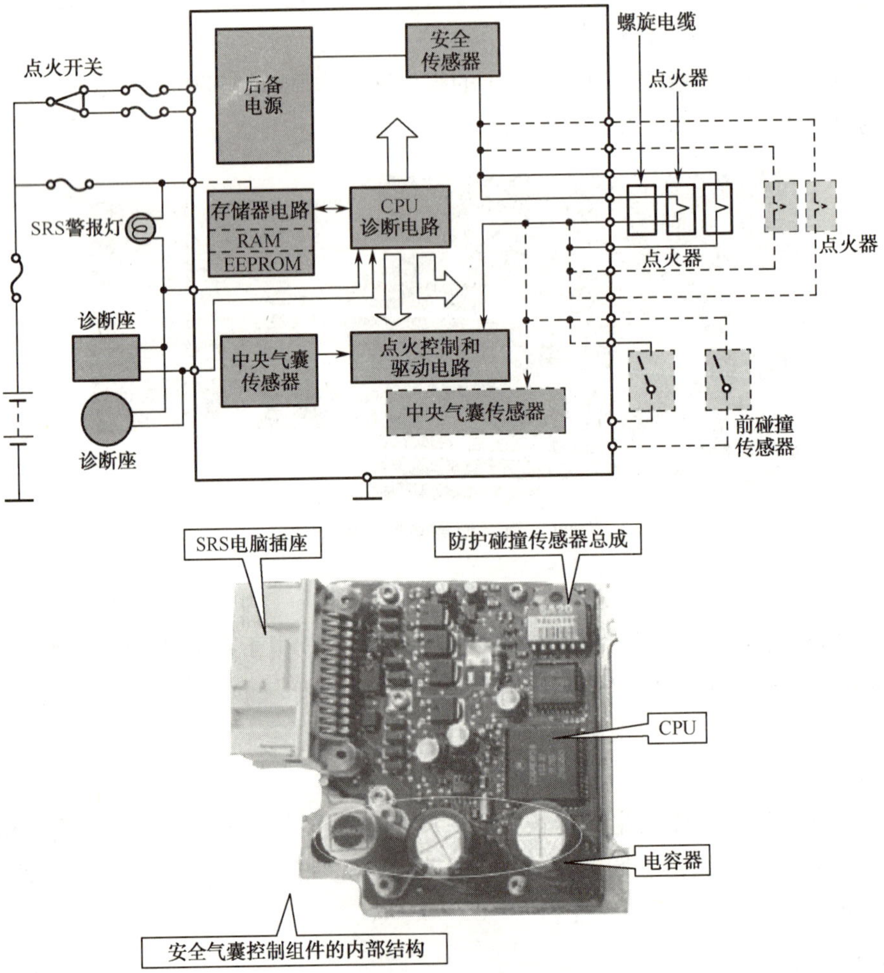

图 4-16　气囊电脑内部电路结构

（1）CPU 诊断电路

CPU 诊断电路可诊断电路系统内的任何故障，当故障被检测出来后，点亮组合仪表上的故障警报灯以提醒驾驶员。这一电路可监视下列各种情况：造成点火失效的故障，造成意外点火的故障，传感器的故障，引爆装置的故障，点火和驱动电路的故障以及诊断电路本身的故障。

（2）点火控制和驱动电路

点火控制与驱动电路在碰撞达到足够强度时控制气囊点火器点火，引爆充气物质，使气囊打开。

（3）记忆电路

当诊断电路检测出故障时，这一故障被编成代码储存在记忆电路中。此代码可手工或使用检测设备调出，以分辨故障部位及进行快速诊断。按照车型、年份的不同，记忆电路可分为两种形式：一种是 RAM 电路，当电源中断时，记忆内容即自动消失；另一种是 EEPROM 电路，即使电源中断，记忆内容仍能保留。

（4）安全电路

安全电路禁止点火，当诊断电路检测到的故障可能会引起意外点火时，诊断电路向安全电路送出一个信号，用于禁止点火，这时即使发生强烈碰撞，气囊也不会被引爆。

（5）后备电源

后备电源由电容器和变压器组成。在电源系统由于碰撞而失效的情况下，后备电容器将释放电能，以供应系统所需的电力。当蓄电池电压下降到一定值时，变压器用于提高电压。

除后备电源电路之外，有些车型的气囊电脑内部还有升压电路。为保证气囊被可靠引爆，将 12V 的蓄电池电压升高到 16V、24V 或 36V 等。

4．安全气囊警报灯

安全气囊警报灯装在仪表板上，用图形或 SRS、AIR BAG 等字样表示。丰田佳美 SRS 警报灯如图 4-17 所示。

图 4-17　丰田佳美 SRS 警报灯

SRS 警报灯指示 SRS 气囊系统功能是否处于正常状态。当点火开关接通“ON”或“ACC”位置后，如果 SRS 警报灯发亮或闪烁约 6s（闪 6 下）后自动熄灭，表示 SRS 气囊系统功能正常。如果 SRS 警报灯不亮、一直发亮或在汽车行驶途中突然发亮或闪烁，表示自诊断系统发现 SRS 气囊系统有故障，应及时排除。自诊断系统在控制 SRS 警报灯发亮或闪烁的同时，还会将所发现的故障编成代码储存在存储器中。检查或排除 SRS 气囊系统故障时，首先应用专用检测仪器或通过特定方式从诊断插座或通信接口调出故障代码（通常称为故障码），以便快速查寻并排除故障。实践证明，在汽车遭受碰撞，气囊已经胀开后，故障码一般难以调出。如此设计的目的是要求在 SRS 气囊引爆后，必须更换 SRS 电脑。

5. 安全气囊系统保险机构与线束

为了便于区别电气系统线束插接器，SRS 的插接器与汽车其他电气系统的插接器有所不同。过去曾采用过深蓝色插接器，目前 SRS 的插接器绝大多数采用黄色插接器。SRS 的插接器采用导电性能和耐久性能良好的镀金端子，并设计有防止气囊误爆机构、端子双重锁定机构、插接器双重锁定机构和电路连接诊断机构等，用以保证气囊系统可靠工作。

卡罗拉轿车 SRS 采用的各种特殊插接器如图 4-18 所示。插接器采用的各种保险机构如表 4-1 所示。

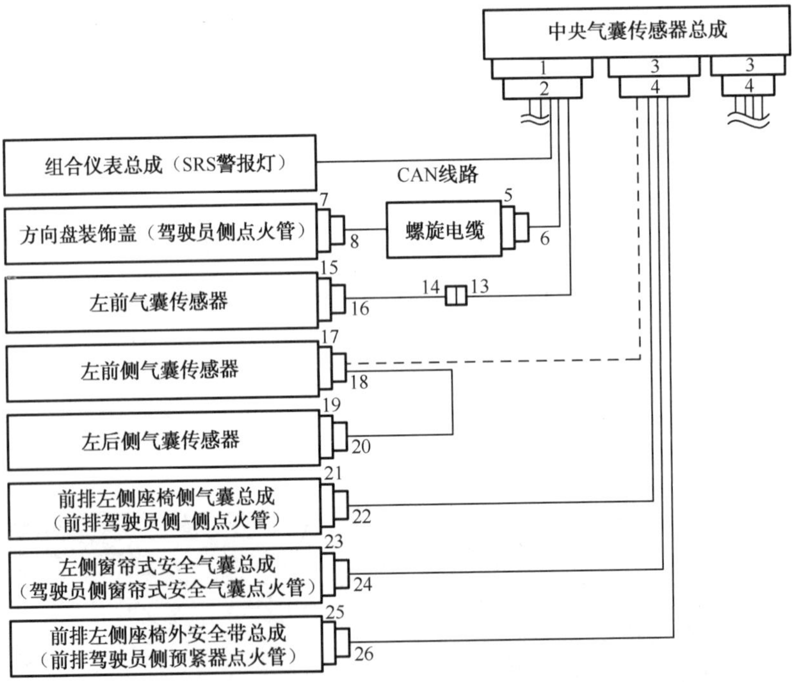

图 4-18　卡罗拉轿车 SRS 采用的各种特殊插接器

表 4-1　插接器采用的各种保险机构

编　号	连接器类型	应　用
1	端子双锁机构	连接到 2、4、5、6、13、16、18、20、22
2	防止 SRS 气囊误爆机构	连接到 2、4、5、7、21、23、25
3	防半连接机构	连接到 6、14

续表

编　号	连接器类型	应　用
4	连接器位置确认机构	连接到 18、20、22
5	连接器锁止机构（1）	连接到 8、24、26
6	连接器锁止机构（2）	连接到 2、4
7	防不正确连接锁止机构	连接到 1、3

1）防止 SRS 气囊误爆机构

从 SRS ECU 至 SRS 点火器之间的插接器 2、4、5、7、21、23、25 均采用了防止气囊误爆的短路片机构，主要用于当插接器拔下时，短路片自动将靠近 SRS 点火器一侧，插头或插接器两个引线端子短接，如图 4-19 所示。防止静电或误通电将电热丝电路接通而造成气囊误胀开。

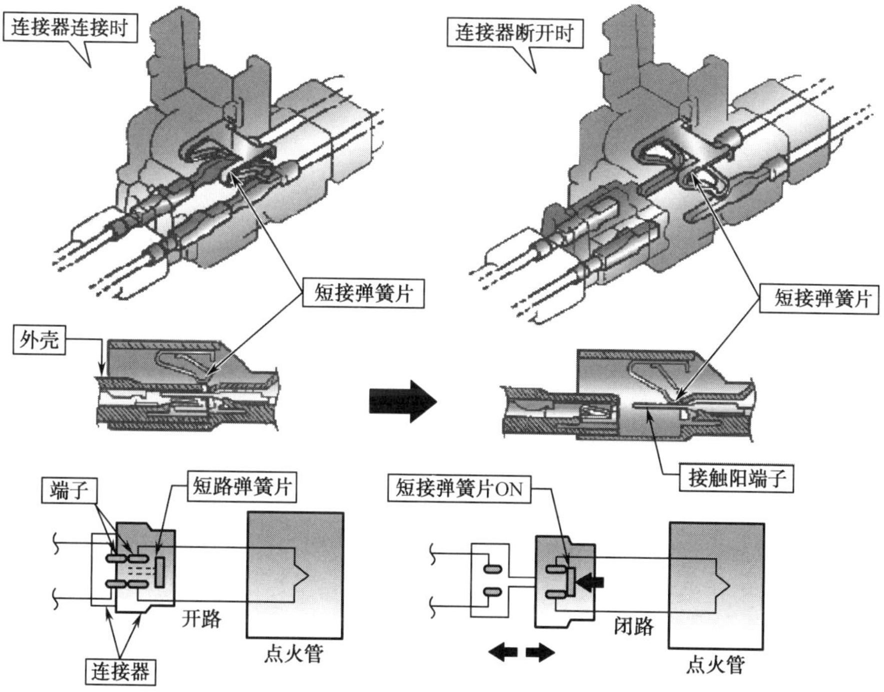

图 4-19　防止气囊误爆的短路片机构

2）端子双锁机构

所有带端子双锁机构的连接器都有一个由外壳和隔垫组成的双元件部件。这种设计使端子能被两个锁定装置（扫圈和触片）牢固锁定，从而可防止端子脱出，如图 4-20 所示。

3）电路连接诊断机构

电路连接诊断机构用于监测插接器的插头与插接器是否连接可靠。与 SRS ECU 连接的插接器采用了电路连接诊断机构，如图 4-21 所示。

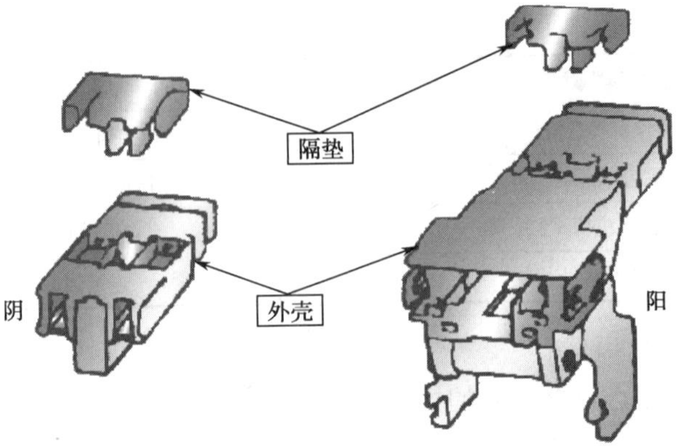

图 4-20 端子双锁机构

（1）防半连接机构［图 4-21（a）］

如果连接器未完全连接，由于弹簧力的作用，连接器将断开，从而不导通。

（2）连接器位置确认机构［图 4-21（b）］

仅当壳体锁（白色部分）完全啮合时，CPA（黄色部分）才会滑动，从而使连接器啮合。

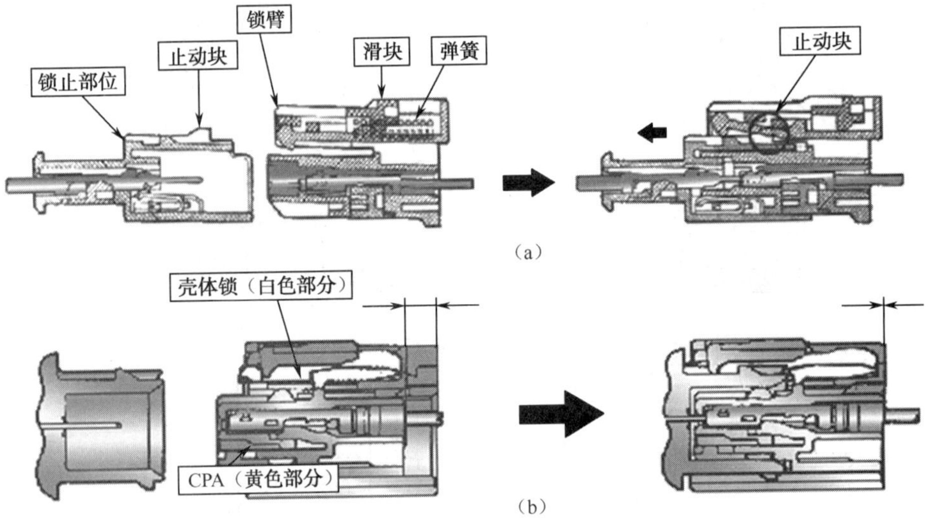

图 4-21 电路连接诊断机构

4）连接器锁止机构

锁止连接器锁止按钮即可牢固连接连接器，如图 4-22 所示。

5）SRS 线束

SRS 的所有线束都装在黄色波纹管内，以便于区别。为了保证转向盘具有足够的转动角度而又不致损伤驾驶席 SRS 气囊组件的连接线束，在转向盘与转向柱管之间采用了螺旋线束。在不同汽车生产厂家的电路图中，螺旋线束的名称各不相同，有的称为螺旋弹簧、有的称为游丝，有的称为游丝弹簧。在安装螺旋弹簧时，应注意其安装位置和方向，否则将会导致转向盘转动角度不足或转向沉重，如图 4-23 所示。

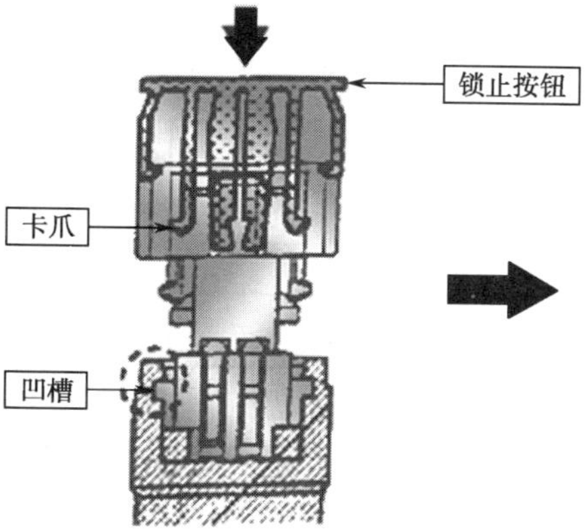

图 4-22 连接器锁止机构

图 4-23 螺旋弹簧实物图

6．SRS 控制原理

1）安全气囊的工作原理

机械式 SRS 工作原理如图 4-24 所示。安全气囊工作由传感器直接引爆点火。

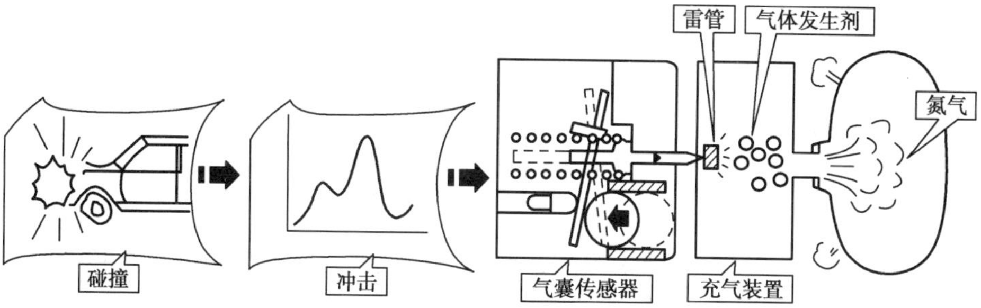

图 4-24 机械式 SRS 的工作原理

电子式 SRS 的工作原理如图 4-25 所示，当汽车遭受正面碰撞和侧面碰撞时，安全气囊系统的工作原理完全相同。下面重点介绍汽车正面碰撞时 SRS 的工作原理。

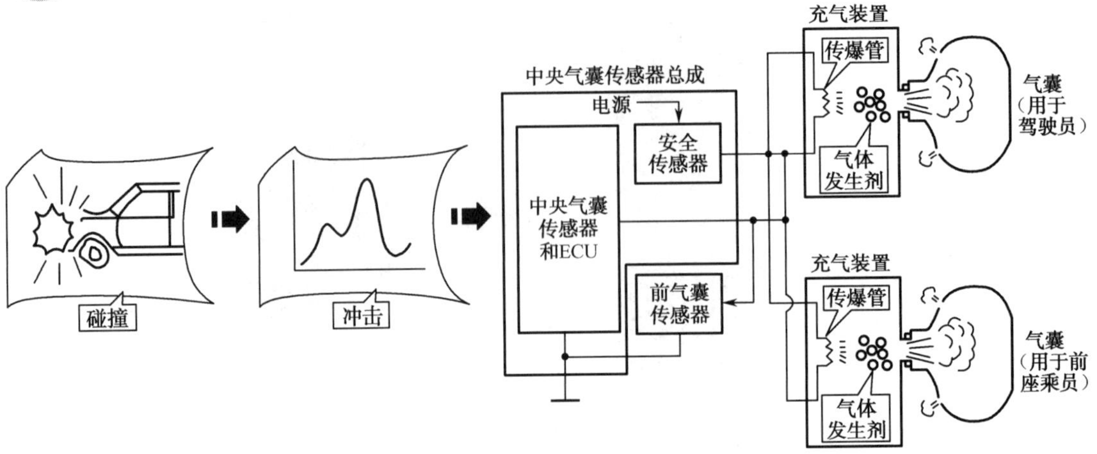

图 4-25　电子式 SRS 的工作原理

控制原理：当汽车遭受前方一定角度范围内的碰撞时，安装在汽车前部和 SRS ECU 内部的碰撞传感器都会检测到汽车突然减速的信号，并将信号输入 SRS ECU，以便判断是否发生碰撞。当汽车遭受碰撞且减速度达到设定值时，SRS ECU 发出控制指令将气囊组件中的点火器（电雷管）电路接通，电雷管引爆使点火剂（引药）受热爆炸（即电热丝通电发热引爆炸药）。点火剂引爆时，迅速产生大量热量，使充气剂（叠氮化钠固体药片）受热分解并释放出大量氮气充入气囊，气囊便冲开气囊组件上的装饰盖板鼓向驾驶员和乘员，使驾驶员和乘员面部和胸部压靠在充满气体的气囊上，在人体与车内构件之间铺垫一个气垫，将人体与车内构件之间的碰撞变为弹性碰撞，通过气囊产生变形和排气节流来吸收人体碰撞产生的动能，从而达到保护人体之目的。

2）安全气囊的动作过程

根据德国博世（BOSCH）公司在奥迪（Audi）轿车上试验研究表明：当汽车以车速 50km/h 与前面障碍物碰撞时，安全气囊系统的动作时序如图 4-26 所示。

7．安全气囊的检修

以丰田卡罗拉轿车为例，进行讲述。

1）检修注意事项

在对安全气囊进行维修操作时（包括零部件的拆卸和安装、检查和更换），要按正确的程序进行。

（1）安全气囊装置若发生事故引爆后，必须更换气囊组件的全部元件，该装置只能工作一次。

（2）SRS 的故障症状很难确认。因此故障诊断的故障码（DTC）成为最重要信息来源，当对 SRS 进行故障诊断时在断开蓄电池之前要检查 DTC。

（3）必须在点火开关旋转到“LOCK”位置，并且断开蓄电池上的负极端子后 90s 内，才能进行操作。

（1）碰撞约10ms后，SRS达到引爆极限，点火器引爆点火剂并产生大量热量，使充气剂（叠氮化钠药片）受热分解，驾驶员尚未动作，如右图所示

（2）碰撞约40ms后，气囊完全充满，体积最大，驾驶员向前移动，安全带斜系在驾驶员身上并拉紧，部分冲击能量已被吸收，如右图所示

（3）碰撞约60ms后，驾驶员头部及身体上部压向气囊，气囊的排气孔在气体的人体压力作用下排气节流吸收人体与气囊之间弹性碰撞产生的动能，如右图所示

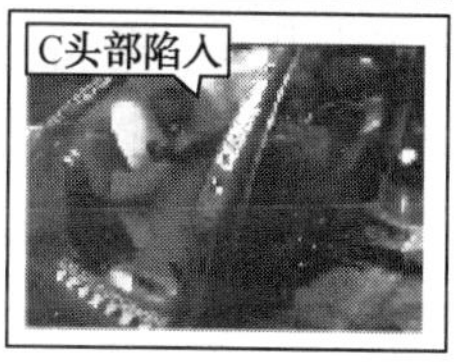

（4）碰撞约110ms后，大部分气体已从气囊逸出，驾驶员身体上部回到座椅靠背上，汽车前方恢复视野，如右图所示

（5）碰撞约120ms后，碰撞危害解除，车速降低直至为零

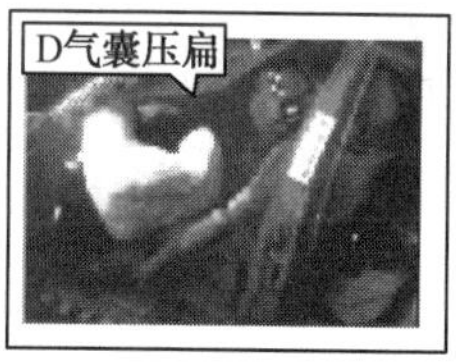

图 4-26 安全气囊系统的动作时序图

（4）使用高阻抗万用表（10kΩ以上）进行系统电路故障检查。绝对不允许测量点火器的电阻。

（5）如果在修理中可能对传感器会产生冲击，在修理前，应该拆下安全气囊传感器。

（6）绝对不能使用其他汽车上的 SRS 零件。当更换零件时，要采用新的零部件。

（7）对 SRS 的工作结束以后，应检查 SRS 警报灯。

（8）报废的安全气囊，仍应拆下在车外引爆，以防伤人。

2）警报灯诊断方法

警报灯如图 4-27 所示。

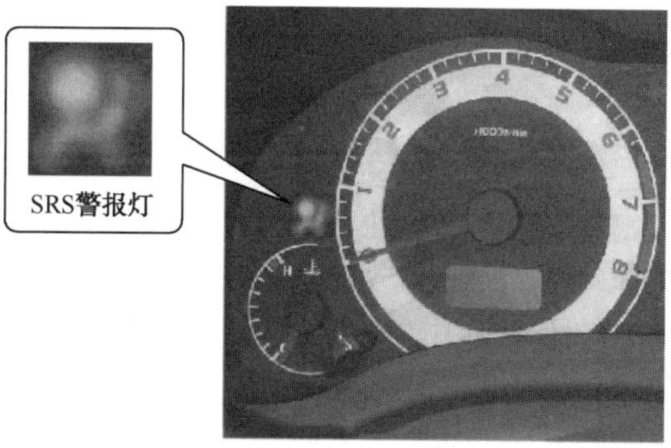

图 4-27 丰田卡罗拉 SRS 警报灯

（1）接通点火开关，检查 SRS 警报灯应点亮。

（2）检查 SRS 警报灯点亮约 6s 后熄灭。

注意：当接通点火开关 SRS 警报灯点亮或闪烁时，安全气囊传感总成已经检测到故障码。

如果超过 6s 后，即使断开点火开关 SRS 警报灯仍点亮，有可能是 SRS 警报灯电路短路。

3）故障码的读取

使用检查线进行读取。

（1）读取故障码（当前故障码）

① 接通点火开火，等待约 60s。

② 使用检查线，连接 DLC3 的 TC 端子和 CG 端子，如图 4-28 所示。注意将端子连接到正确的位置，避免发生故障。

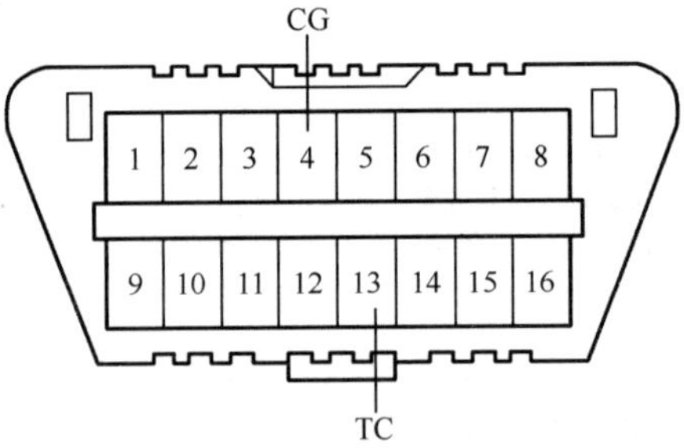

图 4-28　TC 端子和 CG 端子

（2）读取故障码（以前故障码）

① 使用检查线，连接 DLC3 的 TC 端子和 CG 端子。

② 接通点火开关，等待约 60s。

（3）读故障码（计数闪烁的次数读出故障码）

例如，正常代码、故障码 11 和故障码 31 如图 4-29 所示。

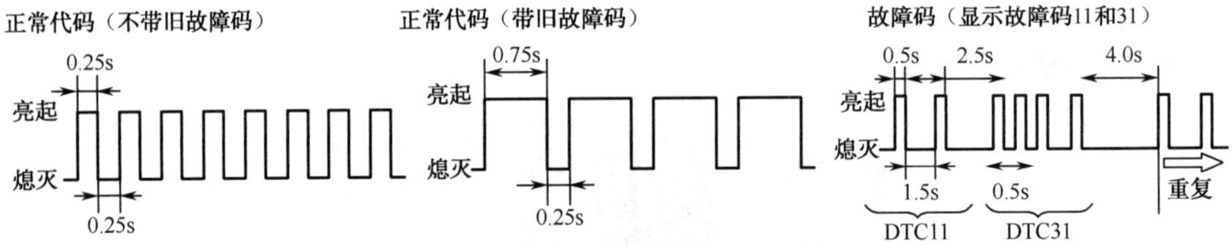

图 4-29　正常代码和故障码

① 正常代码显示（以前没有故障码），警报灯每秒闪烁两次。

② 正常代码显示（以前有故障码），当中央安全气囊传感器总成中储存有以前的故障码时，警报灯每秒只闪 1 次。

③ 故障码显示，第一次闪烁表示第一个故障码，停顿 1.5s 后，出现第二次闪烁。随后显示第二个故障码。

如果有 1 个以上的故障码，则在每个码故障码之间将有 2.5s 的停顿。显示故障码后，将有 4s 的停顿，然后重复所有故障码。

注意：如果发现两个或更多的故障码，指示将从编号较小的故障码开始。

用诊断仪读取故障码。

（1）将诊断仪连接到 DLC3。

（2）将点火开关置于“ON”（IG）位置。

（3）根据诊断仪屏幕上的提示读取故障码。

4）故障码清除

使用检查线清除故障码。

（1）使用诊断仪，连接 TC 端子和 CG 端子，然后将点火开关置于“ON”（IG）位置。

（2）在故障码出现后的 10s 内断开 DLC3 的 TC 端子，检查警报灯是否在 3s 内点亮。

（3）SRS 警报灯点亮后在 2～4s 内，重新连接 DLC3 的 TC 端子和 CG 端子。

（4）在连接 TC 端子和 CG 端子后 2～4s 内，SRS 警报灯应熄灭，然后在 SRS 警报灯熄灭后 2～4s 内断开 DLC3 的 TC 端子。

（5）重新断开 TC 端子和 CG 端子后 2～4s 内，SRS 警报灯再次点亮。重新连接 DLC3 的 TC 端子和 CG 端子。

（6）重新连接 TC 端子和 CG 端子后 2～4s 内，检查 SRS 警报灯是否熄灭。SRS 警报灯熄灭 1s 后，输出正常代码。

如果故障码没有清除，重复以上过程直到故障码被清除。清除故障码的过程显示，如图 4-30 所示。

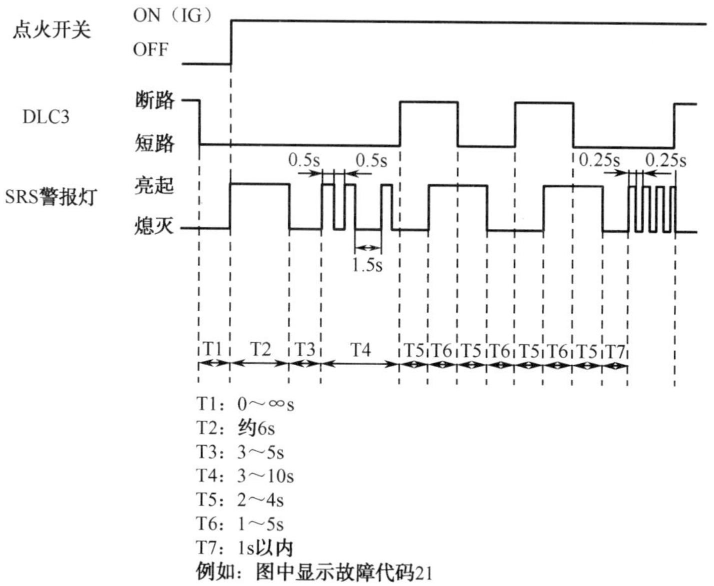

图 4-30 清除故障码过程显示

以四冲程汽油机和柴油机为例，介绍清除故障码的过程。

使用诊断仪清除故障码：

（1）将诊断仪连接到 DLC3 上。

（2）将点火开关置于“ON”（IG）位置。

（3）按照诊断仪上的提示清除故障码。

5）电路检查

根据表 4-2 所示的故障症状，可大致找到故障部位，然后再对可疑部位进行进一步的检查。

表 4-2　故障症状表

故障症状	可疑部位
初步检查后，SRS 警报灯熄灭，然后又亮起	SRS 警报灯一直亮
点火开关置于“ON”（IG）位置时，SRS 警报灯有时约 6s 后亮起	SRS 警报灯一直亮
即使未输出 DTC，SRS 警报灯也常亮起	SRS 警报灯一直亮
将点火开关置于“ON”（IG）位置时，SRS 警报灯没有亮起	SRS 警报灯一直亮
尽管 SRS 警报灯工作正常，但也不显示 DTC 或正常系统代码	TC 端子和 CG 端子电路
尽管 DLC3 的 TC 端子和 CG 端子没有连接，也会显示 DTC 或正常系统代码	TC 端子和 CG 端子电路

SRS 警报灯不亮时的检查电路如图 4-31 所示。

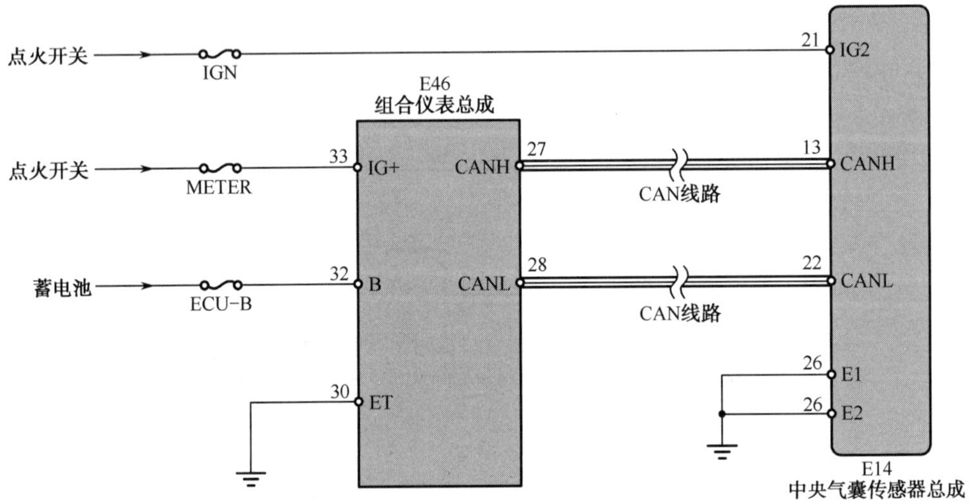

图 4-31　检查电路图

检查步骤如下。

（1）测量蓄电池电压，正常应在 11 ~ 14V 之间。如果不正常则检查充电系统和蓄电池。

（2）检查连接器。将点火开关置于“OFF”位置，断开蓄电池负极（-）电缆，等待至少 90s。检查连接器端子没有损坏，并确认连接器正确连接到组合仪表总成上。

（3）检查组合仪表总成与车身搭铁的线束。将蓄电池负极电缆连接至蓄电池，将点火开关置于“ON”（IG）位置。测 E46-32（B）与车身搭铁间的电压，正常应在 11 ~ 14V 之间；

测 E46-33（IG+）与车身搭铁间的电压，正常也应在 11～14V 之间；关闭点火开关，测 E46-30（ET）与车身搭铁间的电阻，应小于 1Ω。

（4）检查 SRS 警报灯。将连接器连接到组合仪表总成上，将连接器从中央气囊传感器总成上断开，将负极（-）电缆连接至蓄电池，将点火开关置于“ON”（IG）位置，检查 SRS 警报灯在点火开关置于“ON”（IG）位置后约 6s，SRS 警报灯熄灭约 10s，然后亮起，如果不正常则更换组合仪表总成。

反侵权盗版声明

电子工业出版社依法对本作品享有专有出版权。任何未经权利人书面许可，复制、销售或通过信息网络传播本作品的行为；歪曲、篡改、剽窃本作品的行为，均违反《中华人民共和国著作权法》，其行为人应承担相应的民事责任和行政责任，构成犯罪的，将被依法追究刑事责任。

为了维护市场秩序，保护权利人的合法权益，我社将依法查处和打击侵权盗版的单位和个人。欢迎社会各界人士积极举报侵权盗版行为，本社将奖励举报有功人员，并保证举报人的信息不被泄露。

举报电话：（010）88254396；（010）88258888
传　　真：（010）88254397
E-mail：　dbqq@phei.com.cn
通信地址：北京市万寿路173信箱
　　　　　电子工业出版社总编办公室
邮　　编：100036